建築学の基礎 7

建築防災

大宮 喜文・奥田 泰雄・喜々津 仁密・古賀 純子・
勅使川原 正臣・福山 洋・遊佐 秀逸　著

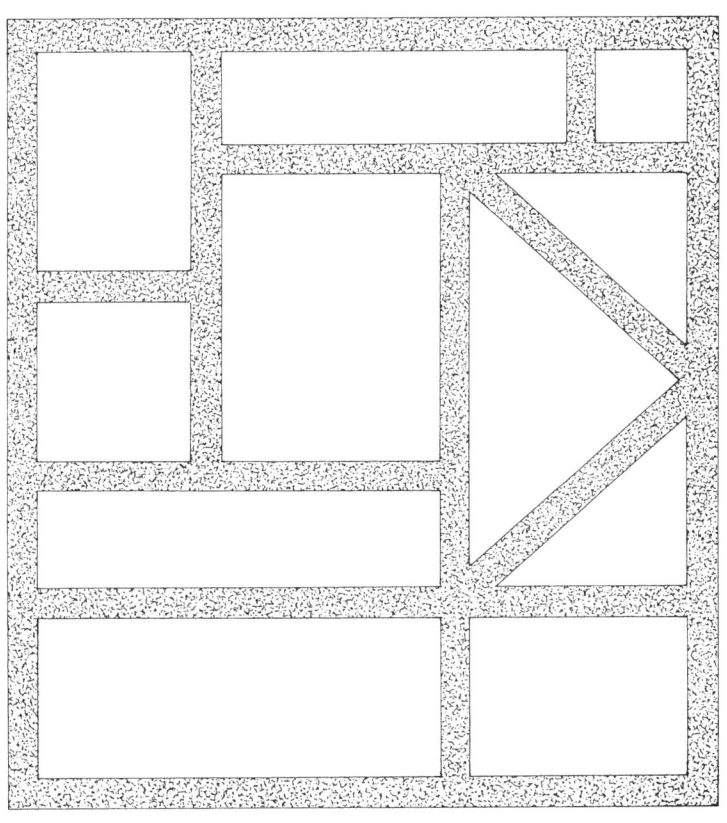

共立出版

「建築学の基礎」刊行にあたって

　近年，バブル経済破綻・国際化社会・自然環境保全・IT革命などの社会的条件の変化，人々のソフト志向・価値観の多様化，およびソフト・ハードにわたる技術的条件の変化によって建築は多様に変化しつつある．この日々増大しつつある建築学の広範な知識をすべて大学教育で修得することは不可能といってよい．

　長びく経済不況を契機に，戦後体制の各種見直しが迫られている現在，大学における建築学の教育もまた，各種の見直しまたは改革が試みられている．これらを集約した，大学で学ぶべき建築学の標準的教育テキストシリーズが現在求められている．

　この建築学の知識には，健康で安全な人間生活を守るという時代を超えて修得すべき基本的知識と，時代の条件の変化に対応して応用すべき流動的知識とがある．

　本シリーズでは，これから建築家・建築技術者を目指す学生を対象に，大学で学ぶべき標準的専門科目を取り上げ，卒業後の専攻にかかわらず活用できる'建築学の考え方と知識の基本と応用'をバランスよく修得できる大学教育テキストを意図した．

　本大学教育テキストシリーズは，当代建築学の最先端の研究者であり教育者である執筆者の方々によって書かれている．本テキストを利用される方々の，その十分な活用を心から願っている．

東京理科大学教授・工博
編　者　　井口　洋佑

序

　「建築防災」とは，「建築」に及ぶ「災害」を如何に未然に防ぐか，あるいは「災害」による被害を如何に軽減するか，を意味することは容易に想像できるであろう．では，その「災害」を引き起こす要因が何かということを考えると，その種類は多様である．例えば，「地震，雷，火事，親父」は誰しもが聞いたことのあるフレーズであろうが，日本は，世界有数の地震国であり，また台風の通り道であり，火災による重大災害も頻発した歴史を持つ．さらに，風呂場で溺死するといった不慮の事故や最近ではシックハウス問題など，自然災害から身近な災害まで多岐にわたる．

　本書は，独立行政法人建築研究所（通称：建研）に籍を置くメンバーで執筆を開始した．建研は，マスコミで取り上げられるような重大災害が発生した場合，誰かしら必ずといって良い程，その調査を行うため現地に出向いている．「災害は忘れた頃にやってくる」という格言があるが，この格言は，建研のメンバーにとっては「災害は引っ切り無しにやってくる」というのが実感するところである．建研では，「災害」に関する研究に従事するメンバーの研究対象範囲も，上記したように「災害」を引き起こす要因が多様であるため，地震，風，雪，火事，シックハウス等々広範にわたっている．

　本書では，その中から「構造安全性」，「火災安全性」，「日常安全性」の内容を柱に，それぞれの専門ごとに執筆分担し，大学で学ぶべき内容を網羅することとした．「2章　構造安全性」では，建築物の柱，梁，壁などの構造体に要求される安全性を，「3章　火災安全性」では，火災に対する避難上・構造耐火上の安全性を，「4章　日常安全性」では，日常生活の中で身の回りに潜在する危険に対する安全性を中心に内容をまとめている．

　これらの内容は，建築学を学ぶうえで，また「建築物の安全性」を考える上で少なくとも知っておくべき不可欠な事項である．

　執筆に際し，内容をできる限り平易な表現で，かつ写真や図表を用い説明

することを心掛けた．また，可能な限り新鮮な内容も盛り込むよう努めた．勿論，それぞれの著者らが災害の被災地を踏査した経験から，是非とも読者に伝えたいと感じ執筆した部分もある．更に2000年に建築基準法が大改正されたが，著者の多くがその改正に携わっており，それに関連した内容も採り入れている．本書が建築学の修得を目指す学生にとって有用な書となることを念頭に，出来る限り内容を吟味したつもりである．

　執筆開始から数年が経ち，著者らの所属も建研から大学や他研究・試験機関へ移動したものもいる．本書の刊行に至るまで随分時間を要してしまった．本書の刊行に当たり，共立出版（株）の斉藤英明氏には，辛抱強く足並みの揃わぬ著者らの原稿集めに，編集作業にご尽力頂いた．厚く御礼申し上げる次第である．

2005年9月

著　者

目　　次

1　概　　論

- 1.1　はじめに ……………………………………………………………………………… *1*
- 1.2　構造安全性 …………………………………………………………………………… *2*
  - 1.2.1　耐　震 ………………………………………………………………………… *2*
  - 1.2.2　耐　雪 ………………………………………………………………………… *4*
  - 1.2.3　耐　風 ………………………………………………………………………… *5*
- 1.3　火災安全性 …………………………………………………………………………… *6*
- 1.4　その他の安全性 ……………………………………………………………………… *7*
  - 1.4.1　アスベスト …………………………………………………………………… *7*
  - 1.4.2　シックハウス ………………………………………………………………… *11*

2　構造安全性

- 2.1　耐震安全性 …………………………………………………………………………… *17*
  - 2.1.1　地　震 ………………………………………………………………………… *17*
  - 2.1.2　建築物の地震被害 …………………………………………………………… *38*
  - 2.1.3　耐震設計 ……………………………………………………………………… *52*
  - 2.1.4　既存建築物の地震対策 ……………………………………………………… *81*
  - 2.1.5　被害建築物の震災対策 ……………………………………………………… *93*
- 2.2　耐風安全性 …………………………………………………………………………… *102*
  - 2.2.1　強風による被害 ……………………………………………………………… *104*
  - 2.2.2　風の性質 ……………………………………………………………………… *113*
  - 2.2.3　建築物に作用する風力と建築物の挙動 …………………………………… *124*
  - 2.2.4　建築物の耐風設計 …………………………………………………………… *130*

3　火災安全性

- 3.1　建築物の火災安全性 ………………………………………………………………… *141*
  - 3.1.1　建築物における火災安全性の確保 ………………………………………… *141*

3.1.2　火災安全性に配慮した設計 …………………………… *142*
　　　3.1.3　火災安全性を確保するための方法 ………………… *144*
3.2　火災の実態 ……………………………………………………… *147*
　　　3.2.1　火災統計の推移 ……………………………………… *147*
　　　3.2.2　主な災害事例と法規制 ……………………………… *154*
3.3　火災現象 ………………………………………………………… *156*
　　　3.3.1　燃　　焼 ……………………………………………… *156*
　　　3.3.2　火災性状 ……………………………………………… *164*
　　　3.3.3　煙性状 ………………………………………………… *173*
3.4　避難行動と計画 ………………………………………………… *187*
　　　3.4.1　避難行動能力 ………………………………………… *187*
　　　3.4.2　避難特性 ……………………………………………… *193*
　　　3.4.3　避難計画と設計 ……………………………………… *196*
3.5　建築材料・構造 ………………………………………………… *205*
　　　3.5.1　建築防火材料 ………………………………………… *206*
　　　3.5.2　建築構造 ……………………………………………… *208*
　　　3.5.3　耐火設計 ……………………………………………… *209*
　　　3.5.4　構造材料の高温時の性状 …………………………… *215*
　　　3.5.5　構造部材の高温時の性能 …………………………… *220*

4　日常安全性

4.1　日常安全性の考え方 …………………………………………… *227*
　　　4.1.1　日常安全性とは ……………………………………… *227*
　　　4.1.2　日常災害の分類と要因 ……………………………… *227*
4.2　日常安全に関する統計 ………………………………………… *228*
4.3　日常安全性の確保と建築物側の配慮 ………………………… *230*
　　　4.3.1　日常安全性確保のための配慮 ……………………… *230*
　　　4.3.2　日常災害に対する安全性確保の配慮 ……………… *231*
4.4　重大事故の事例 ………………………………………………… *241*

　　付表　日本の主な災害と関係法令・制度との関係 …………… *243*
　　索　引 ……………………………………………………………… *255*

1　概　　論

1.1　はじめに

　21世紀を向えて1年も経たない2001年9月，世界を震撼させた同時多発テロによるアメリカ・ニューヨーク市のワールドトレードセンタービルの崩壊（2001年9月11日），そして日本国内では新宿歌舞伎町雑居ビル火災（2001年9月1日）で多数の人命が失われた．これらの出来事は，日本国内はもとより世界的に建築物の安全性を問い直す動きに拍車をかけた．また，先頃「首都圏直下型地震による被害想定」も発表された．

　建築は元来，人間生活を守るためのシェルターとしてスタートしたものであり，暑さ，寒さ，雨露，風雪をしのぐという本来の機能のほかに，地震，雷，火災，水害という天災や人災に対しても安全であるべきであろう．

　火災や地震を不可抗力とする時代はすでに終わった．今日の科学・技術では十分にこれに対応する手段ができていると言っても過言ではないが，未だに前述したような天災・人災が起こっている．

　以上のことを鑑み，健康で安全な人間生活を守るための基本的知識と応用を含めた総合的知識を習得できるような情報を原点に帰って広めることが必要だと言えよう．

　わが国の災害を見ると，地震・豪雨のような自然災害と，火災や爆発のような非自然災害（巻末に災害史の年表を付した）とに大きく分類されるが，こうした災害に対処するには，建築物に作用する重力・水圧・土圧・地震・積雪・風圧などの自然現象に対して十分安全に設計しなければならないし，火災など，主として人為的な発生原因による災害に対しても安全でなければならない．さらに近年は，階段からの転落など日常的な安全性，およびシックハウス問題や建物内のアスベストなどへの対策の必要性が注目されている．

建築防災とは，これら自然界からの作用によって建築物が破損したり，倒壊しないようにするとともに，火災なども含めた災害発生時の避難システムなど建築計画的にも十分考慮された安全な建築物を造り出すための学問・技術である．

本書は，建築物に災害をもたらす各種の事象について，その原因・現象および建築物に対する作用を被災例を示しながら説明し，それに対処する設計法・構造法を最新の知見に基づいて簡潔に述べたものである．

この他，年間の死者が7,000～8,000人である交通事故に並ぶ水準にせまりつつある日常安全性に関しても第4章でまとめられている．さらに近年，行政の対応がなされ，人々の関心を呼んでいる，いわゆる「シックハウス」や「アスベスト」問題についても，本章で概説している．

1.2 構造安全性

1.2.1 耐　　震

いうまでもなく，わが国は世界有数の地震国である．過去100年間を例にとると，マグニチュード（M：地震の規模を表す指数）M8以上の地震だけでも6回，M7.5以上まで含めると36回も発生している．したがって，当然のことながら，地震による被害もたびたび激しく被ってきた．約6,000人の死者を出した1995年の阪神・淡路大震災は記憶に新しい（図1.1参照）

環太平洋地震帯の一翼を成すわが国はまさに地震のメッカとして古来より幾

(a) 長田区における高橋病院焼け止り付近　　(b) 圧壊した建物群の火災性状

図1.1　1995年の阪神・淡路大震災の被災模様

(1995年兵庫県南部地震における火災に関する調査報告書，火災学会，1996年より)

多の地震災害に悩まされ,被害地震の発生が元号を改めさせたこともしばしばであった.しかしながら,社寺建築など一部のものを除けば,一般の木造家屋に耐震的な考慮がなされるようになったのは比較的最近のことである.

　地震による地面の振動は正弦波のような単調なものではなく,震源断層から射出された地震波が個々の地震の断層パラメータの諸特性に加えて地殻・地盤中を伝わる間に反射・屈折あるいは減衰・増幅作用による影響を受けるので,地表面に到達したものは振幅・周期・位相とも時々刻々に変化するきわめて複雑で不規則なものとなる.また構造物の振動応答も,建物の固有周期や減衰性能,あるいは強震地動による塑性履歴まで考慮すれば荷重と変形の履歴関係を示す復元力特性などもろもろの動特性によって,たとえ同一の地動に対する振動応答でもかなり相違するものであることが知られている.したがって,工学が常に実現象,すなわち,ここでは実荷重,実挙動の把握を踏まえたものでなければならないのであって,構造物の諸特性とあわせて,実際の地震動の性質を十分に知ることが地震防災工学上において不可欠の課題といわなければならない.

　わが国においては耐震構造学が本来対象とすべき震度 4 以上の数百ガル($gal=cm/s^2$,加速度の単位で重力加速度は 980 gal)の烈震地動加速度を記録する強震計 SMAC が製作されたのは,米国に遅れること 20 年を経た 1952 年であった.しかしその後,十勝沖地震(1968 年,M 7.9)や宮城県沖地震(1978 年,M 7.4)などで 200 gal を超える強震観測に成功し,特に後者では建物内記録としては史上初の 1 G(重力加速度)を超える加速度を記録した.これらの貴重な記録の蓄積は,もろもろの解析を経て耐震構造学にも有益な知見を提供しつつある.

　耐震構造学の歴史は,地震被害による教訓をもとに発展してきた.しかし,1963 年の「建築基準法」改正による 31 m の高さ制限撤廃で初めて建設可能となった高層建物や,コンビナートの石油タンクなど,固有周期が長くて従来の剛構造物の設計とは異なった柔構造の動的耐震性能評価の必要なもの,あるいは 1957 年英国から原子炉が輸入されて東海村で始動して以降,全国数ヶ所に建設されてきた原発施設などは,いまだ本格的な強震を経験していない.また,これら個別の構造物の耐震安全性確保に加えて,もろもろの危険物を抱え

た過密都市，あるいは居住地に適さない所まで膨張した現代の生活圏全体を対象とした地域地震危険度研究および防災行政の推進も，今日の焦眉の課題である．これらの問題に対する必須の資料は，地震波の源である震源過程まで包含した地震動の波動論的理解である．この目的のための観測システムとして，従来のような一点孤立観測ではなく，100 km 前後の距離を相互においた数地点において，それぞれ鉛直方向および水平方向の群列方式による立体的多点同時記録観測によって地震動の物理的理解が努められ始めている．この成果は，地震予知研究の成果と重ね合わせることにより，今後の防災科学に有益な基礎的知見をもたらすものと期待されている．

　時代の変遷とともに，地震の"受け手"である人間社会は，社会の器が，生活の仕組が変化し，震災の様相も変貌していく．そして，それは一般に，地震に対して，より"危険側"へと変化している．したがって，防災科学としての地震工学は，現代社会の災害の実相に肉迫しうるような，学際的・多面的アプローチが今後いよいよ必要となってきているといえよう．

1.2.2　耐　　雪

　日本付近をほぼ南北に走る等圧線の間隔が狭いときには北西の季節風の吹き出しが強くなり，日本海を渡ってきた湿った空気が山の斜面で強制上昇させられて山雪となる．1975（昭和 50）年 1 月 10 日の夜から，第一級の大規模な寒波が襲来して日本海側の山沿い地域を中心に大雪（山雪）となり，新潟県の山岳地帯では，24 時間の降雪量が 1 m を超え，北陸地方の鉄道や新幹線が運休し，自動車が各地で長時間立往生するなど，交通機関は大混乱となった．

　日本海の上空に強い寒気が流れ込んでいるときには，日本海をゆっくりと渡ってきた水蒸気を多量に含んだ空気が上空の強い寒気にあって大雪となる場合が多い．このとき，上空のシベリアから南下した寒気の中心は日本海の弱い気圧の谷や低気圧の上空にあるのが特徴で，-40℃となると記録的な大雪となるので，警戒が必要であるといわれている．

　このように，日本海側の地域には毎年積雪がもたらされ，大雪や豪雨に見舞われたときには建築物の倒壊や破損が報告されている．

　建築物に対する積雪の作用は，積雪荷重は地震力や風圧力と異なり，一般に，

構造物が破壊するほどに変形を増大させ，二次応力を引き起こし，構造物に対して不利な方，不利な方へと作用する傾向を持っている．すなわち，積雪荷重は建築物が部分的な破壊では止まらず，完全に倒壊するまで容赦なくかかってくるという特殊性と恐ろしさを持っていることを認識する必要があろう．

1.2.3 耐　　風

　平均風速が20 m/秒以上の風を気象学上，暴風という．平均風速20 m/秒という値は，建築物に被害が現われ始める値でもある．暴風をもたらす気象現象としては，わが国の場合，台風・温帯性低気圧・たつ巻などがあげられるが，暴風による建築物の被害という点からすれば台風が圧倒的である．

　台風時あるいは温帯性低気圧による暴風時の地表付近の強風は，ある高さまで地表面摩擦の影響を受けて高さとともに風速が増し，地表面に近い所では風速・風向が時間的にも空間的にも激しく変動している．暴風に対して安全な建築物を造るためには，このような風の性質を表す量としてかなり古くから用いられている．

　建築物の各部は，風によって風速の2乗に比例する風圧力を受ける．建築物の耐風設計ではこの風圧力を速度圧と風力係数の積として扱う．速度圧は風速の2乗に空気密度を乗じたものの1/2で与えられる．つまり，風の持つ運動エネルギーで，現在の設計用速度圧は室戸台風時の地上15 mにおける最大瞬間風速約60 m/秒に基づき，これに高さによる風速の変化を考慮に入れて定められている．風力係数は建築物各部の風圧力の受け方を表す係数で，標準的な形状の建築物について基準値が与えられているほか，風洞実験などによって求めることになっている．設計用風圧力についてこのような考え方をとり入れるようになったのは室戸台風以降であり，それ以前は建築物の形状に関係なく一定の設計用風圧力が与えられていた．

　暴風による建築物の被害は，一般に木造や鉄骨造のような軽量の建築物に多く，鉄筋コンクリート造などの重い建築物では構造骨組に対してあまり問題とならない．木造や鉄骨造の場合でも，構造骨組に被害が及んだものの多くは設計用風圧力に比べて耐力が低い場合で，多くの被害は屋根や外壁の局部の仕上材の破損，飛散といった，これまで耐風設計の対象となっていなかった部位の

ものである．鉄筋コンクリート造の建築物については，風圧力や飛散物によって窓ガラスが割られ室内は大被害を受けることがあるという点を忘れてはならない．飛散物によるいわゆる二次被害の防止については，都市化の進展に伴って最近の大きな問題となっている．

1.3　火災安全性

　わが国の建築は，住宅に限れば今日においてもなお大半は木造建築であり，古来，木造建築と火災は切っても切れない関係にある．「火事と喧嘩は江戸の華」，といわれた江戸時代の火災はいうに及ばず，関東大震災の大火，第二次大戦末期の焼夷弾による戦災，戦後年中行事のように発生した大火等々，大火の実例を列挙するに不足はない．前述したように，阪神・淡路大震災における地震後の大火は多大の被害をもたらした．

　昭和30年代の終りごろから，わが国においても超高層ビルが建てられるようになった．わが国は地震国であることもあって，これら超高層ビルの多くは鉄骨造に耐火被覆を施した形での耐火構造となっている．鋼はコンクリートに比べて火に弱く，高層ビルにおける消火活動の困難さやきわめて多くの人々が居住していることなどと考えあわせて，その耐火設計は重大な問題である．2001年9月のアメリカのワールドトレードセンタービルの崩壊は，その教訓を示唆しているといえる．

　現行の法規における耐火設計法は，建築物の火災が終了するまで，またはその主要構造部材が定められた時間以上，通常の火災による火熱に耐えるよう設計することを規定している．

　現在の時点においては，世界各国ともに各構造部材を何時間以上の耐火性能にすべきかを法規で定め，その耐火性能を標準耐火試験によって判定しているのが，未だ主流となっている．しかしながら，近年，世界各国における耐火設計に関する研究の発展には著しいものがあり，わが国のように性能に基づく耐火設計や熱応力解析に則った工学的手法による耐火構造設計も行われるようになってきた．

　また，ビル火災においては木造火災と異なり，密閉度が高いことによる不完

全燃焼によって煙が多量に発生充満することが多いため（図3.25参照），煙によって大勢の人々が死傷する例が多い．そのため，構造耐火性の設計と並んで，防煙設計・避難計画についても，工学的手法による設計計画法がわが国の基準法にとり入れられている．

火災の実例や実験結果などから，経験的に防耐火設計を行ってきた時代から，今日では耐震・耐風・耐雪設計などと同じように計算で設計を行う，つまり，工学的手法による防耐火設計が行われる段階に達しつつあるということである．

1.4　その他の安全性

1.4.1　アスベスト

アスベスト（石綿：いしわた．「せきめん」は俗称）は，ある種の岩石が自然現象により綿状に変化したもので，6種類が定義されているが，市場では蛇紋石系のクリソタイル，角閃石系のアモサイトおよびクロシドライトが使用されてきた．asbestosはギリシャ語に由来し，「滅びざるもの」の意で，紀元前から燃えない魔法の布として人類に多大に貢献してきた．繊維質で空中に舞い，呼吸で吸入されるので，多量の吸引によるアスベスト肺（じん肺）などの他，劣悪な労働環境で働くアスベスト肺患者から肺ガンが報告され，その規制が論じられるようになった．

わが国では，1986年1月に公表された米国環境保護庁（EPA）のアスベスト製品禁止提案に端を発してマスメディア等でセンセーショナルに採り上げられ，行政を巻き込んだ一大パニックとなった．その後，当時の建設省，労働省，厚生省，文部省および環境庁が対策を講じ，アスベスト規制に関して種々の法改正，規則通達類，指針類が交付され，地方自治体等でも上乗せ規制等を実施してきた．

A.　米国におけるアスベスト規制の経緯

1972年にEPA/合衆国大気汚染危険物放散基準（NESHAPS）で，アスベストが危険な大気汚染物質として指定されたことが始まりである．1973年には労働安全衛生局（OSHA）が労働者曝露安全許容基準を決定し，1987年までに

地方教育局（LEA）を巻き込み，毒物管理法（TSCA），学校アスベスト危険排除法（ASHAA），アスベスト危険緊急対策法（AHERA），ニューヨーク地方規則等の対策が執られてきた．

EPA は，公聴会等を経て 1989 年アスベスト禁止の最終規則を公表した．この禁止令はアスベスト含有製品の米国での製造，加工，輸入および販売を段階的に 1996 年 8 月までに禁止するものであった．

ところがである．ニューオーリンズ連邦高等裁判所は 1991 年 10 月 12 日，EPA の 1989 年規則は無効であるとの判決を下した．全面禁止という負担の大きい方法を選ぶ前に負担のより少ない方法を検討しなかったこと，アスベストの代替品の使用によってもたらされるリスクの評価を怠ったこと，規則の実施による費用と利点のバランスを考慮に入れなかったこと，などが理由である．そして EPA による再審要求も連邦最高裁判所への上告も却下され，EPA の 1989 年規則は無効となった．

その後，EPA は 1995 年 11 月 30 日付の連邦官報で，アスベスト関連産業からの大気中への飛散が当初推定の約 1/150 であること，最も多く曝露した人のリスクも 100 万に対し 1 以下であること等を理由に，アスベストの原料精製，アスベスト製品の製造および加工等の工程に対する大気清浄法（Clean Air Act）の適用除外を発表し，決定している．これらはわが国のマスメディアではほとんど採り上げられていない．2002 年 6 月現在，EPA が使用を認めているアスベスト含有製品を表 1.1 に示す．

表 1.1 米国 EPA が使用を認めているアスベスト含有製品（2002 年 6 月現在）

アスベストセメント波板／アスベストセメント平板／アスベスト織布／パイプラインラップ／ルーフィングフェルト／ビニルアスベスト床タイル／アスベストセメント屋根板／アスベスト板／アスベストセメントパイプ／オートマチック変速部位／クラッチ板／摩擦材／ディスクブレーキパッド／ドラムブレーキライニング／ブレーキブロック／ガスケット／ノン・ルーフィングコーティング／ルーフィングコーティング／アセチレンシリンダーフィラー／アークシュート／アスベスト隔膜／バッテリーセパレーター／高品質電気絶縁紙／ミサイルライナー／パッキン／強化プラスチック／航空宇宙風防ガラス用シーラントテープ／防織品

B. アスベスト含有材料の健康問題

世界保健機構（WHO），国際労働機関（ILO），国連環境プログラム（UNEP），英国王立心肺病院での最近の研究成果等を整理すると，以下のようになる．

・アスベスト曝露と喫煙が相互作用して肺癌のリスクを高める．
・改築および保守作業中の建物内でのクリソタイル曝露は懸念される．

C. これまでのアスベスト含有材料に対する対策

最も問題となった吹付けアスベストの処理について，1980年代後半までの米国の動きに追随して，わが国でも除去，封じ込め，囲い込み等の処理方法に対する指針が相次いで出され，官庁建物を中心に採用された．他方，製造業者は製品のアスベストフリー化，アスベスト低減化に向けて技術開発を行ってきた．

米国の吹付けアスベスト処理は，当初はアスベストを放射能のようなものと捉え，とにかく除去してしまえという施工が主流であったが，不適切な施工が多く，かえって環境を悪化させたことや，EPAの思想の転換もあり，劣化がひどい場合を除いてあるがまま，または封じ込め等で建物の解体まで適切に管理することが推奨されるようになった．

わが国では，吹付けアスベスト施工は，特定化学物質等障害予防規則の改正により，昭和50年以降実施されていない．既存の吹付けアスベスト層の劣化や建築物の解体の際の粉塵飛散のおそれに対する対策が，おもに米国でのそれを参考に策定された．代表的なものは「既存建築物の吹付けアスベスト粉じん飛散防止処理技術指針・同解説」（監修：建設省住宅局建築指導課及び建設大臣官房官庁営繕部監督課，編集発行：日本建築センター）である．この指針では，除去，封じ込め，囲い込み等の処理方法が具体的に示され，多くの建築物に施工された吹付けアスベストがこの指針に則って処理された．この中の封じ込め処理に用いる粉塵固化剤に関しては，その防耐火性能評価法（内装制限，耐火性能関連），飛散防止性を確認するエアーエロージョン試験法（ASTM準拠）等が建築研究所を中心に開発され，技術審査証明事業等で活用された．

そして，労働安全衛生法施行令が改正され，アスベストをその重量を1％を超えて含有する製品の製造，輸入，譲渡，提供または使用を禁止する措置がなされ，2004年（平成16年）10月1日から施行された（令第16条）．

D. 低濃度のアスベスト曝露と健康被害

米国でのアスベストパニックに終止符を打つきっかけとなったのは，1990年1月に，米国のSCIENCE誌で発表された，アスベスト曝露が人体に及ぼす

影響とアスベスト対策に関しての論文である．この論文は，職業的なアスベスト曝露に関連する疾病，アンフィボール仮説，アスベスト誘発の肺疾病の実験モデル，アスベスト誘発癌のメカニズム等に言及した後，公共政策の項で，表1.2の危険予測から，現存の建築物に使用されているアスベストから遊離したアスベスト繊維による曝露では健康障害はないとし，また最近の疫学データを基に，現行の職業安全衛生基準値の曝露でもアスベストが原因となって疾病が起こる可能性は増大しないと結論している．そして，損傷したアスベスト建材から放出されるアスベスト繊維の濃度は労働環境基準 0.2f/cc の 1/100 にすぎないことから，学校やオフィスビルでの低濃度曝露では中皮腫は発病しないと述べている．この結果から，連邦政府の施策に批判を加えたものである．それまでは，EPA が主張するように発癌物質アスベスト曝露には閾値がないというのが一般通念であったので，論議を呼んだのである．

米国のアスベスト禁止令が大きな原動力の1つとなってアスベスト代替製品の開発やアスベスト低減化の技術開発が行われてきた．しかし，歴史を振り返ってみると，代替製品の安全性も含めて常に真実を探求し，人類にとって次世代に残すべき技術開発とは何かを問い続ける必要があろう．

アスベストで最も危険なのは，呼吸器系から体内に入るおそれの大きい粉塵となって空気中に大量に放出された場合である．空気中の濃度基準値は，例えば旧環境庁（現環境省）の「1ℓ当たり10本」以下という目安がある．表1.3に国立保健医療科学院建築衛生部が室内の空気中のアスベスト濃度を測定した

表1.2 米国での社会活動における危険との比較による学校でのアスベスト曝露危険の予測

原　　因	年間の危険率 （百万人当たりの死者）
学校におけるアスベスト曝露	0.005～0.093
百日ぜきワクチン（1970～1980）	1～6
飛行機事故（1979）	6
高校のフットボール（1970～1980）	10
溺死（年齢5～14）	27
車輌事故，歩行者（年齢5～14）	32
家庭内事故（年齢1～14）	60
長期間の喫煙	1,200

結果を示す．除去工事をしたために上記基準を上回った例が見てとれる．

表1.3　事務室内などにおける空気中のアスベスト濃度の測定結果
（資料：国立保健医療科学院建築衛生部）

測定場所	アスベスト粉じん濃度（本／ℓ）	備考
事務室（1）	ND〜0.50	アスベストを含んだ建材を使用
事務室（2）	2.08〜5.00	空調機械室の壁面にアスベストを吹き付け
事務室（3）	ND〜0.10	アスベストを含んだ建材は使用せず
電算室	0.31〜0.58	床面にアスベストを含んだタイルを使用
学校教室	0.34〜	アスベストを含んだ建材を使用
空調機械室（1）	1.40〜1.70	壁面にアスベストを使用
空調機械室（2）	3.34〜22.99	壁面にアスベストを使用した工事後

※旧環境庁の基準値は 10 本／ℓ（単位は空気1ℓ当たりアスベスト繊維の本数）

1.4.2　シックハウス

近年，新築または改築後の住宅やビルにおいて，居住者が様々な体調不良・健康障害を訴える状況が報告されている．これは，化学物質を発散する建材，内装材が多用されるようになったことと，建物の気密性の向上による室内空気汚染が主な原因とされている．このような症状を「シックハウス症候群」と呼んでいる．このシックハウス症候群は症状が多様で，症状発生の仕組みをはじめ未解明な部分が多く，また様々な複合要因が考えられる．そして，シックハウス症候群が発症した人の居住する住宅や化学物質濃度の高い家を「シックハウス」と呼び，これらを総称して「シックハウス問題」といっている．

シックハウスの原因の一部は，木質材料の接着剤，内装材や塗料から発散するホルムアルデヒドやVOC（トルエン，キシレンなど），防蟻剤などにあると考えられている．これらの化学物質と健康被害の因果関係はまだ解明されていない部分も多くあるが，これらの濃度が高い場所に長期間いた場合に健康障害がでることが知られている．

近年になってシックハウス問題が大きな問題になってきたのは，建材，家具，日用品などに多くの化学物質が使用されるようになったこと，住宅やビルなどの建物における防音対策などの点や建築工法の向上などによって気密性が

高められたこと，そしてライフスタイルが変化し，エアコンをつけて窓を閉め切るなどによって換気が不足しがちになったことなどが考えられる．

　この問題の典型的な外国の例をあげておこう．20数年前に，カナダ政府が推奨した住宅用断熱材，ユリアホルムアルデヒド発泡材で発生した健康障害が有名である．この原因も，主としてホルムアルデヒドと考えられ，当時，カナダ政府は国費により，この断熱材をすべて交換する処置をとった．これらの住宅様式はツーバイフォー工法などによるもので，高い気密性が保たれていたために，このような問題が起きたといえる．

　昔の住宅は閉め切っていても隙間などからの自然換気があり，空気の入れ替わりがあった．その場合は，仮に化学物質が室内に発散しても，自然の換気で濃度があまり高くならずにすんでいたと考えられる．しかし，現在では，住宅の気密化が進み，計画的な換気をきちんと行わないと，化学物質の室内濃度が高くなってしまうので，注意しなければならない．

　ここで，シックハウスに起因するといわれる症状を以下に示しておく．

　　①目，鼻，のどの刺激症状，粘膜の乾燥感
　　②皮膚の紅斑，かゆみ
　　③疲れやすさ，頭痛，精神的疲労，集中力の低下，めまい，吐き気
　　④臭覚・味覚の異常

　近年，政府が諸対策を講じ，例えば，住宅におけるホルムアルデヒド濃度は減少しつつある．新築住宅のホルムアルデヒド等の濃度測定結果を表1.4に示す．ホルムアルデヒドは2000年度から2002年度にかけて毎年減っている．

　なお，厚生労働省は，2004年（平成16年）3月末現在で，13種の化学物質に対する室内濃度指針値を定めている（表1.5）．また，これらの化学物質はどのような材料から発生するのだろうか．その発生源と思われる材料などの例を同時に示しておく．

　政府は，化学物質による室内空気汚染を防止するために，建築基準法を改正し，2003年（平成15年）7月から施行した．主な改正概要を以下に示す．これらは，住宅，学校，オフィス，病院等すべての建築物の居室が対象となる．

　　①規制対象とする化学物質
　　　クロルピリホスおよびホルムアルデヒド．

1.4 その他の安全性

表1.4 新築住宅におけるホルムアルデヒドの測定結果
(室内空気対策研究会による調査結果)

測定物質 (指針値)		2000年冬	2001年夏	2002年夏
ホルムアルデヒド (0.08 ppm)	平均濃度	0.073 ppm	0.050 ppm	0.043 ppm
	超過住宅の割合	28.7%	13.3%	7.1%
トルエン (0.07 ppm)	平均濃度	0.041 ppm	0.023 ppm	0.017 ppm
	超過住宅の割合	13.6%	6.4%	4.8%
キシレン (0.20 ppm)	平均濃度	0.006 ppm	0.009 ppm	0.006 ppm
	超過住宅の割合	0.2%	0.3%	なし
エチルベンゼン (0.88 ppm)	平均濃度	0.010 ppm	0.005 ppm	0.003 ppm
	超過住宅の割合	なし	なし	なし
スチレン (0.05 ppm)	平均濃度	実施せず	0.002 ppm	0.004 ppm
	超過住宅の割合	実施せず	1.1%	なし
アセトアルデヒド (0.03 ppm)	平均濃度	実施せず	実施せず	0.017 ppm
	超過住宅の割合	実施せず	実施せず	9.2%

表1.5 厚生労働省による化学物質の室内濃度指針値と発生源の例

化学物質名	濃度指針値	発生源の例
ホルムアルデヒド	$100\,\mu g/m^3$ (0.08 ppm)	合板,パーティクルボード,壁紙用接着剤等に用いられるユリア系,メラミン系フェノール系等の合成樹脂,接着剤,一部ののり等の防腐剤
アセトアルデヒド	$48\,\mu g/m^3$ (0.03 ppm)	木材,一部の接着剤等
トルエン	$260\,\mu g/m^3$ (0.07 ppm)	内装材等の施工用接着剤,塗料等
キシレン	$870\,\mu g/m^3$ (0.20 ppm)	内装材等の施工用接着剤,塗料等
エチルベンゼン	$3800\,\mu g/m^{33}$ (0.88 ppm)	内装材等の施工用接着剤,塗料等
スチレン	$220\,\mu g/m^3$ (0.05 ppm)	ポリスチレン樹脂等を使用した断熱材等
パラジクロロベンゼン	$240\,\mu g/m^3$ (0.04 ppm)	衣料の防虫剤,トイレの芳香剤等
テトラデカン	$330\,\mu g/m^3$ (0.41 ppm)	灯油,塗料等の溶剤
クロルピリホス (小児の場合)	$1\,\mu g/m^3$ (0.07 ppm) $(0.1\,\mu g/m^3)$ (0.007 ppm)	しろあり駆除剤
フェノブカルブ	$33\,\mu g/m^3$ (3.8 ppm)	しろあり駆除剤
ダイアジノン	$0.29\,\mu g/m^3$ (0.02 ppm)	殺虫剤
フタル酸ジ-n-ブチル	$220\,\mu g/m^3$ (0.02 ppm)	塗料,接着剤等の可塑剤
フタル酸ジ-2-エチルヘキシル	$120\,\mu g/m^3$ (7.6 ppm)	壁紙,床材等の可塑剤

②クロルピリホスに関する規制

居室を有する建築物には,クロルピリホスを添加した建材の使用を禁止.

③ホルムアルデヒドに関する規制

- 内装仕上げの制限:居室の種類および換気回数に応じて,内装仕上げに使用するホルムアルデヒドを発散する建材の面積制限を行う.
- 換気設備の義務付け:原則として,すべての建築物に機械換気設備の設置を義務付ける.
- 天井裏等の制限:天井裏等については,下地材をホルムアルデヒドの発散の少ない建材とするか,気密層または通気止めを設けて天井裏等と居室とを区画するか,機械換気設備を設置し,天井裏等も換気できる構造とする.
- **内装仕上げへの使用が制限される建材**

これは,建築基準法の政令に基づく告示により17品目が定められている.概要を表1.6に示す.

表1.6 内装仕上げに使用が制限される建材

合板	パーティクルボード	緩衝材
木質系フローリング	その他の木質建材	断熱材
構造用パネル	ユリア樹脂板	塗料(現場施工)
集成材	壁紙	仕上塗材(現場施工)
単板積層材	接着剤(現場施工,工場での二次加工)	接着剤(現場施工)
MDF	保温材	

これらは,ホルムアルデヒドの発散速度に応じて,第1種～第3種ホルムアルデヒド発散建築材料および規制対象外建材の4等級に区分される.JIS,JASを取得していない建材に関しては,国土交通大臣の認定を受けて等級が区分され,規制対象外建材に相当する規格はF☆☆☆☆(星4つ)となり,内装の仕上げの制限はなくなる.

- **24時間換気の義務付け**

これは,ムク材やF☆☆☆☆などホルムアルデヒドの発散量が見込まれない,または少ない建材の場合でも,居住者が持ち込んだ家具等からの発散が想定されるため,居室内のホルムアルデヒドの濃度が指針値を超えないように,

原則として，居室を有するすべての建築物に機械換気設備の設置をすることとしたものである．

[参考文献]

1) Federal Register 40 CFR 763, July 12, 1989
2) W. E.Bailey : EPA's Asbestos Product Ban and Litigation, Asbestos Issves '89, October, p. 29-29
3) B.T.Mossman, J.Bignon, M.Corn, A.Seaton, J.B.L.Gee : Asbestos−Scientific Developments ans Implications for Public Plicy, Science, Vol. 247, 19, January, 1990
4) 石綿の動向，No.1, 10月, 1991〜No.39, 2月, 1999

2 構造安全性

2.1 耐震安全性

わが国において，建物の防災を考えるとき，まず第一に，地震に対する問題，すなわち，耐震安全性を考える必要がある．

環太平洋地震帯に位置する日本では，地球上の約15%の地震が発生し，年間1,000回近い有感地震があるといわれており，地震災害における死傷者（例えば，1923（大正12）年の関東大震災では死者約14万人，図2.1参照）は，火山風水害などの他の自然災害に比し圧倒的に多く，二次災害として津波，火災，山崩れなども発生させる．ゆえに，都市の過密，高度化が進む現在，地震災害の軽減は急務である．

図 2.1 関東大震災の被災状況（写真提供，毎日新聞社）

以下に，地震の性質，地震被害，および被害の教訓を踏まえた耐震設計，既存建築物の耐震補強について述べる．

2.1.1 地　震

地震とは，地球内部で起こった岩石の破壊による岩盤のズレ（断層が生じる

こと）の結果，そこから地震波が発生する現象である．世界のどのような場所で地震が起きているのか，世界の震源の分布の様子を図2.2に示す．

一見してわかるように，地球上の多くの部分は無地震地域で，地震が盛んに起きている場所は幾つかの地域（地震帯）に限られている．地震活動は，太平洋を取り巻く環太平洋地震帯に圧倒的に集中している．また，中国・ミャンマー国境から中央アジアを経て南ヨーロッパに至る地域も，世界有数の地震多発地帯であることが見てとれる．

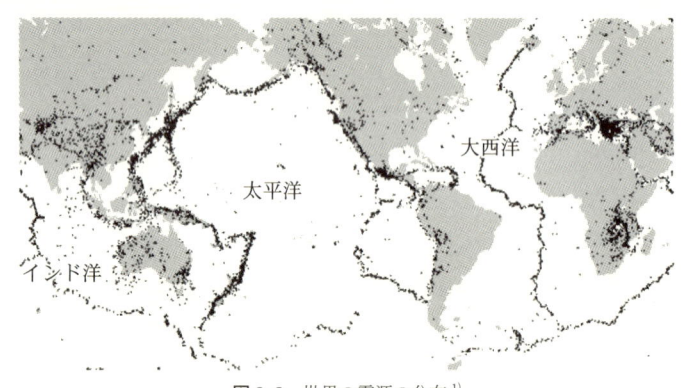

図2.2 世界の震源の分布[1]

A. 地震現象
a. 地震発生メカニズム

地震発生のメカニズムを図2.3に示す．プレートの動きなどの何らかの原因で，ある地域に逆方向の力が働く（図2.3(a)）．その力によって岩石が逆方向に弾性的に変形するが，その境目では互いに引っ張り合って自由に動くことができない（図2.3(b)）．岩石は"強さ"を持っているためにこういう変形にある程度まで耐えうるが，岩石の強さには限界があるためにそれ以上は変形できない．それを越えて変形しようとすると，断層面に沿って岩石が壊れてしまう．いったん破壊が起こると，ちょうど折れ曲がった板がはじけるように壊れる（図2.2(c)）．これが地震の発生であり，破壊の起こった面が断層である．

この動き（断層運動）によって，ある地域に蓄えられた歪みエネルギーは解放され，それぞれのブロックではゆがんだ状態が元に戻る（図2.3(a)）．両ブロックの対角線に注目すると，ゆがみが生じると同時に伸びたり縮んだりして

いた対角線は,断層運動によってもとの長さに戻る.このとき,(図2.3(c))の矢印に示したように押し波と引き波が生じることになる.

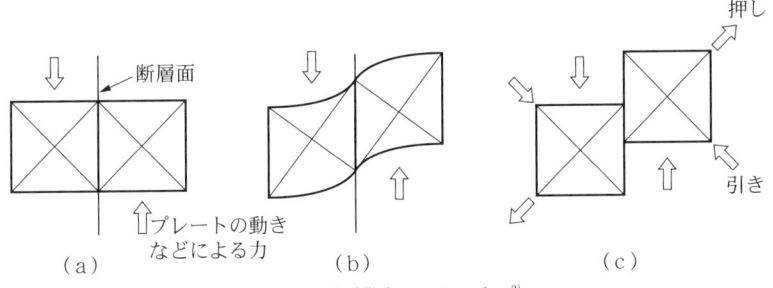

図2.3 地震発生のメカニズム[2)]

b. プレートテクトニクス

地球の表面は,いくつかの硬い岩盤の板で覆われていると考えることができる.これらの板のことをプレートと呼ぶ.地球の表面は球面なので,プレートは平らな板ではなく,卵の殻のような球面状の薄いものである.

地球内部の温度は深くなるにつれて高くなる.そして,マントルの上部で温度が1,000℃を越えてマントル物質の融点に近づくと,マントルの物質は軟らかく流れやすい性質を持つようになる.このような流れやすい部分の上に,硬くて変形しない薄いプレートが浮いていると考えればよい(図2.4).

プレートは,海嶺と呼ばれる海底山脈の下で生まれる(図2.4).海嶺は2〜3kmの高さで,海底を走り,ところによっては陸上に乗り上げながら延々と続く.海嶺の頂上の深さ数百mの割れ目に向かって,地球内部からマントル

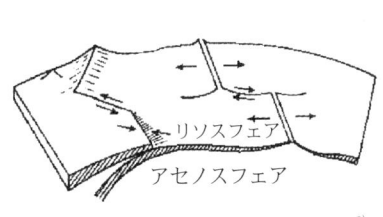

図2.4 プレートテクトニクスの概念図[2)]

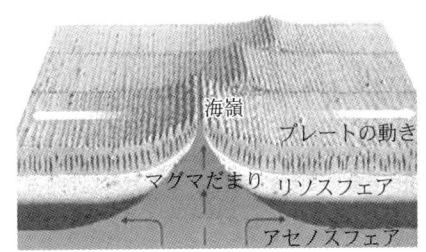

図2.5 プレートの生まれる場所[2)]

対流が上り，マグマを突き上げる．そこにプレートが生まれ，左右に分かれて年間数cmの速さで拡大移動する．東太平洋海嶺や大西洋中央海嶺では，マントル対流によって上昇してきた高温な物質が冷えて固まり，新しいプレートとなって海洋底を拡大する．海嶺はところどころで軸がズレ，トランスフォーム断層となっている．次第に冷えて重くなったものは，他のプレートとぶつかったところで沈み込む．そこが海溝である（図2.6）．

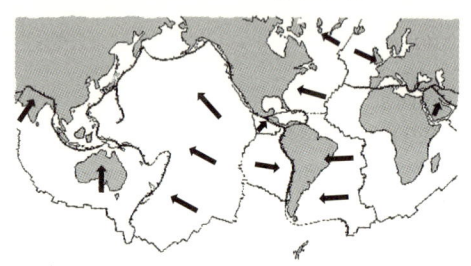

矢印の出ているところの線が海嶺，濃い線が海溝
図2.6 プレートの動きと海嶺，海溝[2)]

日本周辺では，ユーラシアプレートの下に太平洋プレートやフィリピン海プレートが沈み込んでいる（図2.7参照）．そこでは，プレートの圧縮や曲がりなどによって歪みが増大し，やがて断層によるエネルギーの解放が，様々な地震の型となって現われる．図2.8中の黒点は震源である．

c. わが国の地震発生メカニズム

わが国では，関東地震（1923(大正12)年）に代表されるプレート境界地震，釧路沖地震（1993(平成5)年）のように震源が深い地震，そして兵庫県南部地

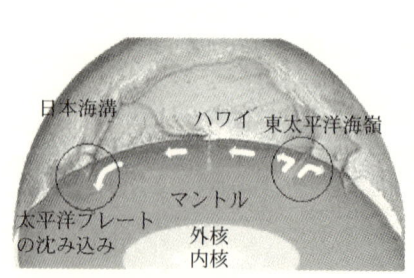

図2.7 日本列島周辺のプレート[2)]

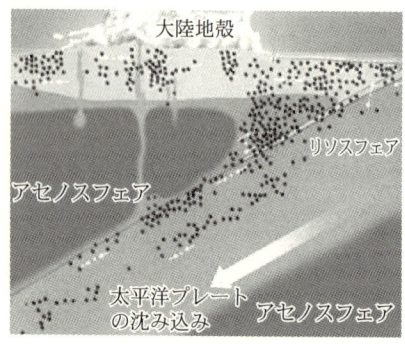

図2.8 プレートの沈み込み[2)]

震（1995（平成 7）年）のような内陸のごく浅い地震といった様々な種類の地震が発生する．しかし，地震は，プレート境界とその周辺に集中して起きており，地震の起こり方もプレート境界のタイプに対応した特徴を持っている．

わが国における地震発生のメカニズムは，沈み込み型の境界，いわゆる「海溝型地震」で特徴づけられる．このタイプの地震の発生メカニズムを図 2.9 に示す．

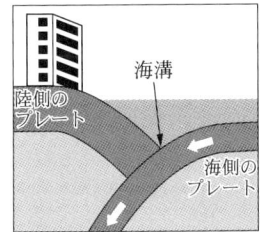 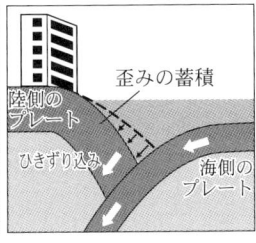 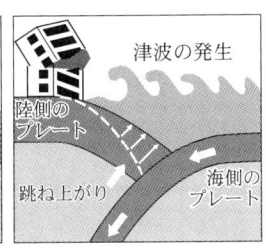

図 2.9 海溝型地震の発生メカニズム
(地震調査研究推進本部（1999）による)

沈み込み型境界のもう一つの特徴は，深さ数百 km に達する深発地震が発生することである．これらの深い地震はスラブの中に起きているもので，スラブ内地震と呼ばれる．

プレートテクトニクスが説くところによれば，地震が起こるのはプレートの境界部だけで，その内部には及ばないはずであった．ところが実際には，プレートの内部でも地震が起きている．プレートの中に周囲よりも弱い場所があれば，そこに応力が集中して地震を引き起こすことになる．活断層は，まさにそのようなプレート内の弱線部である．

d. 震源，震央，P 波，S 波，表面波

地震とは，地球内部で起こった岩石の破壊による岩盤のズレ（断層が生じること）の結果，そこから地震波が発生する現象である．この破壊のきっかけになった地点を震源，震源の真上に相当する地点を震央という（図 2.10）．地震の揺れを記録すると，図 2.11 のような波動が伝わる速さや振動の性質などが異なる P 波，S 波，表面波の 3 種類の波形が得られる．

P 波（縦波）は，速度が一番速く，地震のときに最初にやってくる波で，通常ガタガタという感じで小刻みに揺れる．P 波は，物の中に生じた疎密の状態

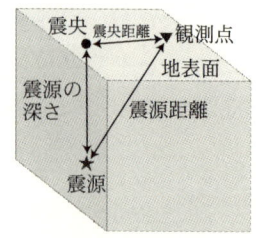

図 2.10 震源と震央の関係[2]

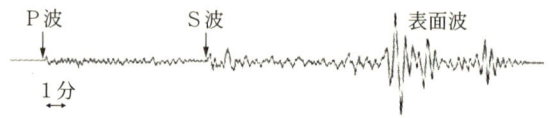

図 2.11 地震波の記録[2]

（体積の変化）が移動していくもので，波の進行方向に振動しながら伝わる．音は，空気の疎密の状態を伝える波であるが，岩石の中でも同様のことが行われていることになる．地表付近の岩石中を伝わる早さは 5〜7 km/秒である．横波（S 波）は，物の中に生じたねじれの状態（形の変化）が移動していくもので，波の進行方向に直行する面内に振動しながら伝わる．S 波の伝わり方は，ちょうど電磁波の伝わり方と似ている．

P 波（縦波）と S 波（横波）は震源からは同時に出発する．S 波の速度は P 波の速度より遅いので，地震のときには P 波より遅れてやってくる．そして，P 波よりややゆっくり大きく，ユサユサという感じで揺れる．地表付近の岩石中を伝わる早さは 3〜4 km/s である．その P 波が到着してから S 波が到着するまでの時間を初期微動継続時間または P−S 時間という．

P 波や S 波が地球内部を三次元的に伝わるのに対して，表面波は，地球表面に沿って二次元的にちょうど海の波のように伝わる．海の波では，海面は大きく動くのに対して，海底に行くほどほとんど動いていない．表面波と呼ばれるように，この波によって振動するのは地球の表面近くの部分で，地下の深いところへの影響はごく小さくなる．

e. 震源域

地震は，通常，最も弱い個所がまず破壊を起こし，その後，連鎖的に破壊が

広がっていき，岩盤がズレる．気象庁から発表される震源の位置は，観測所に最初に到着した地震の波の時刻から推定されるので，震源域の中で最初に地震の波を出した地点，すなわち最初に破壊した地点を示している．1923年の関東地震の震源域はおよそ100 km×50 kmで，愛知県や千葉県の面積に匹敵する．地下のこのように広い地域のすべてから地震の波は放出される．

震源域の大きさを表す目安としてマグニチュード（M）が使われている．地震の観測が始まって以来，日本の陸域で起こった浅い地震のマグニチュードは最大8.0で，これは1891（明治24）年の濃尾地震の際に記録された．この地震の震源域は美濃と尾張，すなわち岐阜県と愛知県にまたがり，そのさし渡しは約80kmであった．1995（平成7）年に阪神・淡路大震災を起こした兵庫県南部地震は，M7.2で，兵庫県南部の名称が示すとおり，その震源域は兵庫県南部におさまっている．さらにマグニチュードが一つ小さい地震（M6程度）では，震源域は市町村におさまる程度に小さい．陸域で起こる地震の震源域は，M8で複数の県にまたがり，M7で一つの県内におさまり，M6で市町村におさまるというのが，目安である．ただ，被害地域はこれより一周り大きい．地震の名称は兵庫県南部地震でも，震災の名称が阪神・淡路大震災なのは，そのためである．

―――――マグニチュード―――――

マグニチュードは，1930年代に米国の地震学者であるチャールス・リヒターにより考案された．リヒターは南カリフォルニアの地震を対象にしてマグニチュードを次のように定義した．

「マグニチュードは，震央から100 kmのところに置かれた特定の地震計（ウッド・アンダーソン型，図2.12参照）の記録紙上で最大の振れ（最大振幅）をμm（1 mmの1/1,000）の単位で測り，その常用対数をとったもの」

その後，1945年にグーテンベルクは世界各地の地震計の記録を用いて，世界のどの地域に起きた地震でも，マグニチュードが決められるような方式を考案した．

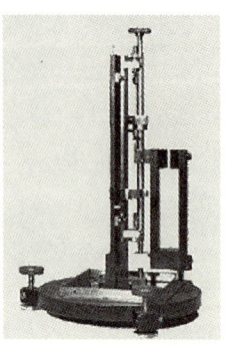

図 2.12　ウッド・アンダーソン型の地震計[2]

f. 本震と余震

　浅い大きい地震が発生すると，必ずその後に多数の余震が発生する．地震により，百年から数千年かけてゆっくりと地殻の岩盤に蓄積された歪みは，ほんの数十秒間のうちに限られた範囲の岩石の破壊によって解放される．この本震の発生によって，破壊された領域近くの岩石は，新たに歪みを加えられたことになる．この歪みによって引き起こされる地震が余震である．

　特に本震の破壊の終点である端の部分には「無理」がかかる．余震はこの「無理」を緩和するように発生するので，本震の揺れを引き起こした震源域の端で多く発生する傾向がある．また，余震は本震に比べればおおよそ1億分の1の時間で加えられた歪みによるため，非常に数が多くなる．しかし個々のエネルギーは大変小さく，せいぜい本震の 1/1,000 以下，マグニチュードにすれば本震より2以上小さいものが普通である．

○問　　題○

2.1　過去のタイプの違う被害地震の発生のメカニズムを解説せよ．

B. 地震のエネルギーと震度階
a. 地震のエネルギー

　マグニチュードは地震そのものの大きさを相対的に表す指標であり，絶対的に示すものではない．地震の絶対的大きさは地震によって放出される全エネル

ギーで示される.

この地震のエネルギーをエルグ (E) と呼びマグニチュード (M) との関係は,

$$\log E = 11.8 + 1.5 M \qquad (2.1)$$

で示され, M が 1 大きくなるとエネルギーは約 31 倍になる (表 2.1 参照).

表 2.1 マグニチュードと地震のエネルギーの関係[2]

マグニチュード (M)	地震のエネルギー (エルグ:E)	備考	震源域の半径 (km)
8.5	3.5×10^{24}	10万 kw の発電所が約 100 年かかって生み出す電力に相当	70
8	7×10^{23}		40
7	2×10^{22}		13
6	7×10^{20}	広島型原爆 1 個のエネルギーに相当	4
5	2×10^{19}		1.3
4	7×10^{17}	10 トン車 100 台を富士山頂にあげるエネルギーに相当	0.4
3	2×10^{16}	10 トンの水の温度を 100℃に上げるのに必要な熱量	0.1

b. 震度とマグニチュードの違い

震度は各地の揺れの強さを表す地震のスケールであり, マグニチュードとは地震そのものの大きさを表すスケールである. 例えば, マグニチュードを, 部屋全体を照らす電球そのものの明るさ (ワット数) だとすれば, 震度は, 部屋の中にある机の上の明るさ (ルックス) ということになる. 机の上の明るさは, 電球のワット数が大きいほど明るくなるが, 同じ電球でも, 部屋の隅と電球の直下では明るさに違いが出る. 地震におけるマグニチュードと震度の関係もこれと同じことがいえる.

c. 震　　度

震度とは, ある場所における地震動の強さの程度を, 人体感覚や身近な物品, 構造物, あるいは自然界への影響の程度から, いくつかの段階に分けて表示したものである. 気象庁から発表される各地の震度は, 以前は, 気象台や測候所の観測員が実際の揺れ具合を基準に従って判定していた. この基準は気象

表2.2 新しい気象庁震度

計測震度	震度階級	人間	屋内の状況	屋外の状況
< 0.5	0	人は揺れを感じない		
0.5 ≦ < 1.5	1	屋内にいる人の一部がわずかな揺れを感じる		
1.5 ≦ < 2.5	2	屋内にいる人の多くが揺れを感じる．眠っている人の一部が目を覚ます	電灯などの吊り下げ物が，わずかに揺れる	
2.5 ≦ < 3.5	3	屋内にいる人のほとんどが，揺れを感じる．恐怖を覚える人もいる	棚にある食器類が音を立てることがある	電線が少し揺れる
3.5 ≦ < 4.5	4	かなりの恐怖感があり，一部の人は，身の安全を図ろうとする．眠っている人のほとんどが目を覚ます	吊り下げ物は大きく揺れ，棚にある食器類は音を立てる．座りの悪い置物が倒れることがある	電線が大きく揺れる．歩いている人もゆれを感じる．自動車を運転していて揺れに気づく人がいる
4.5 ≦ < 5.0	5弱	多くの人が身の安全を図ろうとする．一部の人は，行動に支障を感じる	吊り下げ物は激しく揺れ，棚にある食器類，書棚の本が落ちることがある．座りの悪い置物の多くが倒れ，家具が移動することがある	窓ガラスが割れて落ちることがある．電柱が揺れるのがわかる．補強されていないブロック塀が崩れることがある．道路に被害が生じることがある
5.0 ≦ < 5.5	5強	非常な恐怖を感じる．多くの人が行動に支障を感じる	棚にある食器類，本棚の本の多くが落ちる．テレビが台から落ちることがある．タンスなど重い家具が倒れることがある．変形によりドアが開かなくなることがある．一部の戸が外れる	補強されていないブロック塀の多くが崩れる．据え付けが不十分な自動販売機が倒れることがある．多くの墓石が倒れる．自動車の運転が困難となり，停止する車が多い
5.5 ≦ < 6.0	6弱	立っていることが困難になる	固定していない重い家具の多くが移動，転倒する．開かなくなるドアが多い	かなりの建物で，壁のタイルや窓ガラスが破損，落下する
6.0 ≦ < 6.5	6強	立っていることができず，はわないと動くことができない	固定していない重い家具のほとんどが移動，転倒する．戸が外れて飛ぶことがある	多くの建物で，壁のタイルや窓ガラスが破損，落下する．補強されていないブロック塀のほとんどが崩れる
6.5 ≦	7	揺れにほんろうされ，自分の意志で行動できない	ほとんどの家具が大きく移動し，飛ぶものもある	ほとんどの建物で，壁のタイルや窓ガラスが破損，落下する．補強されているブロック塀も破損するものがある

2.1 耐震安全性

階級関連解説表（1996）[4]

木造建物	鉄筋コンクリート造建物	ライフライン	地盤・斜面
耐震性の低い住宅では，壁や柱が破損するものがある	耐震性の低い建物では，壁などに亀裂が生じるものがある	安全装置が作動し，ガスが遮断される家庭がある．まれに水道管の被害が発生し，断水することがある（停電する家庭もある）*	軟弱な地盤で，亀裂が生じることがある．山地で落石，小さな崩壊が生じることがある
耐震性の低い住宅では，壁や柱がかなり破損したり，傾くものがある	耐震性の低い建物では，壁，梁，柱などに大きな亀裂を生じるものがある．耐震性の高い建物でも，壁などに亀裂が生じるものがある	家庭などにガスを供給するための導管，主要な水道管に被害が発生することがある（一部の地域でガス，水道の供給が停止することがある）*	
耐震性の低い住宅では，倒壊するものがある．耐震性の高い住宅でも，壁や柱が破損するものがある	耐震性の低い建物では，壁や柱が破壊するものがある．耐震性の高い建物でも，壁，梁，柱などに大きな亀裂が生じるものがある	家庭などにガスを供給するための導管，主要な水道管に被害が発生する（一部の地域でガス，水道の供給が停止し，停電することもある）*	地割れや山崩れなどが発生することがある
耐震性の低い住宅では，倒壊するものが多い．耐震性の高い住宅でも，壁や柱がかなり破損するものがある	耐震性の低い建物では，倒壊するものがある．耐震性の高い建物でも，壁や柱が破壊するものがかなりある	ガスを地域に送るための導管，水道の配水施設に被害が発生することがある（一部地域で停電する．広い地域でガス，水道の供給が停止することがある）*	
耐震性の高い住宅でも，傾いたり，大きく破壊するものがある	耐震性の高い建物でも，傾いたり，大きく破壊したりするものがある	（広い地域で電気，ガス，水道の供給が停止する）*	大きな地割れ，地すべりや山崩れが発生し，地形が変わることがある

*ライフラインの（　）内の事項は電気，ガス，水道の供給状況を参考として記載したものである．

庁震度階と呼ばれるもので，初めて定められたのは1884年のことで，当初は揺れ具合を微，弱，強，烈の4段階に分けたものであった．

気象庁では，多くの地点で客観的な震度を迅速に決めるために，1996年4月から震度計による震度（計測震度）を全面的に採用し，体感による震度決定を廃止した．この計測震度は，人体感覚などで決めていたこれまでの震度と近くなるよう，地動の加速度に周期の補正を加えて自動的に決められる．

新しい震度階に基づく震度階級を表2.2に示す．

C．地震動と地盤と建築物
a．地震動の性質

震源から放出された地震波は，複雑な反射・屈折・減衰を繰り返して，地殻・地盤を伝播し，地表面に到達する．地表面に到達した地震波によって生ずる地面の揺れ，すなわち地震動は，その振幅・周期・位相とも時々刻々変化し，非常に複雑なものとなる．

図2.13は様々な周期，振幅を持つ波が様々な位相で重なり合い地震動となる様子を模式的に示したものである．

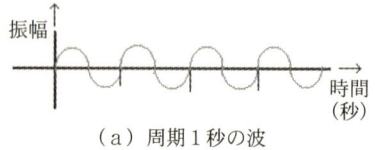
（a）周期1秒の波

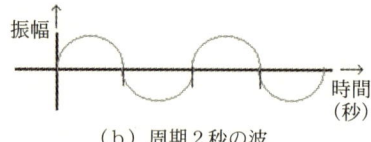
（b）周期2秒の波

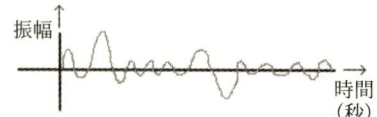
（c）色々な周期の波が集まった地震波

図2.13　地震動の模式図[3]

b. 応答スペクトル

地震動はいろいろな周期を持つ波が集まって出来ている．逆に地震動をその成分波別に分析すれば，その地震動がどのような波が合成したものか知ることができる．分析方法の代表例として，その地震動をわずかずつ固有周期が異なる多数の1質点の振動系に作用させ，その最大応答量の点を結ぶことによって得られる曲線（その地震動の応答スペクトル）で表す方法がある．横軸に1質点系の建物の周期，縦軸にその地震動に対する応答振幅をとってグラフに描いたものが図2.14である．

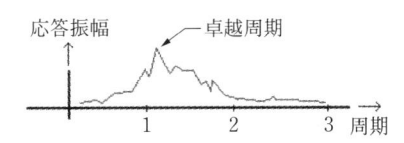

図2.14 卓越周期1秒強の応答スペクトル曲線

1質点系の振動モデルは図2.15に示すように1つの質点を1つのバネで支えるモデルである．このモデルからもわかるように，建物にもバネの硬さと質量の大きさによる固有の周期が存在する．この固有の周期で建物は大きく揺れる．2階建ての建物を例にとると，図2.16のような形に揺れる二つの固有周期を持っている．また，この形を振動形と呼ぶが，3階建ては3つ，4階建ては4つの固有振動形（固有周期）を持つことになる．

1質点系の地震応答量は単に1階建ての建築物だけではなく，重層建築物の応答も近似的に示し得る重要な工学的意義を有している．すなわち，重層建築物の地震動に対する応答は，同じ周期，減衰定数を持つ1質点系の同一地震動

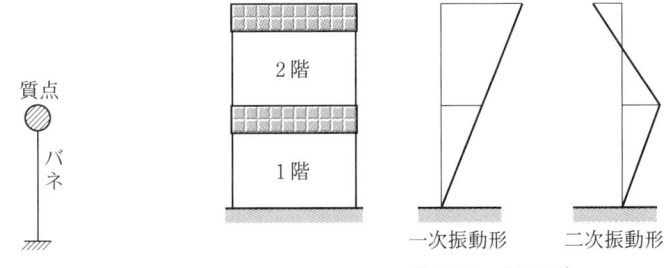

図2.15 1質点系の振動モデル　　　**図2.16** 2階建物の振動形[3]

に対する応答値で近似できる．

　このような建物の固有周期（多くの場合一次周期）と地震動の卓越周期が一致，もしくは近しい場合，予想外に大きな揺れが建物に引き起こされる．これを共振現象と呼ぶ．

　現代の超高層ビルや古来の五重塔などの固有周期は，地震動の卓越周期に比べかなり長く，地震の揺れを「柳に風」と受け流すといわれている．

　応答スペクトルには，地震動特性を表す指標である継続時間，位相特性，エネルギーなどが表現されないが，強さと周期特性という構造物の最大応答値を求めるための最も重要な特性は表現されている．したがって，応答スペクトルは，地震動の特性をかなりの程度表現し得るものであり，構造物の地震応答量，すなわち構造物に対する地震動の破壊力を直接量的に示し得る点で，現時点では，地震動に対する評価用の工学的指標としては妥当なものと考えられる．

　ここで，応答加速度（S_a），応答変位（S_d），応答速度（S_v）の関係を円振動数 ω を用いて示すと，以下のようになる．

$$S_d \fallingdotseq S_v / \omega, \ S_a \fallingdotseq \omega \cdot S_v = \omega^2 \cdot S_d$$

c. 地盤増幅

　平野部は沖積層で軟らかく，その下の硬い地層に比べて地震波の伝わる速度が遅い．硬さ（剛性率 μ）と横波の伝わる速さ（β）の関係は，

$$\beta = \sqrt{\mu / \rho}$$

となる．ここで ρ は地盤の密度である．

　図2.17に示すように硬い層から軟らかい層に下方から入射すると，上層内の波の伝播方向は入射した波は境界面に垂直に近くなる．簡単のためにこれを垂直として計算すると図2.18のように，式（2.2）で表されるある特別な周期 T_G の振動が著しく増幅され，地表の振幅 A と境界面の振幅 A_0 の比は式（2.3）で表される[1]．

$$T_G = \frac{4H}{\beta} \tag{2.2}$$

$$\frac{A}{A_0} = \frac{2\rho\beta}{\rho_0\beta_0} \tag{2.3}$$

ここで H は上の地層の厚さ，ρ はその密度，β はその横波の伝わる速さであり，ρ_0 は下の地層の密度，β_0 は下の地層の横波速度である．地表面ではどの周期の波も全反射をするので振幅はすべて 2 倍以上となる．一例として，ある沖積層（$H=20$ m，$\rho=1.8$，$\beta=200$ m/秒）が，ある洪積層（$\rho_0 \fallingdotseq \rho=1.8$，$\beta_0=400$ m/秒）の上に乗っている場合，式（2.2）より $T_G=0.4$ s，式（2.3）より $A/A_0=4$ となる．下が第三紀の岩盤の場合には $\rho_0 \fallingdotseq \rho$，$\beta_0=1000$ m/秒程度であるから増幅率は 10 倍となり，図 2.18 の点線のようになる．近くに下層が露出する場合，その表面では全反射によって入射波は 2 倍になるので，軟弱層の表面と下層の露出面との振幅比は式（2.3）の半分となる．

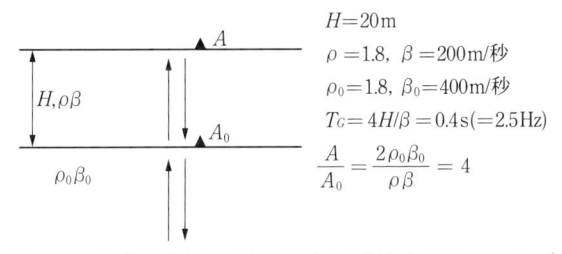

図 2.17 硬い層と軟らかい層に真下から入射する SH 波のモデル[5]

d. 液状化現象

液状化とは，地盤が地震動で激しく揺さぶられることにより液体状になり，構造物を支えることができなくなる現象をいう．地盤は土砂の間に水分が入り込んでいて，地震の振動が加わるとこの水分が押し出される．逃げ場を失った水はやがて地表の亀裂などから土砂と共に地上に吹き出す．構造物はその支えを失い，転倒したり沈み込んだりして被害を受ける．このような液状化現象は，砂地のような地盤で地下水位の高いところで発生しやすく，海岸の埋め立て地や昔河口であったところなどで危険度が高いと言われている．このような軟弱な地盤に構造物を建造する場合，セメント系の固化材を注入して地盤強化

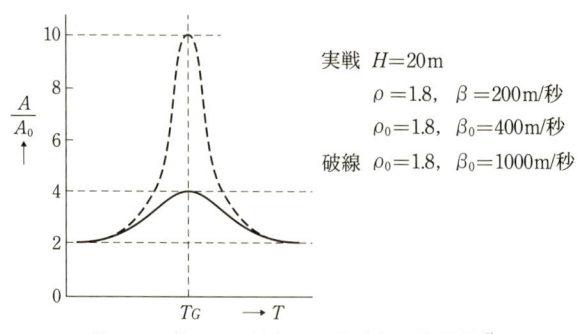

図 2.18 軟らかい表層による地震波の増幅特性[5]

を図ったり，液状化の恐れのない地下深部の堅固な地盤まで杭を打ち込むなどの対策をとることにより，建造物の損壊を未然に防ぐ工夫が必要である．

(1) 新潟地震の液状化被害

1964年の新潟地震（M 7.5）では新潟市内に大規模な地盤の液状化現象が発生し，そこではほとんどのビルが傾いた．図 2.19 はその一つの調査結果であり，濃い網かけの部分は被害の激しかった地域で，旧信濃川の跡が写し出されている．薄い網かけ部分は被害がほとんどなかった地域であり，砂丘地帯である．白い部分はその中間で被害は顕著ではなかった．この地域全体にわたって詳しいボーリング調査が行われた．その結果，液状化被害の原因は水で飽和した軟らかな地層が 8 m 以上の深さになっているところであることがわかった．さらに詳しく見ると，被害の激しかった地域でも新潟県庁がそうであったように基礎を深く下ろした建物は真っ直ぐに立っており，完全に無被害であった．

液状化現象は，緩く詰まった砂層が水で飽和しているとき，ある程度強い振動を受けると，間隙が少なくなり，同時に水圧が高まって砂層全体が流動する現象である．したがって，密に詰まった砂層では液状化は発生せず，そこまで基礎を下ろした建物は被害を受けなかったと解釈される．しかし，固い層まで基礎を下ろしているにも拘わらず，その基礎の杭が折れるという被害を起こしたビルもあった．1983年の日本海中部地震（M 7.7）のときに，秋田県および青森県で大規模な液状化現象が発生し，数 m にわたる地表の水平移動が観測された．この動きは基礎の杭を破壊する力になるものであり，新潟の場合も地

層の水平移動があったようである．この現象を側方流動と呼んでいる．兵庫県南部地震でも，これらの現象が原因となって多くの杭基礎構造物が被害を受けた．このような被害は，地盤の変形が液状化によって増大し，杭基礎の動きを強制するために生じる．軟弱地盤に建設される杭基礎構造物の安全性を確保するため，地震時の杭応力を正確に評価する解析手法の開発と，耐震設計への活用が必要である．

(2) 液状化による横波の減衰

1995年の兵庫県南部地震（M 7.2）によって阪神地域の埠頭はほとんどすべ

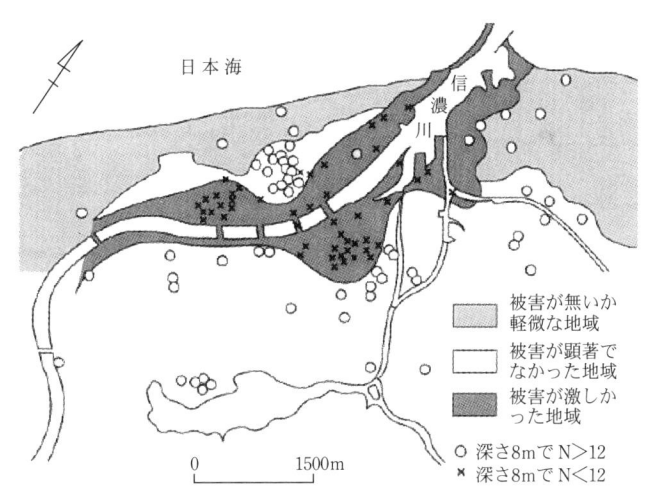

図 2.19 新潟市の液状化被害地域とボーリングデータとの関係
（大崎，1983 による）

図 2.20 側方流動による杭基礎の被害例

て液状化の被害を受けた．しかし，液状化による横波の振幅減衰という現象も生じ，海岸の埋め立て地における被害の減少の原因にもなったようである．

　図2.21は神戸市のポートアイランドに設置されていた地中地震計の記録であり，左は水平動，右は上下動である．地震波はほぼ真下から来ているので，水平動は横波であり，その短周期成分は地表近くで著しく小さくなっている．この深さによる水平動および上下動の振幅を表2.3に示した．上下動は－28 m までは一定の振幅であり，－10 m の埋め立て地に入ると増大し，地表では4倍近くになる．つまり，普通の軟らかな表層による増幅特性を示しているが，水平動の特に短周期成分（0.2秒以下）は－80 m で 300 gal であったものが－10 m で急激に減少し，地表では 50 gal になっている．

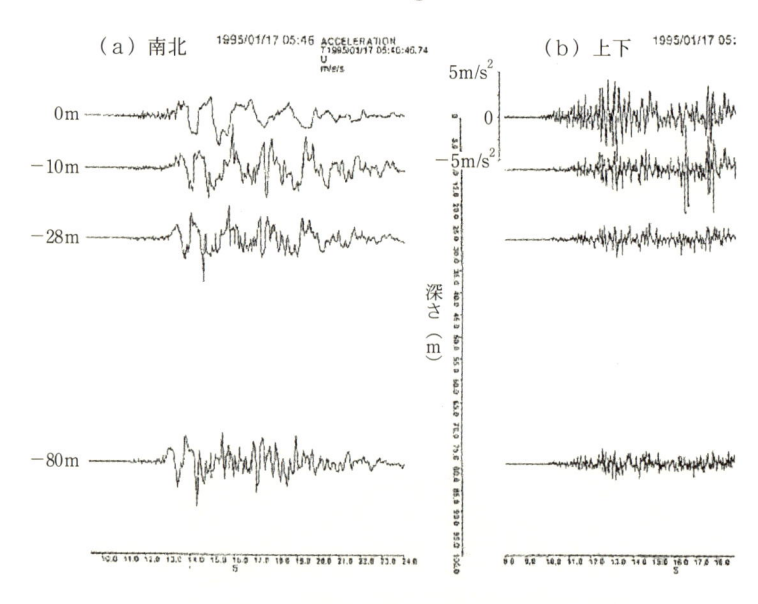

図 2.21　神戸ポートアイランドの地中地震計の記録
（入倉，1995による）

表2.3 神戸市ポートアイランド地中地震計の振幅変化[5]

深さ(m)	水平動 (gal)		上下動 (gal)
	長周期成分約1秒	短周期0.2秒	約0.2秒
0	250	50	450
10	250	75	250
28	250	250	125
80	250	300	125

e. 地盤－基礎－建築物の相互作用

地震が発生すると，地盤－基礎－建物がお互いに影響し合う，動的相互作用の現象が生じる．

建物と地盤の相互作用には，慣性の相互作用と入力の相互作用の2通りのものがある．

慣性の相互作用は，建物の振動が地盤に対して影響を与える現象である．地盤が変形する材料であることにより，建物基礎で水平変位（スウェイと呼ばれている）と回転変位（ロッキングと呼ばれている）が発生し，このため基礎固定時の建物の振動特性に比べて以下の現象が発生する．

①建物周期の延び

②建物振動モードの変化（建物自身の変位にスウェイ，ロッキング変位が付加した振動形となる）

③地盤への地下逸散減衰の発生

一方，入力の相互作用は，建物のない自然地盤の動きが建物基礎が設置されることにより影響を受ける現象であり，建物の平面的な寸法・形状や基礎の地下への埋込みにより，建物に入力する地震動が変化する．

建物の耐震設計には，こうした動的相互作用の効果を適切に取り込むことが重要である．多層地盤や不整形地盤など複雑な地盤構成，また埋め込み基礎，群杭基礎，地中連続壁などの各種の基礎形式に対応する必要がある．

f. 地震力

地震のときに建築物に生ずる荷重を地震力（荷重）と呼ぶ．地震力は，地盤状況，地盤面（GL）からの高さ，建物の重さに関係する．建物の重さとは，固定荷重：DL（建物自体の重さ）と積載荷重：LL（人や家具の重さ）である．

地震力はこの建築物の重さ（質量）に地震によって建築物が応答したときの加速度を乗じた慣性力として求められる．設計上は 2.1.3(2) 項で説明した応答スペクトルのうち，加速度応答スペクトルに相当するものが地盤種別ごとに R_t の図 2.22 のように基準として定められており，建築物の周期に応じて建築物に生ずる慣性力が計算できるようになっている．

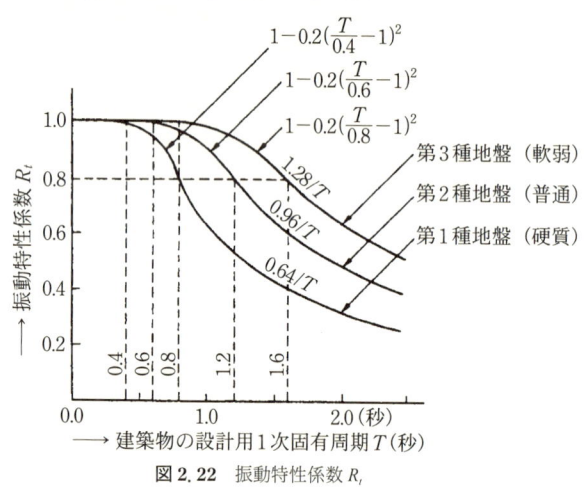

図 2.22 振動特性係数 R_t

(1) 地震力と地盤の関係

図 2.23 は，非常に硬い岩盤，硬い地盤の砂礫層，軟弱地盤の 3 パターンの建物の地震時の揺れを比較したものである．岩盤・砂礫層は共に良い地盤なので直接基礎，軟弱地盤は，悪い地盤なので杭基礎とする．地震時の揺れは，硬い地盤に建てられた建物ほど小さく，軟弱地盤に建てられた建物ほど大きくなる．

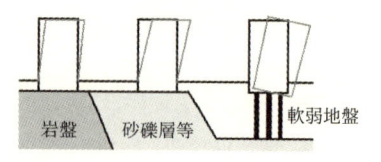

図 2.23 地盤の違いによる揺れの比較 [6]

(2) 地盤面（GL）からの建物の高さとの関係

建物高さが高層の建物と低層の建物では，図 2.24 に示すように揺れ方が違う．高層の建物はゆっくり大きく揺れ，低層の建物は速く激しく揺れる．

2.1　耐震安全性

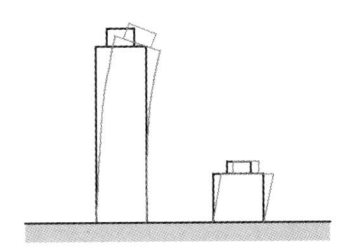

図 2.24　建物における高さによる揺れの違い[6]

(3) 建物の重さと地震力の関係

図 2.25 は，棒に重さの違う 2 つの塊を付けて揺らした場合，揺れ方がどのように違うか示したものである．棒の剛さは同じだと仮定し，(a) が重い場合，(b) が軽い場合とすると，重い方の揺れ方の方が大きい．

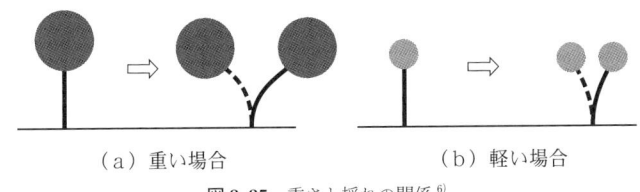

（a）重い場合　　　　　　　（b）軽い場合

図 2.25　重さと揺れの関係[6]

○問　　題○

2.2　地震動波形から応答スペクトルを作成せよ．

[参考文献]
1) 石橋克彦：大地動乱の時代　岩波新書，岩波書店，1994
2) 吉井敏尅：地震学入門，http://www3.to/seismology/
　　山科健一郎：地震災害，http://www3.to/seismology/
3) 教養講座　地震の話し：httrp:village.infoweb.ne.jp/~fwin8164/jisinn.him
4) http://www.asahi-net.or.jp/~jn5y-ykym/sindo-new.htm
5) http://www.k-net/gk/publication/1/
6) http:www.mmjp.or.jp/honki/index.htm

2.1.2 建築物の地震被害

日本ではこれまでに多数の大地震が発生しており,様々な被害が生じている.以下に,建築物の地震被害を構造種別に分類して紹介する.

A. 木造建築物の地震被害例

a. 倒壊,崩壊,傾斜

比較的古い木造住宅では,竹木舞を用いた土塗り壁や葺き土を有する瓦屋根などがよく用いられているが,これらは質量が大きいために,建築物に作用する地震力がそれだけ大きくなることを意味する.一方,建築物の主要な水平抵抗要素である耐力壁や筋かいの量が十分でない場合には,地震力に抵抗するために必要な耐力や剛性が不足するために建築物には大きな被害が生ずる.

図 2.26 はこのような原因により 1 階が崩壊した 2 階建て集合住宅の例であり,図 2.27 は同様の原因により 1 階が崩壊した 2 階建ての戸建て住宅の例である.

図 2.26　1 階が崩壊した木造集合住宅　　　図 2.27　1 階が崩壊した木造住宅

水平抵抗要素の耐力や剛性が不足する理由は,その量が足りないという設計上の問題の他に,補強金物が用いられていないなど部材同士が緊結されていない場合や,筋かいの配置や端部の接合方法が適切でない場合,白蟻や腐朽による木材自体の損傷などがある.

b. 耐力壁が釣り合いよく配置されていない建築物の被害

建築物が地震力に抵抗するためには,建築物の質量に見合った十分な量の耐力壁を確保することが重要であるが,さらにそれらを釣り合いよく配置する必要がある.例えば,1 階が店舗で 2 階が住宅である店舗併用住宅は,地震の揺

れによる応答変形が耐力壁の少ない1階に集中し，大きな被害を受けることがある．また，間口の狭い住宅でも，建築物前面は耐力壁が配置されないことが多いため，そこに変形が集中して大きな被害が生じることがある．

図2.28は，店舗併用住宅の1階が大きく傾斜した例である．

図2.28 1階が大きく傾いた店舗併用住宅

c. 屋根瓦の被害

屋根瓦のズレや落下の被害はよく見られる．特に，土葺きで老朽化した建築物など，構造体にも被害が生じやすい建築物では瓦の被害も大きい傾向がある（図2.29参照）．

地震被害の直後に被災地に近づくと，屋根をブルーシートで覆った住宅が最初に目に付くことが多いが，これは，屋根瓦の落下やズレにより雨露がしのげなくなったことへの対処である．

図2.29 屋根瓦の落下

d. 外装材の被害

木造住宅では防火上，外壁をモルタルで仕上げることが多いが，モルタルは剛性が高く変形しにくいのに対し，木造の構造架構本体はモルタルに比べて

変形しやすい．そのため，地震時にはまずモルタルに力が集中し，ひび割れを生じ落下する場合がある．これを防ぐには，下地のラスをしっかりしたものとし，またその止め付けを丈夫にするなどの工夫が必要である．

図2.30は，ほとんどのモルタルが剥落した建築物の例である．

図2.30 外壁モルタルの剥落

e. 老朽化による被害

建築物の老朽化は，その足まわりや風呂場などの水まわりの部分から始まり，これが原因で倒壊することもある．図2.31は，モルタル塗り外壁内部の下地であるが，軸部材が腐朽しており，また一部に蟻害も見られる．

図2.31 腐朽，蟻害の状況

f. 地盤や基礎の被害

地震によって，地盤や基礎が被害を受け，それが原因で建築物が傾いたり

(図 2.32 参照），また崖くずれによって建築物が押しつぶされたりする例もある．このような地盤の崩壊を防ぐには，敷地の選定や擁壁の施工にあたって十分な注意が必要である．また，基礎を丈夫にすることも大切で，例えば，鉄筋コンクリートの布基礎とし，基礎にアンカーボルトを十分埋め込み，土台と基礎をしっかりと緊結することなどが求められる．

図 2.32　地盤の崩壊により傾斜した木造建築物

g. 比較的新しい建築物の被害

構造設計により適切に耐力壁が配置されているような新しい建築物では，一般に地震被害は小さい．図 2.33 は阪神・淡路大震災の激震地に建つパネル工法の 3 階建て住宅であるが，ほぼ無被害である．ただし，図 2.34 のように，新築の建築物ではあるが，1 階が駐車場であり耐力壁が偏って配置されていた

図 2.33　激震地においてほぼ無被害の木造 3 階建て住宅 　　図 2.34　1 階駐車場が崩壊した新築の木造建築物

ため，1階が完全に倒壊した例もある．

B. 鉄筋コンクリート造建築物の地震被害例
a. ピロティの被害

駐車場や店舗として使われるマンションの1階のように，他の階に比べて極端に耐震壁が少なく，ほとんど柱だけで建築物を支えている階のことをピロティという．ピロティには地震抵抗力の大きな耐力壁が少ないために被害が集中しやすいので，設計においては適切な配慮が必要である．

図2.35は，ピロティの柱が完全に壊れ建築物の1階が落階して，駐車場の自動車を押し潰した例である．図2.36は，倒壊はしなかったが大きな被害を受けた，別の建築物のピロティ柱である．

図2.35　ピロティ建築物の崩壊状況 　　　図2.36　ピロティ柱の被害状況

b. 中・高層建築物の中間階の崩壊

旧基準によって設計・施工された中・高層建築物では，特定の中間階のみが層崩壊するといった被害が見られることがある．この被害の特徴は，図2.37のように，崩壊した階以外の階はさほど大きな被害が見られないことである．

図2.37　中間階（6階）の層崩壊の状況

c. 壁が偏在する建築物の被害

　壁が平面的に偏って配置されると，建築物にはねじれるような力が作用し，壁が少ない部分の柱が大きく振られて破壊することがある．このような破壊を避けるには，建築物の柱や壁は，各階とも平均的にバランス良く配置する必要がある．図 2.38 は角地に建つ建築物で，道路に面する部分にはほとんど壁がないため，その部分が大きく振られ，柱が破壊したことにより道路側に傾いたものである．

図 2.38　壁が偏在する建築物の被害状況

d. 渡り廊下の被害

　建築物が被害を受けて大きく変形すると，それらを接続する渡り廊下が建築物の変形に追従できず，接合部が破壊される．図 2.39 は，渡り廊下の接合部の破壊が原因で，すべて落階した例である．

図 2.39 渡り廊下の落下状況

e. 屋根の落下

図 2.40 は，体育館のプレキャストコンクリート製の屋根が架構から脱落して落下した例である．このような被害を防ぐには，外周架構の面外の変形が大きくなりすぎないように，設計において適切に対処する必要がある．

図 2.40 プレキャストコンクリート屋根の落下状況

f. 各部材の被害

図 2.41〜2.44 は，それぞれ柱，梁，柱梁接合部，壁の地震被害状況である．いづれも，多数のひび割れが入り，かぶりコンクリートが剥落したり，鉄筋が露出しているものもある．ひび割れ幅が小さければエポキシ樹脂の注入などで補修が可能であるが，図 2.41 のように鉄筋に囲まれた部分のコンクリートが脱落するほどの被害では，一度被害を受けた部分のコンクリートをはつりだし，座屈した鉄筋を撤去した後に新たな鉄筋を配筋してコンクリートを打設し直す必要がある．

図 2.44 は，玄関扉まわりの壁に大きなひび割れが発生し，玄関扉が変形し

て開かなくなった例であるが，このような被害は避難の観点からはきわめて深刻である．

窓ガラスがはめ殺し（ショーウインドウも含む）の場合には，その破損が多く見られる．建築物の全層にわたってコーナー部のガラスが破損したケースもある．

図2.41 柱の被害状況

図2.42 梁の被害状況

図2.43 柱梁接合部の被害状況

図2.44 玄関扉とその周辺の壁の被害状況

g. 基礎構造の被害

建築物の基礎は，建築物自身の重さや，地震の揺れによって建築物に加わる力を地盤に伝える役割を果たす重要な構造体である．鉄筋コンクリート造建築物では，規模，構造形式，地盤条件に応じて，直接基礎，杭基礎といった基礎

形式が採用されている．建築物の地上部は軽微な被害しか生じていないが，地中の杭が損傷するほどの被害（図2.45）を受けたために建築物に大きな傾斜が生じることもある．

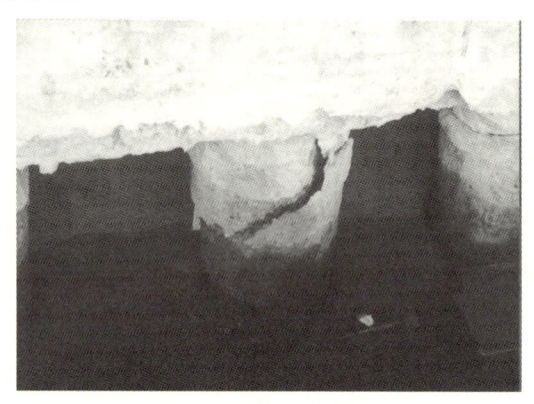

図2.45　杭基礎の被害状況

h. 壁式構造鉄筋コンクリート造建築物の被害

図2.46は，阪神・淡路大震災で被害が集中した地域に建つ，4階建ての壁式構造による共同住宅であるが，構造的被害は生じておらず無被害であった．一般に，壁式構造は高い耐震性を有しているといえる．

図2.46　激震地において無被害の壁式構造建築物

C. 鉄骨造建築物の地震被害例
a. 角形鋼管を柱に用いた構造の建築物の被害
(1) 柱脚およびその周辺の被害

　角形鋼管を柱とするラーメン構造は，市街地の狭隘な敷地の多層建築物の構造に多く見られる．多くは，スパン数が少ないいわゆるペンシルビルのため，地震時の大きな転倒モーメントによる大きな引張力が柱に作用し，柱脚およびその周辺に被害が集中する．

　図 2.47 は 1 階隅柱のアンカーボルトがすべて破断した（図 2.48）ために，全面道路側へ転倒した建築物の例である．

　図 2.49 は，1 階の角形鋼管柱に見られた局部座屈と局部座屈後に生じた引張破断の例である．建物は地上 8 階建ての駐車場であるが，この場合は地上部分には特別な被害は見られていない．

図 2.47　全面道路へ転倒した鉄骨建築物

図 2.48 柱脚部のクローズアップ　　図 2.49 角形鋼管柱の局部座屈と引張破断の状況

(2) 柱梁接合部仕口の溶接部の破断

箱形断面の柱と H 形鋼の梁との接合部の溶接部分に亀裂が発生した例が多数見られる．溶接部の強度不足の原因としては，溶接サイズ不足，完全溶込み溶接の施工不良，完全溶込み溶接であるべきところをすみ肉溶接としたことな

図 2.50 柱梁接合部ダイヤフラムと　　図 2.51 梁端接合部の溶接部の破断状況
　　　　柱溶接部の破断状況

図 2.52 1 階が崩壊した鉄骨マンション

どが挙げられる．

　図2.50は，柱梁接合部のダイヤフラムに柱を溶接した部分が，図2.51は梁端接合部の溶接部が，それぞれ破断した例である．

　図2.52は，地上6階建ての鉄骨造マンションで，（1）柱脚の被害と（2）溶接部の破断，の両方の被害が重なって，1階が崩壊した例である．

b．薄肉断面の形鋼を用いた建築物の被害

　建築物規模に比較して断面の小さな材を用いた建築物で，耐力・剛性の双方が不足している上に錆による経年劣化があるために，被害が大きくなる場合がある．図2.53は，このような原因で大きく傾斜した建築物である．ラチス梁と柱との接合部ボルトは破断している．

図2.53 大きく傾斜した薄肉断面の形鋼を用いた建築物

c．軸組筋かい構造建築物の被害

　引張筋かい形式の筋かいに，圧縮力と引張力が交互に作用し座屈あるいは引張降伏が生じる被害がよく見られる．図2.54は，1階筋かいの座屈と破断により，1/8程度傾斜した建築物の被害例である．

図 2.54　筋かいの座屈と破断により傾斜した建築物

d. 上階部分の大きな変形

　旧基準によって設計・施工された建築物では，建築物の上部の階あるいはペントハウスに大きな水平変形が生じやすい．外装仕上げ材がラスモルタルの場合には一般に剥落の程度が大きい．図 2.55 は，筋かいが破断して大きく傾斜した 7 階建てビルの被害例である．

図 2.55　上階部分が大きく変形した建築物

e. 超高層建築物の被害

　図 2.56 は，箱形断面材の柱と H 形鋼の梁および H 形鋼ならびに円形鋼管の筋かいからなるメガストラクチャー構造の高層建築物（図 2.57）の一部の柱がその中央部分で水平に破断した例である．

図 2.56　メガストラクチャー構造の
　　　　　高層建築物

図 2.57　メガストラクチャー構造の
　　　　　柱の破断状況

f. 隣接建築物との衝突による被害

図 2.58 は，敷地いっぱいに建てられた 8 階建てのペンシルビルであるが，この 3 階柱が隣接する 2 階建て建築物のパラペット端部と衝突し，柱まわりの仕上げ材が剥落した例である．

図 2.58　隣接建築物と衝突したペンシルビル

[参考文献]

1) 建築震災調査委員会：平成7年阪神・淡路大震災建築震災調査委員会報告書―集大成版―，1996

2.1.3 耐震設計
A. 耐震設計
a. 耐震設計の目標

建築物には，建築物への様々な作用に対し，人命の保護および機能・居住性の確保とそれらの維持（財産の保全）を図るために，必要とされる性能がある．その中でも最も基本的な性能は人命の保護を目的とする構造安全性である．わが国のように地震が多発する国土においては，地震に対する人命の保護が建築物の設計の中で大きな位置を占める．地震に対して，人命の保護を目的として設計を行うことを耐震設計という．耐震設計を広義に見れば，建築物への地震入力そのものを遮断する「免震設計」，特別なエネルギー吸収装置により建築物に入力される地震エネルギーを吸収する「制振設計」も含まれる．狭義には，建築物そのものの強度を強くする，エネルギー吸収能力を大きく（靭性能を大きくする）して，地震動による揺れに抵抗するようにすることを耐震設計という．

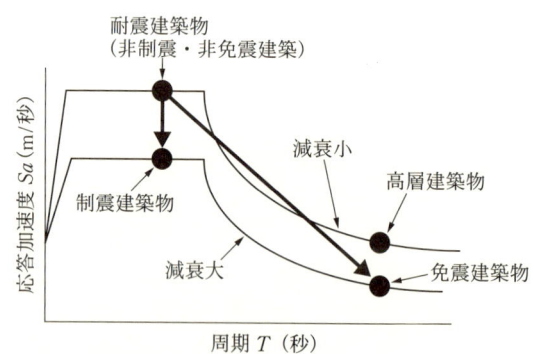

図 2.59　免震，制震，耐震設計の概念図

地震と建築物の被害でも見たように，いったん大きな地震が起きると多数の人的損失と，家屋など大きな財産の損失をこうむる．それを防ぐには，地震に強い建築物を作ればよいのだが，めったに起きない大地震に対してどれくらい

建築物を強く作っておけばよいのかの目安は，幾多の地震被害を通して，その国の経済力との兼ね合いで定められてきた．世界各国の耐震レベルを比較しやすいように，地震の起きやすさ（ハザード）とその地震により被害を受ける可能性（リスク）を確率的に表現しようとする動きもある．

b．耐震設計法の歴史と概要

建築に関する日本で初めての本格的な法律，市街地建築物法は 1920（大正9）年に施行された．このときは，建築物の防火，構造，衛生などに関する規定が主で，耐震計算の規定はなかった．1923（大正 12）年 9 月 1 日に発生した関東大震災（M 7.9）は，首都東京を直撃し，地震火災を伴う大被害をもたらし，142,000 人に上る死者と経済的混乱をきたした．建築物については，導入初期の鉄筋コンクリートのうち，アメリカ流の耐震設計による建物（純ラーメン構造で壁が少ない）は被害を受けたが，耐震壁を持つ日本流の耐震設計による建物はほとんど被害を受けなかった．これにより耐震壁の有効性が実証された．また，山の手と下町での被害の差から，地盤により建物の揺れ方に違いが出ることがわかった．この被害に鑑み，震災後 1924（大正 13）年に，市街地建築物法が改正され耐震計算が義務化された．これ以降地震に対しては関東地震級の地震でも壊れない建築物を作ることが目標となった．

1924（大正 13）年に市街地建築物法が改正された後，1950（昭和 25）年に建築基準法が公布され，1971（昭和 46）年に改正された．このときには十勝沖地震を教訓に地震に対する強度，特に鉄筋コンクリート造の帯筋の間隔規定が強化された．その後，宮城県沖地震があり，1981（昭和 56）年に保有水平耐力の検討を義務づけた新耐震設計法が施行された．新耐震設計法が浸透し，耐震設計技術が向上，進歩していくとともに，自由な設計法，耐震性能を消費者にも明確にすることなど，消費者保護を図る圧力が内外から増してきた．それを受けて，1999（平成 11）年に建築基準法が大改正され，基準で要求する性能を明確にすること（性能規定化）と，新しい耐震設計に対応し，性能を明確に評価できる限界耐力計算が導入された．耐震基準改正の変遷を表 2.4 に示す．

表 2.4 耐震基準改正の変遷

年	内容
1947（昭和22）	日本建築基準「建築物の構造計算」
1950（昭和25）	建築基準法公布（水平震度 0.2 以上）
1952（昭和27）	地域及び構造・地盤の組み合わせによる震度修正規定告示
1963（昭和38）	建築基準法改正（高さ制限の撤廃）
1971（昭和46）	建築基準法改正（帯筋の規制強化）
〃	日本建築学会鉄筋コンクリート構造計算規準改訂
1977（昭和52）	新耐震設計法（案）公表
1980（昭和55）	耐震設計法の大幅改正（新耐震設計法）
1981（昭和56）	新耐震設計法施行
1999（平成11）	性能規定化，限界耐力計算の導入

c. 被害地震と耐震設計

「地震・雷・火事・親父」と怖いものの一番初めに挙げられているほどに，日本人にとって，地震は昔から忘れることのできない，怖い出来事である．ここでは明治以降に日本で起きた代表的な地震とそれらの被害，そしてそれらがきっかけとなり制定，改正されてきた規定・法規などとの関係を追ってみる．

・横浜地震（1880（明治13）年，M 5.5〜6）

　　日本地震学会設立のきっかけとなる．

・濃尾地震（1891（明治24）年，M 8）

　　岐阜，愛知両県に大被害をもたらす．内陸の地盤内で起こった最大級の地震．導入初期の煉瓦造や石造建物も大被害を受ける．翌年に震災予防調査会が発足し，日本の建築物の耐震研究がスタートする．このときにできた全長 80 km の断層の一部は天然記念物の根尾谷断層として保存されている．

・サンフランシスコ地震（1906（明治39）年，M8.2）

　　米国での耐震研究の出発点になる地震で，火災により大きな被害が出た．この地震を調査した佐野利器により日本における耐震設計法の基礎的な考え方がつくられる．

・市街地建築物法施行（1920（大正9）年）

　　建築に関する日本で初めての本格的な法律．建築物の防火，構造，衛生などに関する規定で，耐震計算の規定はなかった．

- 関東地震（1923（大正 12）年, M 7.9）

 東京を中心に地震火災を伴う大被害をもたらす．導入初期の鉄筋コンクリートのうち，アメリカ流の耐震設計による建物は被害を受けたが，耐震壁を持つ日本流の耐震設計による建物はほとんど被害を受けなかった．これにより耐震壁の有効性が実証された．また，山の手と下町での被害の差から，地盤により建物の揺れ方に違いが出ることがわかった．

- 市街地建築物法改正（1924（大正 13）年）

 前年の関東地震を受け，耐震計算が義務化された．

- 福井地震（1948（昭和 23）年, M 7.1）

 震源の浅さや地盤の性質により福井平野に木造を中心に大被害が出る．上になるプレートでの地震で，約 25 km の断層ができる．戦災を受けていた鉄筋コンクリート建物が崩壊した．

- 建築基準法制定（1950（昭和 25）年）

 市街地建築物法を廃止し，現在の建築基準法がつくられる．

- チリ沖地震（1960（昭和 35）年, M 8.3）

 日本から見て地球の裏側で起こった地震であるが，地震に伴う津波により北海道南岸，三陸海岸，志摩半島，沖縄に被害が出た．

- 新潟地震（1964（昭和 39）年, M7.5）

 秋田，新潟の両県を中心に被害が出た．液状化による建築物の転倒が問題となる．

- 十勝沖地震（1968（昭和 43）年, M 7.9）

 北海道南部から東北地方にかけて被害をもたらす．鉄筋コンクリート造建物に被害が多く，鉄筋コンクリート造を中心とした設計法の見直しがなされるきっかけとなる．

- 宮城県沖地震（1978（昭和 53）年, M 7.4）

 仙台市を中心に大きな被害をもたらす．ガス，水道，電気などのライフラインに大きな被害が出た．

- 新耐震基準（1980（昭和 55）年）

 たび重なる地震の経験や耐震に関する研究の進歩により，旧耐震基準を見直して新耐震基準をつくる．

- 日本海中部地震（1983（昭和58）年, M 7.7）
  秋田県を中心に東北, 北海道に大きな被害をもたらす. 北陸, 山陰などの海岸にも津波の被害が出る.
- 北海道南西沖地震（1993（平成5）年, M 7.8）
  地震の被害に加え, 北海道の奥尻島では地震の後に来た津波により大きな被害が出た.
- 阪神・淡路大震災（1995（平成7）年, M 7.2）
  このときの基準は, 関東大震災級（M 7.9）の地震にも耐えうる構造基準とされており, 阪神・淡路大震災のときは, 人命に係わるほど影響は, ほとんどなかった（一部施工不良有り）. そのことを返せば1981（昭和56）年の新耐震設計法の基準が妥当であったことを立証した. ただし, 老朽化した木造建物の倒壊による人的被害は甚大であった.
- 建築基準法改正（1999（平成11）年）
  多様な材料, 工法, 設備などの円滑な導入にしするための性能規定化, 限界耐力計算の導入, 規制の実効性を確保するための工事管理および検査の徹底, 建築確認などの民間開放を意図した.
- 住宅性能表示制度の制定（2000（平成12）年）
  消費者保護と, 住宅の性能向上を目的として, 住宅の性能のうち, 耐震性などを等級で表示することになった.

○問　　題○

2.3　免震, 制震, 耐震設計の特徴を説明せよ.
2.4　過去の被害地震とその特徴, 耐震設計の変遷を記述せよ.

B. 耐震構造計画

ここでは, 狭義の耐震設計を扱う. 建築物を耐震的にする要因として, 強度靭性, エネルギー吸収がある. 強度を効率よく発揮するためには, 耐震要素のバランスの良い配置が不可欠である.

a. 耐震要素

地震力に建築物が耐えるための要素で, 柱, 耐力壁が代表的である. これら

を梁で相互に緊結することにより，柱，耐震壁の強度をより大きくすることができる．また，剛強な床スラブで同一階にある多数の柱，耐力壁を一体化することにより階全体の強度を確保できるようになる．梁や床スラブは，床を形成するための構造要素と同時に，大切な耐震要素でもある．

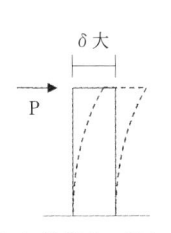

（a）柱単独の場合
変形が大きくなるし，足元が壊れると全体が不安定になる．

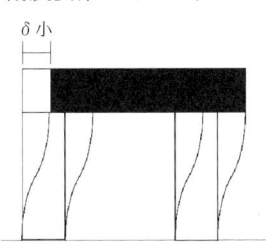

（b）柱を梁でつないだ場合
変形は小さくなる．足元が壊れても，柱と梁の接合が壊れるまで不安定とならない．

図2.60　柱－梁の組み合わせと水平抵抗力の関係

b．耐震要素の配置

耐震要素をバランスよく配置することにより，それぞれの耐震要素の能力を十分に発揮させることができる．地震力は地震動により建築物に生じる水平方向の加速度に建物の質量を乗じたものである．地震力は質量の中心（重心）に作用する．重心とねじれ中心（剛芯という）が同じ場合には，各耐震要素に

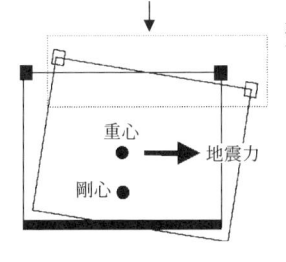

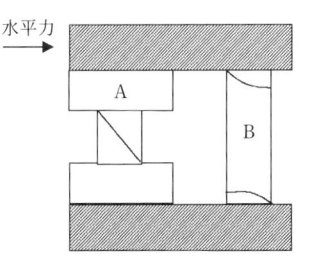

（a）振じれる建築物

（b）剛性が異なる耐震要素が混在する建築物

耐震要素Aが早期に破壊し，その後，耐震要素Bが耐力に達する．AとBの耐力のたし合わせができないため，想定している強度が確保できない場合がある．

図2.61　耐震要素の組合せと耐震性

は同一の水平変形が強制され,効果的に地震力に抵抗することができる.しかし,重心と剛芯が大きくズレる場合には,大きな変形が強制される要素と,そうでない要素が混在することになり,地震力に対する抵抗力は小さくなってしまう(図2.61(a)).また,変形に対する抵抗力の大きさ(剛性)が異なる耐震要素が混在する場合にも,強度を発揮する変形がばらばらとなるので単純な強度の累加が期待できない(図2.61(b)).

c. 強度と靭性

耐震要素に水平力を作用させると,水平変形と水平力の関係が得られる.最大の水平抵抗力(図2.62のA点)を強度といい,水平抵抗力がなくなる点(図2.62のB)までの変形の大きさを粘り強さ(靭性)という.

地震に強い建築物とは,地震動による建築物への入力エネルギーをいかに小さくするか(免震),いかに吸収するか(制震,靭性型の耐震),耐えるか(強度型の耐震)である.靭性型の耐震設計では,図2.61の0ABで囲まれる面積をどのように大きくするかが重要である.一つは強度を大きくすること,もう一つは靭性(A点又はB点を右にもってゆく)を大きくすることである.この他に地震動により建築物は左右に振動するのでその振動中にエネルギーを吸収することも重要である.それを減衰エネルギーという.材料の内部粘性に起因する粘性減衰もある.制震設計は,特別な装置でその履歴減衰エネルギーもしくは粘性減衰エネルギーを大きくしようとするものである.

強度型の耐震設計では,建築物に入力されるエネルギーに対して強度を大き

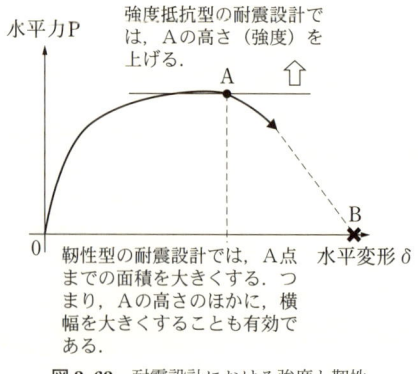

図2.62 耐震設計における強度と靭性

くすることによりそのエネルギーに耐えるものである．靭性型の耐震設計では地震後の損傷は避けることができないが，強度型の耐震設計では地震後も無損傷の状態が期待できる．きわめて稀にしか発生しない大地震に対して，地震後も無損傷の状態が期待できる強度型の耐震設計では，建設費用がかさむことから，現在では，地震後のある程度の損傷は許容し，比較的経済的な設計が可能である靭性型の耐震設計が主流である．

免震設計は，地震動の建築物に対する性質，すなわち，水平方向に柔らかな構造物には建築物に生じる加速度が小さくなることをうまく利用した設計法である．そのために構造物の水平剛性を小さくする免震層を通常は基礎に設け，その層に水平変形を集中させるものである（図2.63）．

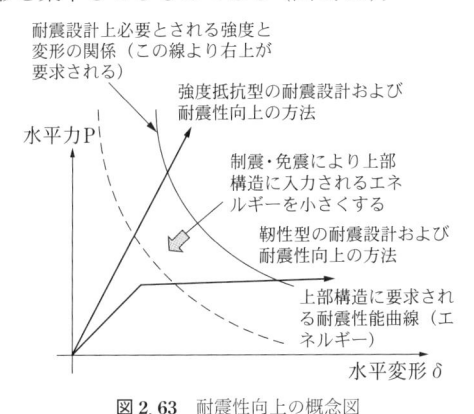

図2.63 耐震性向上の概念図

○問　　題○

2.5 耐震設計で重要となる耐震要素の性質を述べよ．

C. 耐震設計法
a. 構造計算法の種類

現行の建築基準法では，以下に規定される規模の建築物は，構造規定の遵守の他に特定建築物として構造計算により安全性を確認することが義務付けられている．

①木　　　造：階数3以上のもの，延べ面積が500 m^{2}を超えるもの，高さが

13 m を超えるもの又は軒の高さが 9 m を超えるもの．
②木造以外：階数 2 以上又は延べ面積が 200m^2 を超えるもの．
③上記のほか：高さが 13 m 又は軒の高さが 9 m を超える建築物で，主要構造部（床，屋根，階段を除く）を石造，コンクリートブロック造，無筋コンクリート造その他，これらに類する構造としたもの．

図 2.64 に構造計算のフローを示す．建築基準法の規定では，前述の構造計算を要しないもの以外は，(1) 許容応力度計算と保有水平耐力の確認を行う許容応力度等計算（これと同等以上の構造計算），(2) 限界耐力計算（または，これと同等以上の構造計算），(3) 時刻歴応答解析等の高度な構造計算の 3 種類の構造計算方法が認められている．ただし，(3) の方法は国土交通大臣の認定が必要である．

わが国の建築物の地震に対する構造計算においては，稀に生じる地震動に対する構造計算（いわゆる 1 次設計）と，きわめて稀に生じる地震動に対する構造計算（いわゆる 2 次設計）がある．1 次設計は，基準法制定時から規定されている計算方法で，稀に生ずる地震動に対して，構造耐力上主要な部分の力が短期の許容応力度を超えていないことを確かめるものである．1981（昭和 56）年に施行された新耐震設計までは，短期許容応力度の確認により間接的にきわめて稀に生ずる地震動に対しての安全性も確保できるものと考えられてきた．2 次計算は建築物の保有水平耐力の確認を行うステップで，1981 年の基準法改正時に規定されたものである．保有水平耐力の確認には，直接計算により必要とされる保有水平耐力を確認する方法（ルート 3），壁や筋かいの量を多くとることにより間接的（構造規定的）に保有水平耐力を確保する方法（ルート 1）があり，後者は主として強度で地震動に抵抗する建築物に適している．この他，ある程度の平面的，立面的な整形を確保し，ルート 1 よりは壁や筋かいの量を減じ，構造規定である程度の粘り（靭性）を確保する方法（ルート 2）がある．さらに，1999 年の基準法改正に際して導入された計算に限界耐力計算がある．限界耐力計算は，

イ）損傷防止，機能維持および安全性確保（倒壊等の防止）のそれぞれの要求性能に対応して，想定すべき荷重・外力のレベルを設定する．外力・

2.1 耐震安全性

```
                          建 築 物
                             │
                    NO   ┌───┴───┐
              ┌──────────┤構造計算が義務├
              │          └───┬───┘
              │              │ YES
              │          ┌───┴───┐
              │          │高さ60m以下├── NO ──┐
              │          └───┬───┘           │
              │              │ YES           │
    ┌─────────┴──┐  ┌────────┴─────────┐  ┌──┴──────┐
    │構造計算が義務ではない│  │構造計算が義務の建築物でかつ│  │高さ60m超の建築物│
    │建築物(4号建築物等)│  │高さ60m以下の建築物   │  │         │
    └─────────┬──┘  └────────┬─────────┘  └──┬──────┘
```

	(1)		(2)		(3)
構造計算規定	許容応力度等計算 (令第82条～令第82条の5)	許容応力度等計算と同等以上の構造計算 (令第81条第1項ただし書に基づき定められた場合 例:プレストレスコンクリート造等)	限界耐力計算 (令第82条の6)	限界耐力計算と同等以上の構造計算 (令第81条第1項ただし書に基づき定められた場合 例:免震建築物等)	大臣の定める基準に従った構造計算 (令第81条の2) 時刻歴応答解析等の高度な構造計算
	+	+	+	+	+

仕様規定
第一節　　総則
第二節　　構造部材等
第三節　　木造
第四節　　組積造
第四節の二　補強コンクリートブロック造
第五節　　鉄骨造
第六節　　鉄筋コンクリート造
第六節の二　鉄骨鉄筋コンクリート造
第七節　　無筋コンクリート造
第七節の二　構造方法の補足(本規定に基づき,構造方法の告示が定められる.例:枠組壁工法,壁式RC造,壁式ラーメンRC造,プレストレスコンクリート造,免震建築物　等)

耐久性等関係規定 (令第36条第2項第二号に規定)
構造計算では担保できない耐久性,品質,施行等に係る規定

大臣の認定

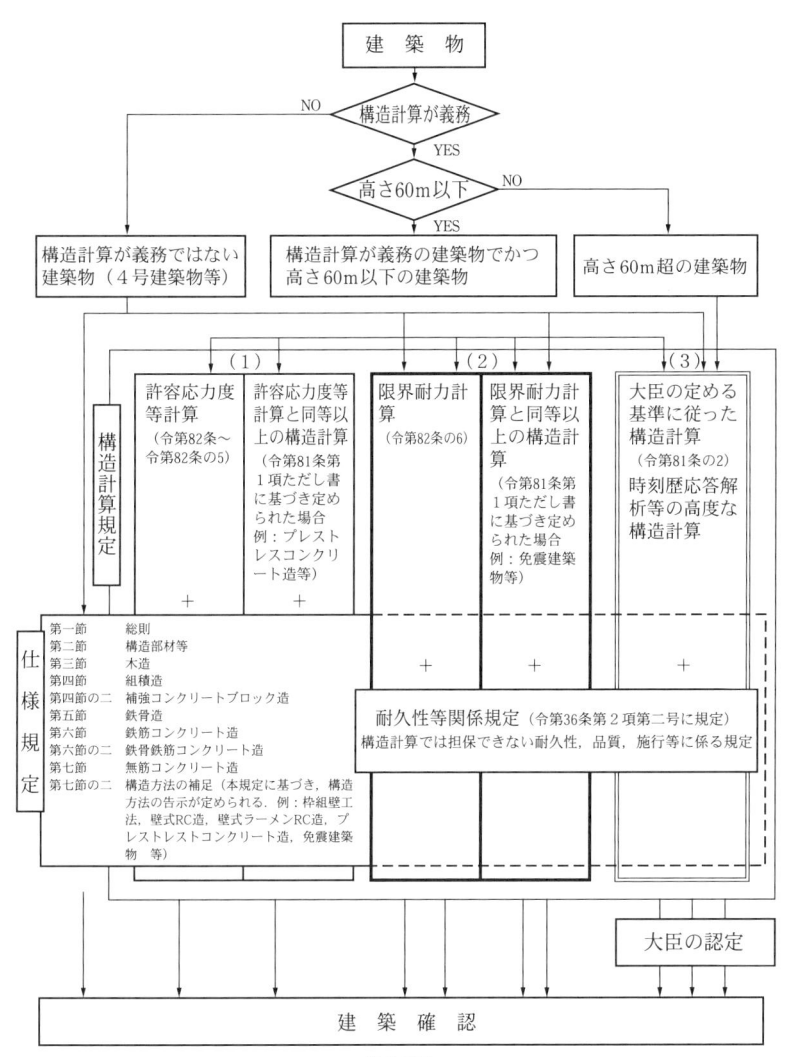

建 築 確 認

図2.64　構造計算のフロー

荷重レベルは再現期間などにより表現し,具体的な値は,過去の観測データなどに基づき統計的手法により設定する.ただし,地震力のうちの最大級のものについては,現状でも不明な点が多く,過去の地震記録のほか,各地域の地震活動度を勘案して,想定しうる最大のレベルのもの

を確定論的に設定する．

ロ）適切にモデル化された建築物について，イ）の荷重・外力により生ずる「応答値」を算出する．

ハ）機能維持，損傷防止および安全性確保のそれぞれの要求性能（達成すべき状態）に対応する「限界値」を設定する．

ニ）ロ）の応答値が，ハ）の限界値に至っていないことを確認する．

このように，地震動に対する建築物の応答と建築物の保有性能を評価し，両者の比較を直接行って，地震動に対する安全性を評価する計算である．また，限界耐力計算は，対象とする建築物が明確に規定された構造性能を有していることを直接的に確認する方法であり，これまでの構造に関する仕様書的規定の適用を受けない．したがって，この限界耐力計算法を適用することによって，新しい建築技術の導入が促進されることも期待されている．

高さ60 mを超える超高層建築物などの構造計算法として時刻歴応答解析が義務付けられている．時刻歴応答解析は，建築物に入力する地震動を時刻歴波形として与え，それに対する建築物の応答を時々刻々と追跡する計算法であり，現時点では最も精度の高い計算法と考えられている．ただし，一つの特異な地震動波に対して一つの応答が得られるだけであり，建設される建築物の地域で想定される地震動の性質に応じた合理的な耐震設計を行うには数種の地震動波に対する応答を様々な観点から評価する必要がある．このように設計に用いる地震動波の設定，応答の評価などかなり工学的に高度な判断を必要とするため建築基準法施行令では，時刻歴応答解析に構造計算は性能評価機関の審査に基づく国土交通大臣の認定を義務付けている．この構造計算は超高層ばかりでなく，許容応力度や材料強度が設定されていない材料を使用した建築物，建築基準法が想定していない構造形式を採用した建築物の構造計算としても用いられる．

b. 解析モデル

いずれの構造計算も建築物全体を地盤とともにモデル化する．また，弾性もしくは弾塑性域にわたる部材特性は材料の特性に基づきモデル化する．

(1) 応力－変形解析の原則

応力－変形解析は，地上階，地下階および基礎構造ならびに地盤を含めた

全体モデルで行うことが原則である．上部構造の建築物系にとっては，建築物と基礎・地盤系の相互作用の影響を設計に反映するために全体系のモデルによる解析が有効である．一方，地盤・基礎系にとっても，特に抗の設計においては，地盤から受ける力，上部構造系から受ける相互作用を含んだ力を適切に評価するために全体系モデルによる解析が有効である．しかし，地盤・基礎系の応力と，上部構造からの応力を適切に重ね合わせることができる場合には，必ずしも全体系モデルで解析を行う必要はない．地上階と地下階とを別々に解析する場合，あるいは上部構造および基礎梁と杭とを別々に解析する場合は，境界部での応力の釣合い条件と変形の適合条件が設計上問題のない範囲で満足していることを確認すればよい．高さと幅の比がそれほど大きくない純ラーメン構造の建築物で，かつ地下階部分の剛性が高い，あるいは基礎梁が剛で，さらに杭の伸縮等の変形が小さい場合などでは，上部構造に対しては基礎を固定として解析してよい．一般的に，基礎を固定とした解析の方が，基礎回転による変形に伴う $P-\varDelta$ 効果（後述iv. 参照）による応力増大を除けば，上部構造に対しては大きな応力を与える．

(2) 建築物のモデル化

ⅰ）立体骨組モデルと平面骨組モデル　　直交する方向の部材応力が設計上無視できないチューブ構造のような場合（図2.65）や，直交隣接柱への軸方向力伝達を意図する場合（図2.66）には，原則として，立体骨組モデルとして非線形解析を行う必要がある．この他，解析方向と直交する方向の部材応力が生ずるのは，次の場合が考えられる．

①剛心と重心の偏心により架構に捩れが生じる場合．

②解析方法の水平力によって生ずる柱の軸方向変形が，直交梁で接続されている柱相互で異なる場合（吹抜けや隅切りを有する平面形状の場合）（図2.67）．

以上のように建築物のモデル化に際しては，偏心率のほかに建築物の平面形状などを考慮して，立体骨組モデルと平面骨組モデルを使い分ける必要がある．建築物が平面フレームの集合と見なせる条件とは，解析する方向に水平力が作用したときに，その水平力に起因して生ずる解析方向と直交する方向の部材に発生する応力および変形が小さく，設計上無視できる場合である．また，

立体骨組モデルの代わりに立体効果を考慮した平面骨組モデルが構成できる場合は，その平面骨組モデルで解析することが可能である．例えば，立体効果を平面骨組モデルで考慮する方法として，隣接柱相互の変形を直交梁と柱の直交方向の剛性で拘束したモデル（隣接柱相互を直交等価バネで接続する方法など（図 2.68））が考えられる．

図 2.65 チューブ構造

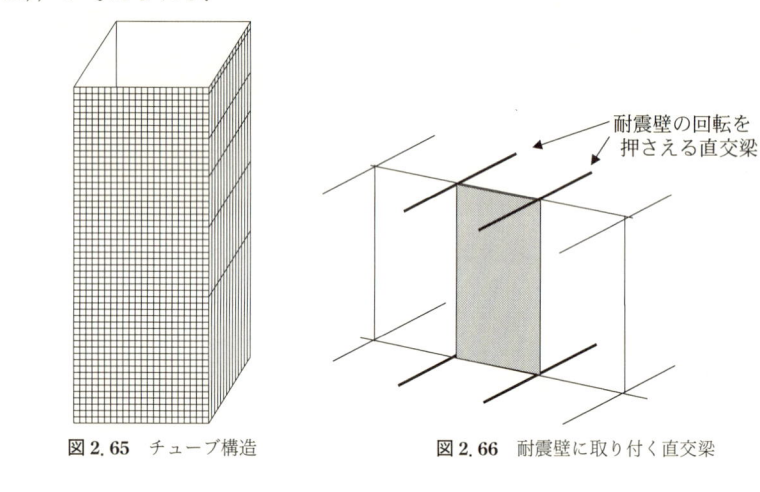

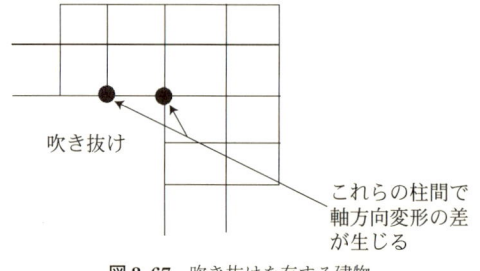

図 2.66 耐震壁に取り付く直交梁

図 2.67 吹き抜けを有する建物

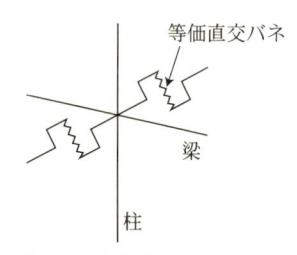

図 2.68 直交効果のモデル化の例

ⅱ）**剛床仮定**　スラブの面内剛性が大きく，スラブと周辺架構が剛に接合されている場合には，各層の慣性質量が層の重心位置に集中するものと考えられる．なお，建築物に剛床仮定が成立しない場合には，スラブなどの変形を考える必要がある．

ⅲ）**荷重および慣性質量**　骨組解析をする際には，想定荷重，架構用の積載荷重（特定行政庁が指定する多雪区域にあっては積雪荷重も考慮する）が作

用するものとし，慣性質量としては，固定荷重と地震力算定用積載荷重に相当する質量を考慮する．

iv) **$P-\Delta$ 効果**　　固有周期が長くなり（降伏点周期で4秒程度以上が目安となろう），構造架構に確保すべき水平耐力が建築物自重に対して相対的に小さくなるような場合には，$P-\Delta$ 効果を考慮した解析を行う必要がある[2,3]．変形角分だけせん断力係数は減少する．$P-\Delta$ 効果による抵抗モーメントの減少と必要耐力による転倒モーメントの比が10％を超える場合には，建築物に付与すべき水平耐力は，$P-\Delta$ 効果により減少することを考慮した値とすることが望ましいとしている[4]．わが国では超高層建築物の解析において地震応答時の変形が層間変形角にして1/100を超える場合には，通常 $P-\Delta$ 効果を考慮した解析を行っている．

c. 部材のモデル化

部材のモデル化は，種々のモデルが提案されている．実用的で，かつ建築物の地震力に対する強度と変形の関係を精度良く評価できる方法を採用すればよい．

(1) 柱および梁

柱および梁部材のモデルとして，現在最も一般的に用いられているのは，部材端部に剛塑性バネを設ける方法である．材端剛塑性バネ法の概要を図2.69に示す．材端剛塑性バネモデルは，部材の塑性変形を，弾性バネとその両端に取り付けた剛塑性回転バネの組合せで表すモデルである．部材が弾性の範囲では，材端バネを完全剛とし，部材の曲げひび割れおよび曲げ降伏による剛性の低下は，材端バネの剛性を変化させて表す．材端バネの設定は，部材の材端モ

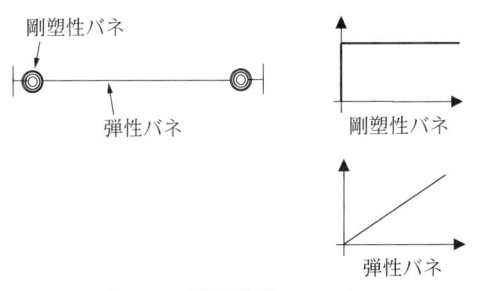

図 2.69　材端剛塑性バネモデル

ーメント－材端回転角の関係からあらかじめ定めておく．

反曲点が中央にない場合や柱のように反曲点が大きく移動する場合，もしくは長期荷重によるモーメントが無視できない場合には，反曲点位置を考慮した部材剛性の作成を行うなどの工夫が必要である．

(2) 柱梁接合部

柱と梁で構成されるフレームの水平力に対する変形を評価する場合，柱梁接合部の変形の影響は梁のせん断スパン比が小さい場合には比較的大きいので，柱梁接合部のモデル化が重要である．以下の2つの方法が一般的である．

①柱梁接合部に作用するせん断力に対して，せん断変形を考慮するモデル（図2.70）．

②剛域モデル（図2.71）　柱，梁を線材に置換した場合，柱梁接合部付近ではそれぞれの断面は無限大に近くなる．このように，断面2次モーメントが無限大と考えてよいような範囲を剛域と呼び，図2.70のような剛域を考えればよいことが一般に認められている．

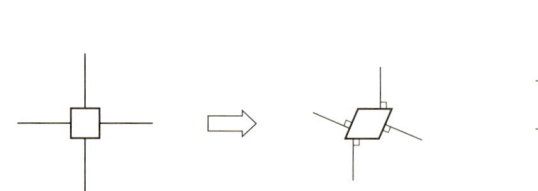

図2.70 柱梁接合部せん断変形モデル 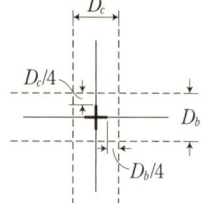　　**図2.71** 柱梁接合部剛域モデル

(3) 耐力壁

耐力壁のモデル化は，現在，次のいずれかの方法が一般に使用されている．それぞれ解析目的により使い分ける必要がある．

①中央の柱のみに置換するモデル

②曲げ抵抗を表す両側の柱と主にせん断抵抗を表すパネル部分を柱またはブレースに置換するモデル

なお，耐力壁が塑性化する場合には反曲点の移動が解析結果に影響を及ぼすので，その影響を考慮できるモデル化を行うことが必要である．

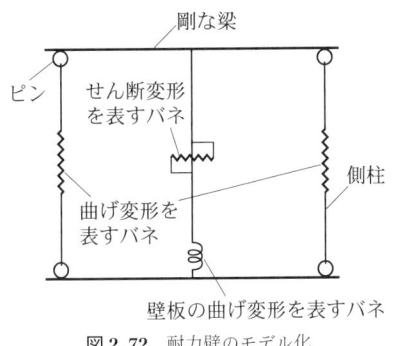

図 2.72 耐力壁のモデル化

d. 復元力特性のモデル化

(1) 骨格曲線のモデル化

部材の骨格曲線のモデル化は，部材としての特徴を捕らえてモデル化する（図 2.73）．そのためには，初期剛性（RC の場合にはひび割れ強度），降伏点剛性（低下率），降伏強度，および降伏後の剛性に関する情報が必要である．

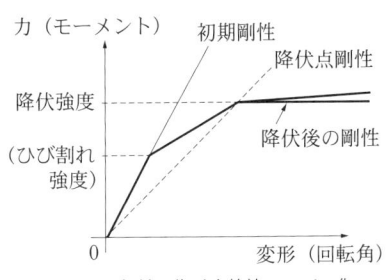

図 2.73 部材の復元力特性のモデル化

(2) 履歴特性のモデル化

履歴特性は，部材の塑性エネルギー消費が適切となるよう定める．塑性エネルギー消費が過大となる履歴（履歴が囲む面積が大きい）を設定すると，応答を過小評価することになる．

(3) 軸剛性

柱の軸方向剛性は曲げ応力に係わりなく圧縮側，引張側それぞれ一般に弾性と仮定される．

(4) 軸力と曲げ応力の相互関係

軸力が変動する柱部材では，曲げモーメントと軸方向力の相関関係図 2.74

を考慮した履歴モデルを使用する必要がある．軸方向力と2方向曲げを受ける柱部材の履歴モデルとしては，ひび割れ曲面と降伏曲面を仮定したモデル[6]，コンクリートおよび鉄筋にそれぞれ応力－ひずみ関係を与えることで軸方向力と2方向曲げを受ける柱部材の弾塑性性状を表現するMulti-Springモデル[7]やファイバーモデル[8~10]がある．

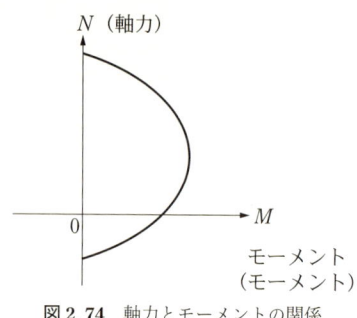

図2.74 軸力とモーメントの関係

○問　　題○

2.6　基準法における耐震計算の方法と構造規定の関係を述べよ．
2.7　建築物のモデル化の方法と，その特徴を述べよ．
2.8　建物を設定し，許容応力度計算と限界耐力計算の両方で耐震安全性を検討せよ．

[参考文献]

1) 国土交通省，日本建築主事会議，（財）日本建築センター：2001年版　建築物の構造関係技術基準解説書，2001
2) 武藤　清：耐震設計シリーズ応用編　構造物の動的解析，丸善，1977
3) 大澤絆，南　忠夫，松島　豊，長田正至，：新建築学体系38　構造の動的解析，彰国社，1993
4) NEHRP（Nationnal Earthquake Hazard Reduction Program）:Recommended Provisions for the development of Seismic Regulations for New Buildings，1985
5) 日本建築学会：鉄筋コンクリート構造計算規準・同解説
6) 磯崎　浩，福沢栄治，高橋元美：柱の変動軸力と2軸曲げモーメントを考慮したRC立体骨組の弾塑性地震応答解析，日本建築学会構造系論文報告集，第441号，

pp. 73～83, 1992
7) 李　康寧, 小谷俊介, 青山博之：軸力－曲げモーメントの相互作用を考慮したRC造立体骨組の弾塑性地震応答, コンクリート工学年次論文報告集, pp. 25～130, 1990
8) 周　通泉, 壁谷澤寿海, 末永保美：2方向地震入力による梁降伏型RC骨組の柱応力, 構造工学論文集, Vol. 36B, pp. 271～280, 1990
9) 和田　章, 広瀬景一：2方向地震動を受ける無限均等ラーメン構造の弾塑性応答性状, 日本建築学会構造系論文報告集, 第399号, 1989
10) 飯藤将之, 柴田明徳, 渋谷純一：柱の2軸曲げと変動軸力を考慮したRC骨組の弾塑性地震応答, コンクリート工学年次論文報告書, 13-2, pp. 607～612, 1991
11) 間　昭夫：分割梁法による鉄筋コンクリート立体骨組の解析, 日本建築学会構造工学論文集, Vol. 35B, pp. 119～132, 1989

D. 許容応力度等計算

建築基準法では, 稀に生じる地震動に対しては, 軽微な損傷にとどめることを目標にしている. 地盤, 建築物のモデル化によらず, 稀に生ずる地震動により構造耐力上主要な部分に生ずる力が短期許容応力度を超えないことでその目的を達成することにしている. 短期許容応力度は, 材料の応力度－歪関係が概ね弾性的な挙動をし, 大きな補修を行わなくても使用上の支障が生ずることなく, 安全性も損なわれない継続使用が可能な限界とみなしている.

a. 安全確認の概要

許容応力度等計算を行う場合, 地震荷重に対する安全確認に係る構造計算は, 令第82条～第82条の4の規定に基づき以下のように行う.

まず, 一次設計といわれる許容応力度設計を行う.

①地震荷重（一次設計用）を算定して, それにより構造耐力上主要な部分に生ずる力を計算する.

②上記の力と他の荷重および, 外力により生ずる力とを組み合わせ, 構造耐力上主要な部分に生ずる短期の応力度を計算する.

③計算した短期の応力度が当該部分の短期に生ずる力に対する許容応力度を超えないことを確かめる.

次に, 大地震時の建築物の安全性を確認するために二次設計を行う. 二次設

計は安全性の確認に対する要求項目の違いにより，ルート1・ルート2・ルート3の3つに分類される．

ルート1は，比較的小規模な建築物（特定建築物以外の建築物，図2.64参照）を対象とし，強度で地震力に抵抗する建築物を目指すルートである．鉄骨造については地震力を割り増し，筋かい端部および接合部の破断防止を行うことを，鉄筋コンクリート造および鉄骨鉄筋コンクリート造については，一定以上の壁量・柱量を確保することを要求している．

ルート2は，高さ31m以下の特定建築物に適用される構造計算ルートである．このルートでは，以下のことを確かめることが要求されている．

①各階の層間変形角が1/200（特別な場合は1/120）以下
②各階の剛性率が0.6以上（一部層に変形が集中しないようにするための規定）
③各階の偏心率が0.15以下（捩れが大きくならないようにするための規定）
④構造種別に応じた必要な靱性等を確保するための基準への適合

このルートは，ルート1よりも要求強度を下げているが，そのかわり建築物の整形性（規定の②）や③)を要求している．

ルート3は，高さ31mを超える特定建築物または高さ31m以下の特定建築物で，ルート1・ルート2のいずれにもよらないものに適用される．このルートでは，以下のことを確かめることが要求されている．

①各階の層間変形角が1/200（特別な場合は1/120）以下
②各階の保有水平耐力が必要保有水平耐力以上

ルート3は終局の安全性を耐力と靱性の確認で確保することを目指したルートである．

建築基準法では，きわめて稀に生じる地震動に対しては，建築物が崩壊し人命が損なわれることがないようにすることを目標としている．部材の靱性により建築物各階の靱性を判定し，靱性に応じた各階の強度を確保する．各階の靱性は，部材の仕様やメカニズム時の応力状態により，最も変形できる場合（D_s=0.25）から最も脆性的な場合（D_s=0.55）まで0.05きざみのランクで設定されている．建築物の強度計算は使用材料の材料強度に基づき行う．各階に必要となる強度（必要保有水平耐力）は，建築物の高さ方向の剛性の分布（各階

の剛性率の規定）や，各階の耐震要素の配置（各階の偏心率の規定）による補正が必要な場合もある．

b．地震力の算定

地上部分の地震力は，次のように設定する．

$$Q_i = C_i \cdot W_i$$

$$C_i = Z \cdot R_t \cdot A_i \cdot C_0$$

ここで，

Q_i：地震層せん断力（i 層の負担すべきせん断力，図 2.75）(N)

C_i：地震層せん断力係数（i 層の）

W_i：建物重量（i 層以上の重量の和，i 階が支える重量）(N)

Z：地震地域係数，その地方における過去の地震の記録に基づく震害の程度および地震活動度の状況その他，地震の性状に応じて 1.0 から 0.7 までの範囲において国土交通大臣が定める数値（図 2.76）

R_t：振動特性係数，建築物の振動特性を表すものとして，建築物の弾性域における固有周期および地盤の種類に応じて国土交通大臣が定める方法により算出した数値．応答加速度スペクトルの一種と見なすことができる（図 2.22）

A_i：地震層せん断力の高さ方向の分布を表す係数（i 層の）

$$A_i = 1 + (1/\sqrt{\alpha_i - \alpha_i}) \frac{2T}{1+3T} \tag{2.4}$$

C_0：標準せん断力係数（$C_0 = 0.2$ 以上）

必要保有水平耐力 Q_{un} は，

$$Q_{un,\,i} = D_s \cdot F_{es} \cdot Z \cdot R_t \cdot A_i \cdot 1.0 \tag{2.5}$$

により求める．

ここで，D_s は各階の靱性により定まる数値（0.25〜0.55）で，F_{es} は，剛性率，偏心率による補正係数（1.0〜3.0）である．1.0 は必要保有水平耐力を求めるときの標準せん断力係数である．

地下部分の地震力は，式（2.6）の水平震度により算定する．

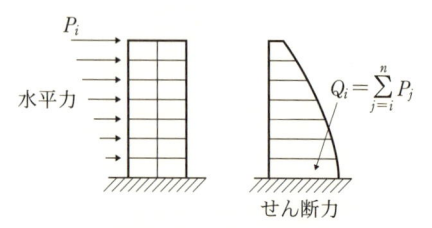

図2.75 地震力の算定

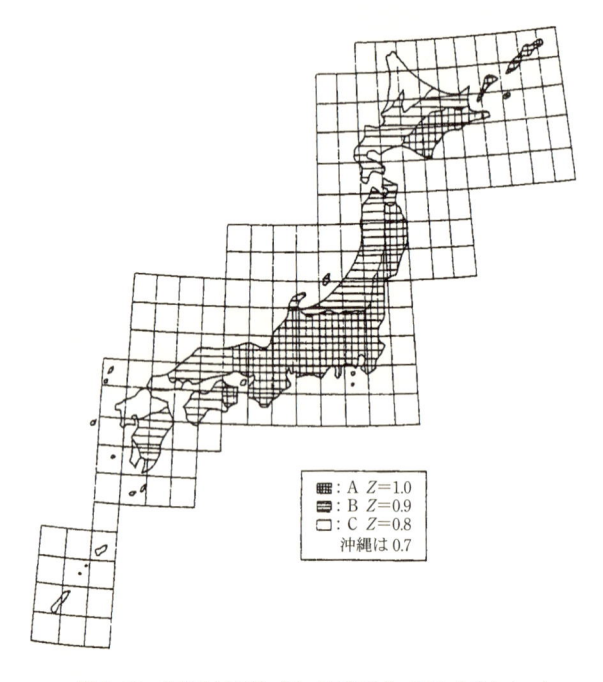

図2.76 地震地域係数（Z）（行政区分で振り分けたもの）

$$\kappa \geqq 0.1(1-H/40)\cdot Z \tag{2.6}$$

ここで，

κ：地下部分の水平震度

H：地盤面よりの深さ（20を超えるときは20とする）(m)

Z：地震地域係数（前出）

E. 限界耐力計算

限界耐力計算においては，ある外力（地震力）を受けた際の建築物の各階の変形を算出し，それをもとにした，より詳細な構造計算を行うことを基本としている．そのため，短期および最大級のいずれの地震力に関する検討においても各階の耐力とそのときの変形を同時に確認することとなるため，許容応力度等計算にみられるような規模などによる構造計算規定の適用の区分を設けていない．

a. 限界耐力計算における応答値の算定法

(1) 応答値の推定法

応答値を推定する最も代表的な方法は時刻歴解析による方法である．これは一般的な地震動の入力波形を特定し，地盤や構造物の復元力特性や減衰などを定め，コンピュータによる数値解析により行う．しかしながら，解析に用いる入力地震動の波形によってはたとえその微妙な違いに対しても応答値が大きく異なる場合があること，将来起こり得る地震動を推定し，それを設計用の入力地震動波形として一波で表すのは現在困難であること，構造物の部材の復元力特性や粘性定数などの解析モデルの設定いかんによっては入力地震動波形との兼ね合いもあり，場合によっては応答値が大きく左右されることなどを考えれば，時刻歴応答計算による結果は設計に用いるべき一つの特解であり，設計規範として一般性を持たせるのは難しいといわざるを得ない．時刻歴応答計算によって設計を行うにあたっては，考えうる種々の地震波に対する応答計算を行い，かつ，設定した解析モデルなどについての高度な判断を加えて行う必要があろう．

一方，上記の時刻歴解析によらず，応答値の推定を簡便な方法で求める試みは古くから行われてきた．これらは主として以下の事項より，本来，多自由度系である建築物を1自由度系に置き換えることによりなされてきた．

①地震動の性質は，第一義的には，地震動のピーク値（最大加速度，最大速度）などであるが，これらは一般に応答量を定量化して扱うには十分でない．一方でこれらは，線形応答を基本的に制御する1自由度系の応答スペクトルとして表現されうる．

②多自由度系の運動方程式は外力および変位のモード形を仮定すれば弾性系

と同じ考え方で1自由度系に縮約することができる．

これらの1自由度系による代表的な研究の一つとしては，New-Markら，Bergら，Penzienおよび大沢・柴田らの研究があり，構造物の応答については次のような性質があることが一般に認められている．

- ⅰ) **変形一定領域**：比較的長い周期範囲では，降伏力がある限度以上なら，弾塑性系の最大変位は降伏力にかかわらずほぼ同じで，また初期周期の等しい弾性系の最大応答（2％〜5％の減衰考慮）と大差ない（図2.77）．
- ⅱ) **エネルギー一定領域**：比較的短い周期範囲では，初期周期の等しい弾性系の最大エネルギーと弾塑性系の最大エネルギーは降伏力にかかわらず，ほぼ等しい（図2.78）．

応答解析結果より帰納的に求められたこれらの経験的関係は，弾塑性系の最大変形と初期周期の等しい弾性系の最大応答とを直接関係づけることができるので，種々の耐震設計法に塑性の影響をとり入れる際，便利に用いられてきた．このうちエネルギー一定則はわが国の現行の許容応力度等計算における保有水平耐力計算の基礎となっている．

応答値を簡便に求めるもう一つの代表的な方法は以下に述べる等価線形化法による方法である．限界耐力計算における応答値の推定法はこの方法に基づいている．本方法は構造物の複雑な復元力特性を等価な1質点系の周期と減衰に置き換えることに帰着する．

本方法は，当初は非線形計算が大変であるという理由により，すなわち，非

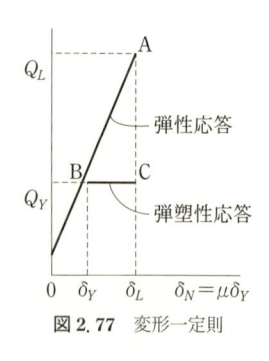

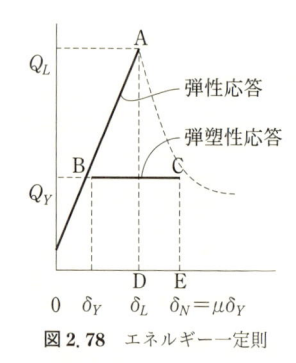

図2.77　変形一定則

図2.78　エネルギー一定則

線形地震応答解析の代用（簡略化した推定方法）として位置づけられて，試行されたと考えられる．しかし現在では，簡便な方法であるとともに，設計者にとって地震動，構造物の復元力特性，減衰，応答の関係が理解しやすいこと，および非線形時刻歴解析に内在する個別性を排して，設計規範に一般性を与えるための手段としての意義をその重要な利点としてあげることができる．

(2) 等価線形化法

ⅰ) **基本的考え方**　等価線形化法は，非線形応答を近似的に等価な線形系の応答でもって表すとするもので，弾塑性最大応答を最大応答に応じて定まる等価剛性と等価減衰を有する等価線形系の最大応答で模擬するものである．等価剛性は弾塑性応答における最大変形に対応した割線剛性あるいは平均的なものとしてそれを割り増しした値をとる．等価減衰は非定常応答として地震より入力される全エネルギーと建築物が等価粘性減衰によって吸収する全エネルギーが等しくなるように定める．この考えに基づけば，最大変形を仮定して等価剛性と等価減衰を定め，与えられた地震応答スペクトルに対する等価線形系の最大応答変形を求めて，これが仮定変形と一致するまで繰り返せば，弾塑性地震応答の推定ができることになり，想定した地震応答スペクトルが滑らかなら収束がよい．ただし，設計では，後述のように収束計算は必ずしも必要としない．

等価線形化法の利点の一つは，いわゆるエネルギー一定則と変位一定則の傾向が統一的に表現できることである．適切と思われる仮定の下での試算によれば，応答スペクトルの加速度一定領域ではエネルギー一定則に，速度一定領域では変位一定則に類似の傾向が得られ，その移り変りは連続的である．

ⅱ) **等価粘性減衰**　1自由度系モデルが図2.79のような履歴ループの定常振動をしている場合，履歴吸収エネルギーを等価な粘性減衰定数 h_{eq} に置き換えると式(2.7)のようになる．

等価粘性減衰定数　　　　　$$h_{eq} = \frac{1}{4\pi} \frac{\Delta W}{W}$$　　　　　(2.7)

ΔW：1ループで吸収するエネルギー
W：上記グループの片側の歪エネルギー（最大変位その時の力/2）

しかし，実際の地震動に対する応答においては，非定常性を考慮する必要

がある．このような非定常性を考慮するため，地震応答の終った時点で地動の成した全仕事 $\int_0^T (-m\ddot{x}_0)\dot{x}dt$ が等価な粘性減衰の成した全仕事 $\int_0^T C_e \dot{x}^2 dt$ に等しいと仮定し，さらに $C_e=2h_s\omega_e m$ と定義すれば，平均的な等価粘性減衰定数 (substitute damping) h_s が式（2.8）のように求められる．

$$h_s = \frac{-\int_0^T m\ddot{x}_0\dot{x}dt}{2m\omega_e\int_0^T \dot{x}^2 dt} = \frac{-\int_0^T \ddot{x}_0\dot{x}dt}{2\omega_e\int_0^T \dot{x}^2 dt} \tag{2.8}$$

ここで，ω_e は仮定する等価剛性に対する値であり，弾塑性応答解析による最大応答変形時の値あるいは適宜割り増しした値を用い，等価粘性減衰定数はそれに対応した値として定まる．剛性を割り増しした値を用いる理由は，平均的な応答性状は最大応答変形時より剛性の高い状態であることを考慮するためである．限界耐力計算では，簡便のため最大応答変形時の剛性を用いている．

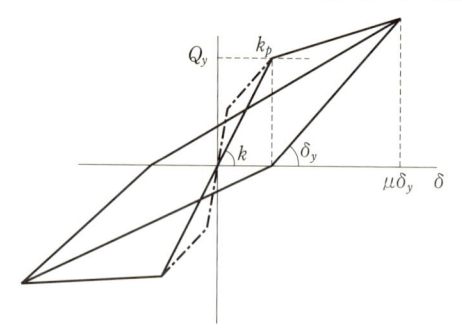

図 2.79 劣化型定常履歴ループ

b. 限界耐力計算による地震動に対する安全性確認の概要

限界耐力計算による地震動に対する安全性確認は，令第 82 条の 6 の規定に基づき，以下のように行う．

(1) 中程度の地震力に対する安全確認の概要

許容応力度等計算における一次設計に相当する検討である．

① 各材料の短期許容応力度をもとに，各部材が許容応力度以内である場合の各階の最大の耐力（損傷限界耐力）およびその際の層間変位（損傷限界変位）を計算する．

② 建築物のひとつの階が損傷限界変位に達する場合の建築物の周期を計算す

る．
③②の周期に基づき，建築物の各階に作用する地震力を計算する．
④③の地震力が各階の損傷限界耐力を超えないこと，および，当該地震力によって各階に生ずる層間変形角が 1/200（特別な場合は 1/120）以下であることを確かめる．

(2) 最大級の地震力に対する安全確認の概要

許容応力度等計算における二次設計に相当する検討である．

①各材料の材料強度をもとに，各階の保有水平耐力およびその保有水平耐力を維持できる限界の層間変位（安全限界変位）を計算する．
②建築物のひとつの階が安全限界変位に達する場合の建築物の周期を計算する．
③建築物の各部分の減衰による加速度の低減を計算する．
④②の周期に基づき，③の低減を考慮して建築物の各階に作用する地震力を計算する．
⑤④の地震力が各階の保有水平耐力を超えないことを確かめる．

中程度の地震力に対する検討と異なる点は，③で建築物の各部分の損傷の程度に応じた加速度の低減を考慮することおよび，④の地震力算定の基本となる加速度のレベル（最大級は短期の5倍）である．

c．地震力の算定

地震力の算定にあたっては，令第88条の規定が建築物の各階に対する層せん断力係数を直接定めているのに対して，限界耐力計算においては表2.5に示す各段階により算定する．

①工学的基盤における地震動のレベル（加速度応答スペクトル）を設定する（さらに地震地域係数（Z）を乗ずる）．
②表層地盤による増幅（G_s）を考慮する．
③最大級の地震力に対する検討の場合には，建築物の損傷の程度に応じた減衰による加速度の低減（F_h）を考慮する．
④建築物の各階の変形をもとに，加速度の分布（B_i）を計算する．
⑤各階に作用する加速度に各階の質量（m_i）を乗じて慣性力を求め，層せん断力を計算する．

$$i\text{階の層せん断力} = S_0 \cdot Z \cdot G_s \cdot (F_h) \cdot \sum_{j=i}^{n} B_j m_j$$

表2.5 限界耐力計算における地震力の設定

地震力	各階の質量	各階の加速度				
		工学基盤における加速度応答スペクトル S_0	地盤増幅	減衰	分布	地震地域係数
中程度	m_1	$\begin{cases} 0.64 + 6T_d\,(T_d < 0.16) \\ 1.6\,(0.16 \leq T_d < 0.64) \\ 1,024/T_d\,(0.64 \leq T_d) \end{cases}$	G_s	—	B_{di}	Z
最大級		$\begin{cases} 3.2 + 30\ T_s\,(T_s < 0.16) \\ 8(0.16) \leq T_s < 0.64) \\ 5.12/T_s\,(0.64) \\ (\text{中程度の5倍}) \end{cases}$		F_h	B_{si}	

F. その他の構造計算法

時刻歴応答解析は，応答値を時刻歴応答解析により限界耐力計算よりさらに精緻に求め，損傷限界，安全限界を直接的に検証する方法である．時刻歴応答解析には，表2.5で設定するような工学的基盤もしくは地表面での地震動（波）の作成が必要で，その作成方法が種々あること，および建築物のモデル化，部材のモデル化，復元力特性のモデル化が直接応答値に影響を及ぼすことから，その計算結果の適否は国土交通大臣が認定することとなっている．

G. 耐震性能の表示－構造に関する性能評価の考え方

a. 性能表示事項の設定

住宅などの建築物に要求される構造性能には様々な項目があり，その分類の方法にも様々な考え方がある．建設省総合技術開発プロジェクト「新建築構造体系の開発」(1996～1998)（以下，「新構造総プロ」という）の報告書（平成10年）では，建築物の基本的な構造性能を，「安全性（破壊等による人命の危険の回避）」，「修復性（損傷に対する修復のしやすさ）」，「使用性（機能や居住性の確保）」の3種類とし，それらと，5種の評価対象（構造骨組，建築部材，設備機器，什器，地盤）との組合せによって，15の「性能評価項目」を設定している．それら個々の項目について，荷重・外力の種類ごとに性能評

価を行うこととなるため，評価の項目数全体は，さらに大きく増えることとなる．

性能表示制度では，上述の新構造総プロの性能評価項目を単純化して，以下の表2.6のようなマトリックスとしている．評価対象は，「構造躯体」と「非構造部材等」の2種，かつ，荷重・外力も，「自重・積載（長期間）」，「積雪（短期間）」，「同（中期間）」，「風（短期間）」および「地震（短期間）」の5種に限定している．また，基本性能の「修復性」は，本来，様々なレベルの設定が可能なものであるが，ここでは，「修復を要しない」レベル（すなわち「損傷の防止性能」）に限定して取り扱っている．

表2.6 新構造総プロの考え方による性能評価項目

荷重の種類・継続時間		要求性能と対象部位					
		安全性		修復性（損傷防止）		使用性	
		構造躯体	非構造部材等	構造躯体	非構造部材等	構造躯体	非構造部材等
自重・積載	長期間						
積雪	短期間	○*1					
	中期間	○*1					
風	短期間	○*2		○*2	○*2		
地震	短期間	○		○*3	○*3		

*1の表示は多雪区域のみ，*2，*3の表示はそれぞれ同じ事項として表示される．

このマトリックスの計30の項目について，消費者のニーズの大きさ，評価の技術的な難易度，類似の傾向を示す項目の有無，建築基準法による規制内容との関係などを勘案して，最終的な性能表示事項は，表2.6に示す4事項となった．この際，表示の方法や適用範囲について，次のような判断がなされている．

・「積雪」の多雪区域への限定……多雪区域以外では，消費者のニーズが比較的小さいと想定されるため
・「積雪」および「風」で「安全性」および「修復性（損傷防止）」を1項目に集約……安全性と修復性（損傷防止）の性能が，類似の傾向を示す場合が多いと想定されるため

また，その他の項目については，制度創設の段階では，表示の対象とせず，

今後の検討課題とした．次にその理由を示す．
- ・「自重・積載」……建築基準法に，実況に応じた荷重による安全性の確保，床のたわみ防止などの規定があること．実際の積載荷重の発生を評価の実施段階で想定することが困難であること
- ・「非構造部材等」……自重・積載および積雪に対しては，消費者のニーズが比較的小さいと想定されること．風および地震に対しては，脱落，損傷などの発生のメカニズムが複雑であり，一般的な部材などのすべてについて精度よく挙動を予測することが困難であること
- ・「使用性」……人によりたわみなどに対する感覚が異なり一般化が困難であること．積雪および地震に対しては，消費者のニーズが比較的小さいと想定されること．風に関しては，建築基準法に規定がなく，一般化された評価方法が存在しないこと

これらについては，消費者のニーズは大きいが，技術的な理由からやむをえず断念されたものも含まれており，今後，技術の進歩や消費者のニーズの動向などに応じて，適宜追加，修正などの見直しを行う必要がある．

b．各事項の性能評価の基本的な考え方

限界耐力計算の項でも記述したように，構造性能の評価は以下の原則により行われる．
- ・安全性，修復性等の基本性能項目に対応する限界状態を設定する（例：安全限界状態として「構造骨組の破壊が生じない」など）
- ・想定すべき荷重・外力の大きさを設定する．
- ・荷重・外力に応じて求まる「応答値」（応力，変形など）が，限界状態に応じて設定される「限界値」を超えないことを確かめる．

このように，「応答値」と「限界値」の比較により建築物の性能を評価する場合，その建築物の性能のレベルは，荷重・外力の大きさと建築物の状態（限界状態に至っているかどうか）との関係により決まることとなる．この場合，荷重・外力のレベルを一定として，その荷重外力に対して，ある状態に達しているか否かで評価を行う方法と，逆に，限界状態をまず設定して，それに達する時点の荷重・外力の大きさで評価を行う方法とがあると考えられる．本制度では，設計や評価の際に実務上の取扱いが容易であると考えられることから，

後者の考え方を採用している.

具体的には,例えば,安全性については「倒壊,崩壊等の発生」を限界状態と考え,その状態に至らないことが確認された荷重・外力のレベルを評価・表示することとなる.この場合,荷重・外力レベルを,連続量である数値で表現することも考えられるが,現在用いられている評価方法の精度を勘案すると,詳細な数値で表示を行うことは必ずしも適切でなく,また,実務上荷重レベルを細かく変化させながら多くのケースについて評価を行うことは困難であることから,等級(ランク)により荷重・外力のレベルを評価・表示することとしている.耐震等級は安全性,修復性とも3ランクあり,等級1が基準法レベル,等級2がその1.25倍,等級3が1.5倍の地震動に堪えることができることとなっている.

c. 基礎および地盤の取扱い

上に述べた4つの性能表示事項とは別に,「地盤及び杭の許容支持力等及びその設定方法」と「基礎の構造方法及び形式等」が評価・表示されることとなっている.これらは,住宅の性能そのものを評価・表示するものではないが,特に消費者のニーズが高く重要なものとして,消費者が判断する際に参考となる情報を提供しようとするものである.

○問　　題○

2.9　性能表示制度の利点と問題点を述べよ.

2.1.4　既存建築物の地震対策

わが国のような地震の発生頻度が高い地域においては,地震被害を受ける可能性のある既存の建築物を地震が起こる前に適切に耐震補強しておくことは,人命の損失や建築物の損害などの地震被害を最小限にするために必要かつ効果的な手段である.

1994年のノースリッジ地震や1995年の兵庫県南部地震では,米国や日本のように耐震技術が最も発達している国においても,大都市近傍で地震が発生すると多数の死傷者と莫大な額の経済的損失が発生することが明らかとなった.直接被害総額は,ノースリッジ地震の場合が約150億ドル(日本円で約2兆

円),兵庫県南部地震の場合が約10兆円と見積もられている.これらの地震は尊い人命のみならず,社会的に大きな損失をもたらし,失われた経済基盤を回復し復興するためには,あまりにも多くの費用と時間が必要となった.この貴重な経験は,わが国にも耐震補強工事を必要とする建築物が依然として多く存在することを再認識させ,1995年12月に「建築物の耐震改修の促進に関する法律」が施行されたこともあって,耐震診断・耐震改修が全国的に進められるようになった.

わが国の建築基準には,関東大震災(1923年)を契機に1924年に世界で初めて耐震規定が設けられ,その後発生したいくつかの地震被害の経験により部分的な改正が行われてきた.その後,1981年には建設省(当時)の総合技術開発プロジェクトの成果により耐震設計法の内容が根本的に見直され,いわゆる「新耐震設計法」が開発・施行された.その検討の段階において,それ以前の耐震基準に従って設計・施工された建築物の耐震性能を評価し安全性が十分でない建築物については耐震改修を施す必要性が提起され,1977年に世界に先駆けて建築物の耐震安全性能を評価する方法(耐震診断基準[1])が,耐震改修設計指針[2]とともに出版された.

ここでは,既存建築物の地震対策として,建築物の耐震安全性を評価する耐震診断と,その結果に基づいて耐震安全性を高めるための耐震改修について,主として鉄筋コンクリート構造を対象に概説する.

A. 耐震診断
a. 耐震診断の目的と特徴

耐震診断は,建築物の耐震安全性を客観的に調べることが目的である.わが国の耐震診断基準では,建築物の耐震性能をそれが耐え得る最大の地震動の強さの尺度で表すこととしている.

このような耐震診断は,主に旧来の基準に従って設計・施工された建築物が,現在の耐震設計法が要求している耐震安全性と同等以上の性能を有するかどうかの判定に用いられる.当該建築物が現在の基準が要求する耐震安全性能と同等以上の性能を有していれば,最低限必要な耐震性能は有しているものと判断されるが,もし,それが現在の基準の要求値を満たしていない場合には,最低限必要な耐震性能をも有していないと判断され,耐震改修を施して耐震性

能を向上させる必要性が生じてくる．

このように，地震に対して建築物が安全であるかどうかを判定することは最も重要な目的であるが，耐震の目的は，本来は最低限の要求基準である法律（建築基準法）が規定するような安全性だけではなく，どのような被害が予想されその修復はどの程度の規模になるかといった修復性や，建築物の機能が維持できるかどうかといった機能性も含まれている．これは，耐震診断についても同様であり，診断や改修に関わる技術者は常に建築物への多種多様な要求に耳を傾ける必要がある．

b. 耐震診断のフロー

このように多様な耐震性能を評価するためには，外乱として作用する地震動と，それを受ける建築物の特性を的確に評価する必要がある．このような考えに基づく，耐震診断フローの一例を図2.80に示す[3]．

地震動の評価においては，まず，その地域の地震活動度により当該建築物に影響を及ぼす可能性のある地震を想定して，建築物支持地盤などにおける地震動を設定し，さらに，これに地盤構成条件を用いて地震動が表層地盤で増幅される特性を考慮し，地表面などにおける地震動特性を評価するという方法が考えられる．地震動特性は，地震による揺れの時間変化の特性で，加速度・速度・変位などの最大振幅，周期特性，継続時間などにより表されるのが一般的である．

一方，建築物の特性は，建築物の用途，規模，形状，構造種別，構造形式，基礎構造の種類，平面・断面構成，内外装，設備，家具・什器などによって特徴づけられ，建築物が受ける地震力は，前述の地震動特性と建築物の振動特性との関係によって定まる．よって，固有周期，固有振動モード，減衰定数，復元力特性などにより表される建築物の振動特性は適切に把握される必要がある．

また，地盤と建築物の相互作用の影響があるため，建築物が同一でも地盤の硬さにより振動特性は異なる．したがって，地盤状況の把握もきわめて大切である．

図2.80に示したフローに従って耐震診断・判定を行うためには多くの情報やデータを入手する必要があるため，慣用的な診断手法として，例えば「既存

第 2 章　構造安全性

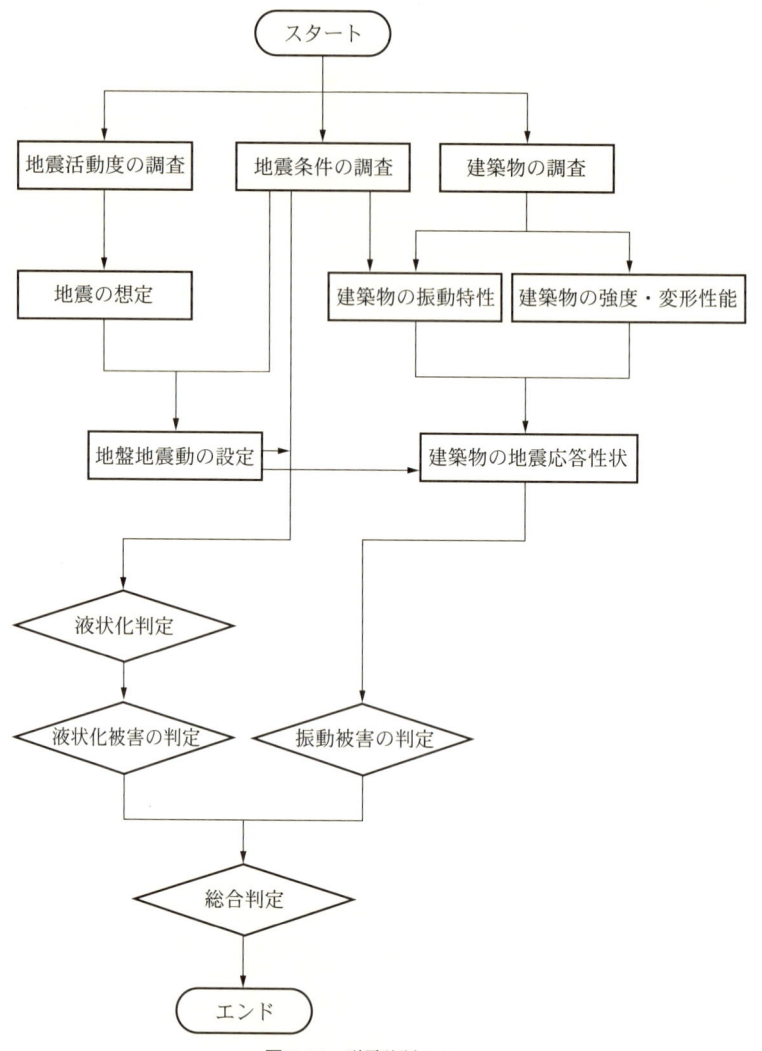

```
                        ┌─────────┐
                        │ スタート │
                        └────┬────┘
         ┌───────────────────┼───────────────────┐
         ▼                   ▼                   ▼
   ┌───────────┐       ┌───────────┐       ┌───────────┐
   │地震活動度の│       │地震条件の │       │建築物の調査│
   │    調査    │       │   調査    │       │           │
   └─────┬─────┘       └─────┬─────┘       └─────┬─────┘
         ▼                   │             ┌─────┴─────┐
   ┌───────────┐             │             ▼           ▼
   │地震の想定 │             │       ┌─────────┐ ┌──────────┐
   └─────┬─────┘             │       │建築物の │ │建築物の  │
         │                   │       │振動特性 │ │強度・変形│
         │                   │       │         │ │性能      │
         │                   ▼       └────┬────┘ └────┬─────┘
         │             ┌───────────┐      │           │
         └────────────▶│地盤地震動 │      ▼           ▼
                       │  の設定   │  ┌───────────────┐
                       └─────┬─────┘  │建築物の地震応 │
                             │        │答性状         │
                             ▼        └───────┬───────┘
                       ◇液状化判定◇           │
                             │                │
                             ▼                ▼
                       ◇液状化被害◇    ◇振動被害の◇
                       ◇ の判定   ◇    ◇  判定    ◇
                             │                │
                             └────────┬───────┘
                                      ▼
                                ◇総合判定◇
                                      │
                                      ▼
                                ┌─────────┐
                                │  エンド │
                                └─────────┘
```

図 2.80　耐震診断のフロー

c. 既存鉄筋コンクリート造建築物の耐震診断基準[1]

(1) 耐震診断の手順

鉄筋コンクリート造建築物の耐震診断基準では，建築物の終局的な耐震性能を保有性能基本指標（E_0 指標）で表す．これは，構造骨組の水平力に対する終局強度を表す強度指標（C 指標）と，変形性能を表す靱性指標（F 指標）とから算定した値に，振動性状を考慮した階数補正係数を乗じて求められる．これにさらに，建築物の経年劣化を表す経年指標（T 指標）と，骨組の形状バランスの良否を表す形状指標（S_D 指標）を用いて E_0 指標を補正することで，構造耐震指標（I_S 指標）を求める．そして，この I_S 指標と目標とする構造耐震判定指標（I_{S_0} 指標）とを比較し，建築物の地震に対する安全性の是非を判断する．

(2) 耐震診断の意味

E_0 指標や I_S 指標は，構造骨組が破壊する限界までに吸収できる地震エネルギー量を示す指標である．図 2.81 に示すように，強度が高く変形能力の小さい建物 A と，強度は小さく変形能力が大きな建物 B があり，それらの E_0 指標が同じである場合には，これら 2 つの建築物の地震に対する安全性は同等であると判定される．

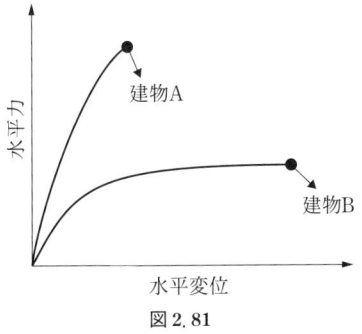

図 2.81

ただし，I_S 指標や E_0 指標が同じでも，建築物の地震時の応答変形量は建物 B の方が建物 A よりも大きいため，構造体のみならず非構造部分や設備配管などの損傷が大きくなりやすく，逆に水平力が大きくなる建物 A では，建物 B

と比較して応答加速度が大きいため，家具・什器の転倒が激しくなると予想される．

このように，耐震診断においては，構造骨組の耐震性を判定するだけでなく，地震時に建築物全体がどのような状態になるのかを把握することが必要である．

(3) 既存建築物の耐震性能の頻度分布

図2.82の①は，東海地震対策において診断された静岡県の公共建築物の構造耐震指標（I_S指標）値の頻度分布であり，②は，1968年の十勝沖地震，および1978年の宮城県沖地震において，中破以上の被害率が約10％であった経験に基づき，被害建築物のI_S指標値の頻度分布を，建築物数が①の10％であると仮定して重ね合わせたものである．

この図より，1) 十勝沖地震の八戸市や宮城県沖地震の仙台市程度の地震動では，I_S指標値0.6以上の建築物には，中破以上の被害は生じていないこと，および，2) I_S指標値が0.6以下の場合でも無被害建築物があるが，値が低くなるに従って被害の割合が高くなる，ことがわかる．

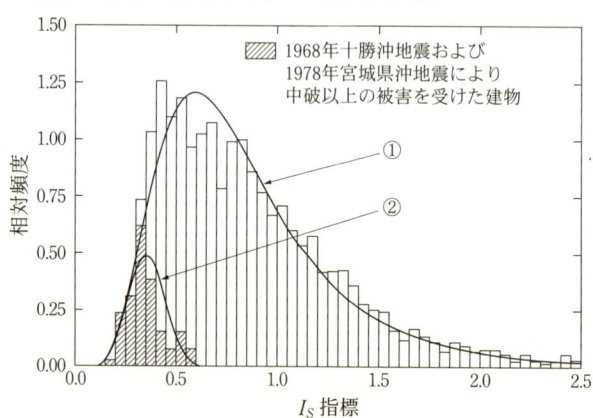

図2.82 既存建築物のI_S指標値の頻度分布と地震被害の関係

曲線①は被害地震を未経験の建物群についてのI_S値分布を対数正規曲線で近似したものを，曲線②は十勝沖地震（1968）および宮城県沖地震（1978）で中破以上の被害を受けた建物群のI_S値分布を信頼性理論により推定したものを，それぞれ表す．

また，図2.83は，1995年兵庫県南部地震での学校校舎のI_S指標値と被害程度の関係である．なお，縦軸の損傷割合は，50％以上で大破，10〜50％で中

破と見なされる．これより，1) I_s 指標値が 0.4 以下の建築物の多くは倒壊または大破したこと，2) I_s 指標値 0.4～0.6 の建築物では小破以下の事例は少なく，大多数に中破以上の被害が生じていること，および，3) I_s 指標値 0.6 以上の建築物では，若干の例外は認められるものの，被害は概ね小破程度以下に収まったことが指摘されている．

以上のように，I_s 指標値と被害の程度はある程度対応しており，指標としての妥当性と，一般的な構造耐震判定指標として用いられる $I_{s0}=0.6$ の妥当性がほぼ確認されている．

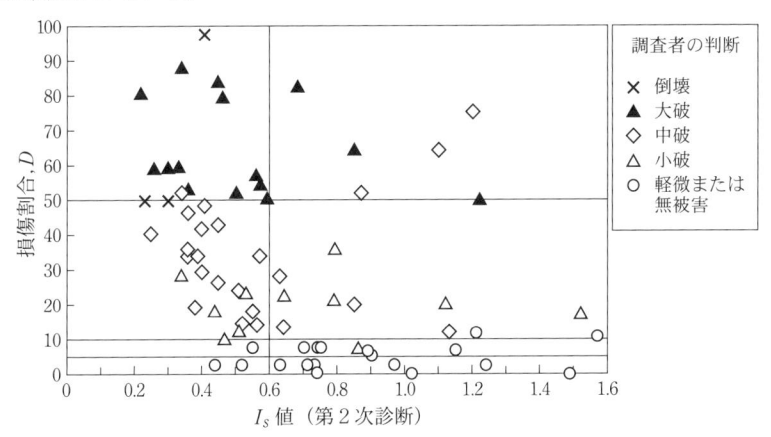

図 2.83 兵庫県南部地震での被害程度と I_s 指標値の関係

図中には I_s 指標値が 0.6 以上のものにも大破の建築物が見られるが，これらは梁が降伏したために柱ではなく梁の損傷により損傷割合が判定されたものである．このように梁が降伏する場合は必ずしも耐震安全性が低下しているわけではないことに注意が必要である．なお，図中の損傷割合 D は，その値が大きいほど被害程度が高いことを表す指標である．

B. 耐震改修
a. 耐震改修の目的と用語

耐震改修とは，建築物の耐震性能を向上させるために，補修や補強を施すことをいう．また，被災建築物の復旧のための補修・補強も耐震改修の概念に含まれる．鉄筋コンクリート造の耐震改修設計指針[2]における補修，補強，復旧，改修の用語の定義は下記の通りである．

補修：建築物の損傷部分を補いつくろうことにより，構造性能を損傷前の状態に復帰させること．

補強：弱いところ，足りないところを補って構造性能を元の状態よりも向上させること．

復旧：損傷した建築物および部位に補修・補強を施して，再使用に耐えるようにすること．

改修：復旧，補強，補修の総称．

b. 耐震補強のフロー

耐震補強のフローを図2.84に示す．耐震補強の一般的な手順は，耐震診断の結果に基づいて補強の要否を判定し，補強が必要なものについては，事前調査の結果を参考にしながら補強設計を行い，そこで作成された補強設計図および仕様書に基づき補強工事の施工を行うというものである．

補強設計は，補強計画，基本設計，詳細設計，補強効果の確認に分けられる．

補強計画では，まず補強目標を設定し，補強により建築物にどの程度の強度と靱性を付与させるかの基本方針を決める．そのうえで，補強目標に最も適した工法を選択する．そこでは補強後の建築物の機能性や補強工事の施工性なども考慮する必要がある．

基本設計では，補強目標と当該建築物の耐震性能の差から必要補強性能を決め，選定した補強工法の予想性能から補強部材量を推定して補強部材の配置を計画する．補強部材の配置計画では，耐震的なバランスと建物機能への影響を十分に考慮する必要がある．補強計算に用いる材料強度は，既存部分については原則として現地調査の結果に基づく．

詳細設計では，配置計画された補強部材の配筋，既存部との接合法などのディテールを設計し，同時に補強部材の強度と靱性指標を算定する．

補強効果の確認にあたっては，耐震診断基準に従って補強建物の構造耐震指標（I_s指標）を算定し，補強後の耐震性能が目標値に達したことを確認する．

2.1 耐震安全性

```
                    ┌─ スタート ─┐
                          ↓
                    ┌─ 耐震診断計算 ─┐
耐震                      ↓
診断              ┌─ 補強要？補強可？ ─┐ NO → ┌ 健全 ─┐
                          ↓ YES          └ 補強不能 ┘
                  ┌─ 補強目標の設定 ─┐
┌ 所有者，使 ─┐  │  および事前調査  │  ┌ 補強工法に ─┐
└ 用者の意見 ┘→ └─────────────┘ ←└ 関する資料  ┘
                          ↓
                  ┌─ 補強工法の選定 ─┐
                          ↓
補強        ┌─ 実験および調査は必要か？ ─┐ YES → ┌ 実験，調査 ┐
設計        │                           │       └─────────┘
                          ↓ NO
                  ┌─ 必要補強量の算定 ─┐
                  │   補強部材の配置    │←──────
                  └─────────────┘
                          ↓
                  ┌─ 補強計算 ─┐←────
                          ↓
                  ┌─ 補強効果の評価 ─┐←──
                          ↓
              NO ← ┌─ 目標値達成？ ─┐
                          ↓ YES
                  ┌─ 補強設計図および ─┐
                  │   仕様書の作成    │
補強              └─────────────┘
工事の                    ↓
施工              ┌─ 補強工事の施工 ─┐
                          ↓
                      ┌─ エンド ─┐
```

図 2.84 耐震補強のフロー

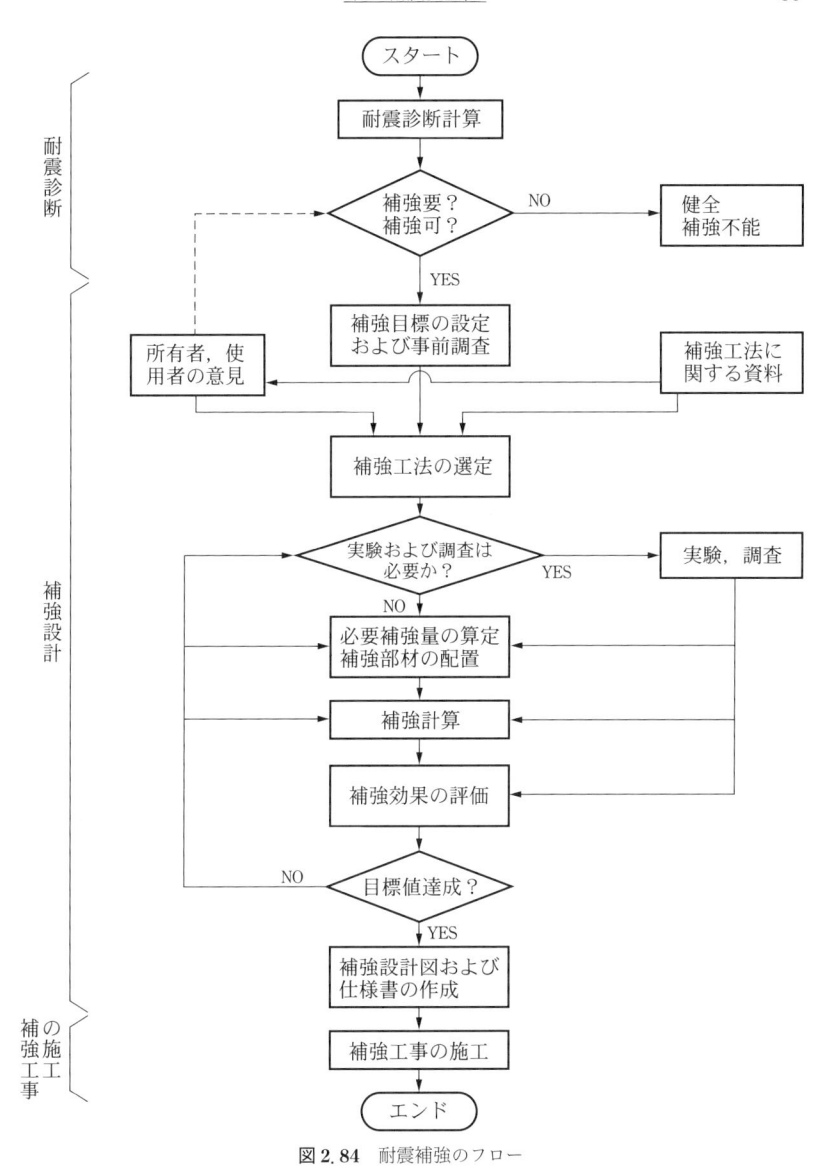

c. 耐震補強方法

現在，建築物に良く用いられている耐震補強工法を図 2.85 に示す．強度を高めること，変形能力を高めること，あるいは両者の併用により建築物の耐震

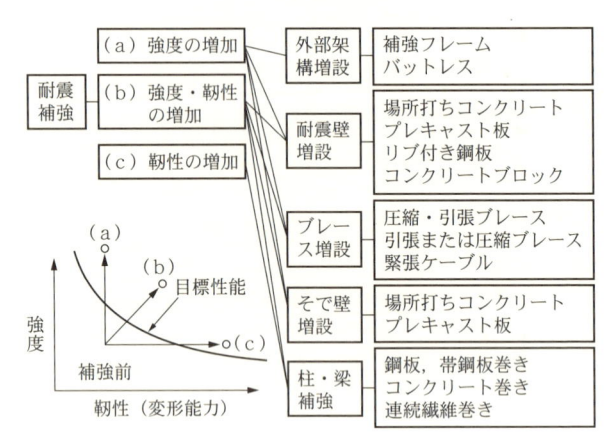

図 2.85　建築物における代表的な耐震補強方法

図 2.86　耐震壁の増設（配筋状況）

図 2.87　鉄骨ブレースによる補強

性能を向上させるのが一般的な考え方である．

建築物の強度を高めるためには，既存骨組内に鉄筋コンクリートまたは鋼板の耐震壁あるいは鉄骨ブレースを設ける方法（図 2.86, 2.87）や，既存の鉄筋コンクリート壁の厚さを増す方法などが有効である．また，建築物内部に補強要素を配置するのが困難な場合には，外部にバットレス（控え壁）や補強架構を配置し，建築物の水平抵抗力を増大させる方法がある．

建築物の変形能力を高めるには，柱に鋼板や鉄筋コンクリートを巻き立てて脆く壊れるせん断破壊を防止し，大きく変形しながら地震エネルギーを消費させる方法（図 2.88）が用いられる．また，軽量・高耐食性・高強度といった特徴を有する連続繊維（炭素繊維やアラミド繊維など）シートを巻き立てに用いる方法（図 2.88）も，維持管理や施工の合理化などの点で有効である．また，短い柱は脆く壊れやすいので，その柱に付随する腰壁やたれ壁にスリットを施して柱から切り離し，柱を長くすることで変形能力を高める方法（図 2.

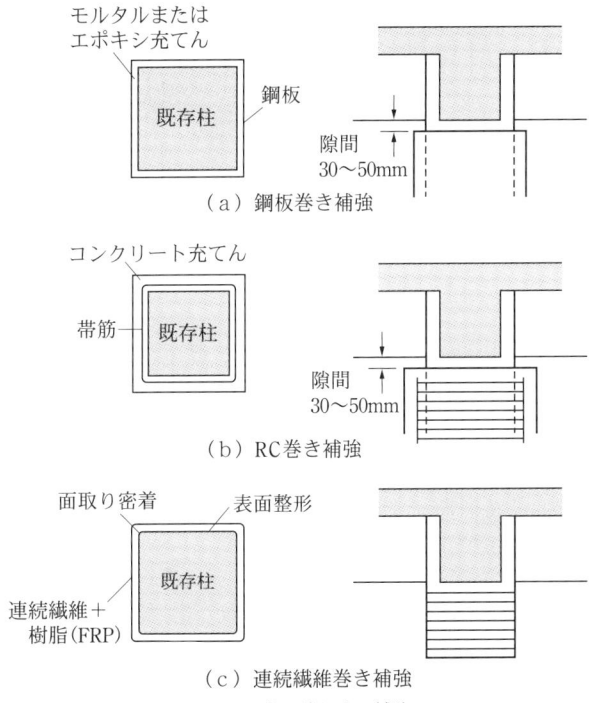

図 2.88 柱の巻き立て補強

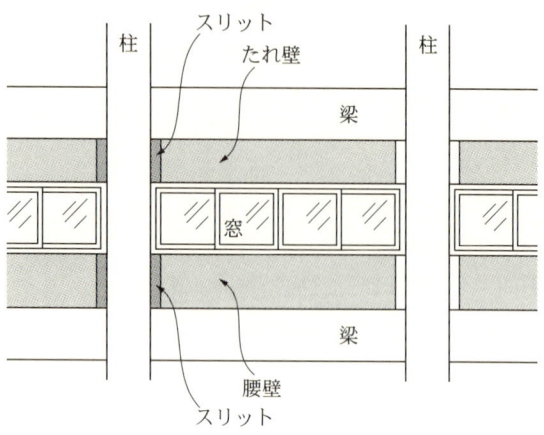

図 2.89 構造スリットによる柱の変形能力の改善

89) も有効である.

耐震的に不利な建物形状を改善する方法も耐震安全性の向上には有効である.例えば,ピロティ形式(集合住宅の1階が駐車場や店舗として使われるため,2階以上には各住戸を仕切る鉄筋コンクリート造の耐力壁があるが,1階には壁がなく,柱だけで支えているような構造形式をいう)の建築物の1階の壁を増設する方法(図 2.90)や,平面計画上壁が偏在して地震時にねじれが生じやすい建築物の適切な位置に壁を増設する方法(図 2.91)などがある.

また,最近では既存建築物を積層ゴム等の上に載せて,地盤の振動が構造躯体へ伝わりにくくする免震補強技術(図 2.92)や,構造骨組みの中にオイル

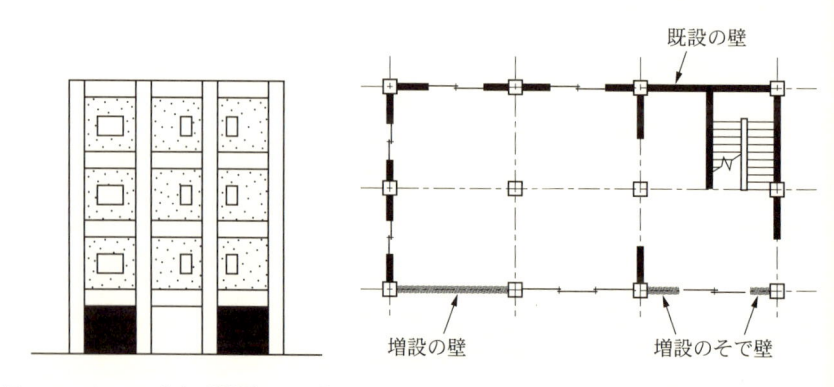

図 2.90 ピロティ形式の増設壁による補強　　**図 2.91** 壁が偏在する建築物の 増設壁による補強

2.1 耐震安全性

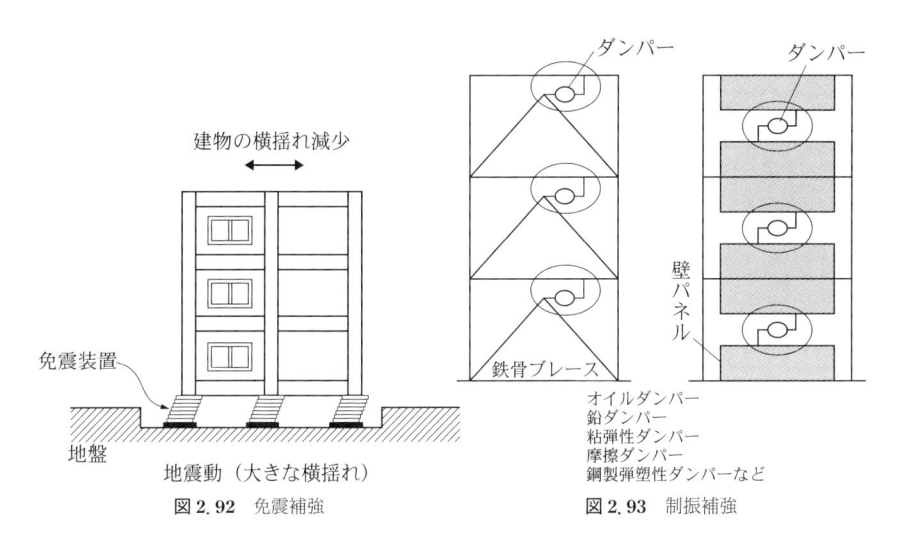

図 2.92 免震補強

図 2.93 制振補強

オイルダンパー
鉛ダンパー
粘弾性ダンパー
摩擦ダンパー
鋼製弾塑性ダンパーなど

ダンパー・鉛ダンパー・粘弾性ダンパー・摩擦ダンパー・鋼性弾塑性ダンパーなどの減衰付加装置を設置して地震応答を低減させる制振補強（図 2.93）も採用されている．

[参考文献]

1) （財）日本建築防災協会：既存鉄筋コンクリート造建築物の耐震診断基準同解説，1977（1990 年および 2001 年改訂）
2) （財）日本建築防災協会：既存鉄筋コンクリート造建築物の耐震改修設計指針同解説，1977（1990 年および 2001 年改訂）
3) 鈴木裕美，前沢澄夫，河村壮一：耐震診断の考え方と方法，建築技術，1999.10

2.1.5 被災建築物の震災対策

地震により被災した建築物はできるだけ速やかに復旧を行い，被災前の社会・経済活動を回復させる必要があり，そのためにはあらかじめ震災復旧の戦略を準備しておくことが重要である．その一例を図 2.94 に示す．震災対策の手順は，おおよそ次の通りに進められる[1,2]．

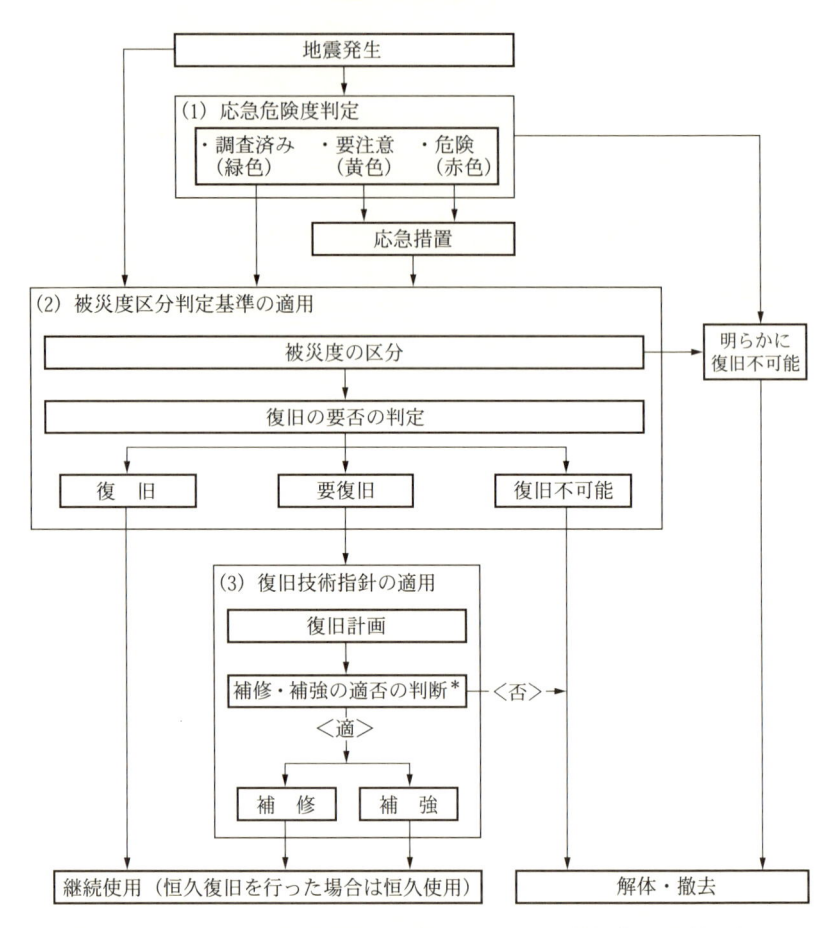

```
                        ┌─────────────┐
                    ┌──→│  地震発生   │
                    │   └──────┬──────┘
                    │          ↓
                    │   ┌─────────────────────────┐
                    │   │ (1) 応急危険度判定       │
                    │   │  ┌────────────────────┐ │
                    │   │  │・調査済み ・要注意 ・危険│ │
                    │   │  │ （緑色）  （黄色）（赤色）│ │─────────┐
                    │   │  └────────────────────┘ │         │
                    │   └───────────┬─────────────┘         │
                    │               ↓                       │
                    │        ┌─────────────┐                │
                    │        │  応急措置   │                │
                    │        └──────┬──────┘                │
                    │               ↓                       │
                    │   ┌─────────────────────────────┐     │
                    └──→│ (2) 被災度区分判定基準の適用 │     │
                        │  ┌───────────────────────┐  │  ┌──────┐
                        │  │    被災度の区分       │──┼─→│ 明らかに │
                        │  └───────────┬───────────┘  │  │復旧不可能│
                        │  ┌───────────────────────┐  │  └──┬───┘
                        │  │  復旧の要否の判定     │  │     │
                        │  └───┬───────┬───────┬───┘  │     │
                        │      ↓       ↓       ↓      │     │
                        │  ┌─────┐ ┌──────┐ ┌────────┐│     │
                        │  │復 旧│ │要復旧│ │復旧不可能││     │
                        │  └──┬──┘ └──┬───┘ └────┬───┘│     │
                        └─────┼───────┼──────────┼────┘     │
                              │       ↓          │          │
                              │  ┌──────────────────────┐   │
                              │  │(3) 復旧技術指針の適用 │   │
                              │  │  ┌────────────┐      │   │
                              │  │  │  復旧計画  │      │   │
                              │  │  └──────┬─────┘      │   │
                              │  │ ┌──────────────┐     │   │
                              │  │ │補修・補強の適否の判断*│<否>→│
                              │  │ └──────┬───────┘     │   │
                              │  │      <適>           │   │
                              │  │    ┌───┴───┐        │   │
                              │  │ ┌─────┐ ┌─────┐    │   │
                              │  │ │補 修│ │補 強│    │   │
                              │  │ └──┬──┘ └──┬──┘    │   │
                              │  └────┼───────┼──────┘   │
                              ↓       ↓       ↓          ↓
                   ┌───────────────────────────┐   ┌──────────┐
                   │継続使用（恒久復旧を行った場合は恒久使用）│   │解体・撤去│
                   └───────────────────────────┘   └──────────┘
```

* 復旧の適否については，技術的観点からの判断に加えて，経済性や施工可能性なども
　含めて総合的に判断する．

図 2.94　震災復旧のフロー例

　まず，発災直後に余震などによる二次災害を未然に防止するための応急危険度判定が行われ，その結果に基づいて仮支持部材の設置などの応急措置が取られる．その後，被災による混乱がやや落ち着いた時期に，被災度の調査と復旧の要否を判定するための被災度区分判定が行われ，この結果に基づき，建築物を恒久的に継続使用するための恒久復旧が，被災後の状況が安定した後に行われる．なお，恒久復旧までの一時的な補修として応急復旧が必要となる場合も

2.1 耐震安全性

ある.

ここでは，主として鉄筋コンクリート造を対象に被災建築物の震災対策について述べる.

A. 応急危険度判定

地震により被災した建築物は，その後に発生する余震などで倒壊したり，物の落下や転倒により人命に危害が及ぶ恐れがある．このような，余震などによる二次災害を未然に防ぐために，被災後すぐに被災した建築物の構造躯体の被害状況や周辺の状況，および落下危険物，転倒危険物などについて専門家（応急危険度判定士）が調査し，その建築物が使用できるか否かの判定・表示を行うことを，応急危険度判定という．

これは，建築物の資産価値の面からの調査ではなく，あくまでも余震に対する建築物の安全性や使用の可否を応急的に判定するものであるため，罹災証明のための被害調査ではないことに注意が必要である．

a. 応急危険度判定士

応急危険度判定士は，あらかじめ応急危険度判定基準に関する技術講習を受講し都道府県に登録され，市区町村長または都道府県知事の要請により，当該被災地において応急危険度判定を行う建築技術者である．

応急危険度判定士には，応急危険度判定基準や同調査判定マニュアル[1]に記されている内容を正しく理解し，被災建築物などの安全性に関する調査判定を適切に実施することが求められるため，建築士程度以上の専門知識が必要である．

b. 調査方法

応急危険度判定は，応急危険度判定士が2人1チームとなり，主として建築物の外観から目視により建築物および建築物の部分の沈下，傾斜，破壊などを調べ，調査判定マニュアルなどに定められた基準により客観的に判定する．

しかし，外観調査からは被害が観察されなくても内部に顕著な構造被害などがあり倒壊などの危険性が高いケースもありえる．したがって，外観調査で被害が観られない建築物では，なるべく内部の被害の有無を確認することとなっている．なお，内部へ入ることができない場合には，「外観調査による」とのコメント付きで判定をし，後に詳細な調査を行うなどの方法が推奨されてい

る.

　被災建築物についての危険度の判定は，余震などによる建築物の崩壊によって引き起こされる人命の危険度と，建築物の部分などの落下や転倒によって引き起こされる人命の危険度をそれぞれ別途に判定し，それぞれの危険度に応じて，建築物の使用の可否などを表示する．したがって，例えば，建築物には全く被害は観られず崩壊の危険性はなくとも，建築物の出入口付近に落下危険物や転倒危険物があり，それが建物使用者や所有者ならびに一般の第三者の人命に危険が及ぶ恐れのある場合には，その建築物を危険と判断せざるを得ない場合もある．

　応急危険度判定は，なるべく短期間に被災地域内の全建築物の調査を終了させる必要があるため，1棟の調査にあまり時間を掛けることはできない．時間との勝負である．

c. 調査結果の表示

　調査結果は，「危険（赤紙）」，「要注意（黄紙）」，「調査済（緑紙）」の3種類の判定ステッカー（図2.95）のいずれかを，出入り口などの見やすい場所に表示し，当該建築物の利用者・居住者だけでなく，建築物の付近を通行する歩行者などにも安全であるか否かを容易に識別できるようにする．

　　　（赤紙）　　　　　　　（黄紙）　　　　　　　（緑紙）
図2.95　応急危険度判定結果を示す3種類のステッカー

d. 判定の変更

　応急危険度判定が行われた建築物などについて，後に崩壊などの危険を防ぐ

ための有効な処置が講じられた場合，あるいは被災状況に関する，より詳細な調査が行われた場合，その他，被災状況に変化を生じた場合など，当初の判定を変更する必要があると認められる場合には，これを変更することができる．

e. 阪神・淡路大震災の結果

阪神・淡路大震災では，46,610棟の共同住宅を対象に応急危険度判定が実施された．それまでわが国においては本格的に応急危険度判定を適用した経験がなかったことや被災建築物の数が膨大であったため，全調査が終了するまでには約1ヶ月を要した．本来は，余震に対する建築物の安全性評価が目的であるので，地震発生後2〜3日以内に調査を終わらせたいところである．

判定結果は，「危険」が6,476棟，「要注意」が9,302棟，「調査済」が30,832棟であった．表2.7に構造種別ごとの「危険」，「要注意」，「調査済」の割

表2.7 共同住宅の構造種別ごとの各応急危険度判定結果の割合

構造種類	危険（%）	要注意（%）	調査済（%）
鉄筋コンクリート系構造	2.5	2.9	94.5
鉄骨造	11.1	16.6	72.2
木造	30.5	40.2	29.3

―――建築物の安全性は誰が責任を負うか―――

建築物の安全性を確保する第一義的責任を有するのは，その建築物の所有者，管理者または占有者である．しかし，地震による被害が大きい場合や多数の所有者がいる建築物の場合には，必ずしも被災建築物の所有者などが被災建築物の安全性を自ら確認できる保証はない．

また，大きな地震の直後には一般に多数の余震が発生するが，地震で被災した建築物は，余震によって再び大きな振動を受けると破壊が進展し，場合によっては倒壊に至ることもあり得るため，多くの人々が二次災害の恐れに当面することとなる．特に，被災建築物が道路や隣家に影響を及ぼす恐れのある場合は第三者に被害が及ぶ可能性も高くなる．

これらのことから，被災建築物の安全確保の責任をすべて所有者などに任せることには無理があり，地震後の市民の安全確保の観点からも行政的な対応が必要と考えられる．そのため，市町村が地震発生直後の応急対応の一環として被災建築物の安全性の判定を応急的に実施するものである．

─本震よりも大きな余震もある？─

　余震は本震に比べてその規模は小さくなることが一般的であるが，時には本震と同程度またはそれ以上の規模の余震が発生することがある．また，地震学的には余震として扱われないが，同地域に異なる大きな地震があまり間をおかずに発生することもある．近年では，1978年（昭和53年）2月の宮城県沖地震（M6.7）と同年6月の地震（M7.4），および1997年（平成9年）3月の鹿児島県北西部地震（M6.2）と同年5月の鹿児島県薩摩地方の地震（M6.3）がそれに類する例であり，いずれも初めより後の方が地震の規模も被害も大きなものとなった例である．

　しかし，応急危険度判定では，判定の性格上あくまで余震は本震より小さいものとして判定することを原則としている．その上で，余震などによって破壊が進展し，危険度の判定が変更される可能性がある事態が発生した場合は，再度応急危険度判定を実施することとしている．

　なお，余震以外の現象としては，台風などの強風が被害に及ぼす影響や，降雪による雪荷重が被災建築物に及ぼす影響があげられる．特に，木造建築物や鉄骨造建築物においては，被災直後における強風や降雪の影響は適切に考慮する必要がある．

合を示すが，危険や要注意と判定された共同住宅の割合は構造種別ごとに大きく異なっている[3]．

B．応急措置

　応急危険度判定により危険または要注意と判定された建築物およびその部材・部位について，仮支持部材の設置などの応急措置により被害の進行を一時的に停止させ，あるいは倒壊を防止する．

　図2.96，2.97に，応急措置技術の例を示す．

2.1 耐震安全性

(a) 構台による仮支持

(b) H型鋼による仮支持

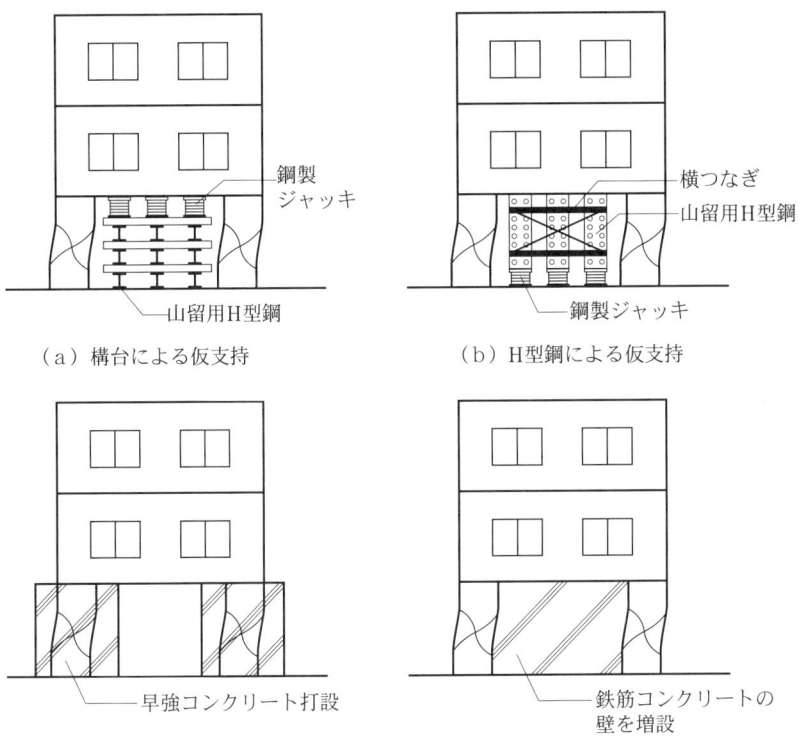

(c) コンクリート打設による仮支持

図2.96 仮支持による建物の倒壊防止技術

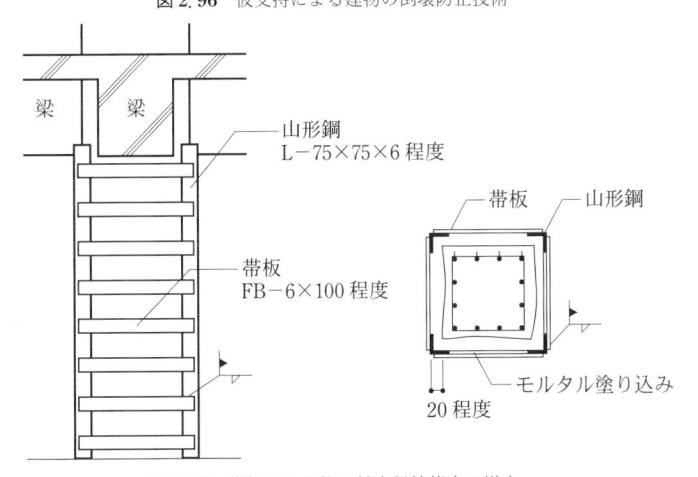

図2.97 帯板による柱の軸力保持能力の増大

C. 被災度区分判定とその方法

被害地震を経験した建築物の基礎構造および上部構造躯体それぞれの損傷状況などについて調査し，被災度を区分するとともに復旧の要否を判定することを，被災度区分判定という．

鉄筋コンクリート構造を例に，被災度区分判定の方法を概説する．

① 基礎の沈下量と傾斜を用いて，基礎構造の被災度を，軽微，小破，中破，大破，倒壊の5ランクに区分する（表2.8〜2.10）．

表2.8 杭基礎建物の基礎の傾斜と沈下量または露出量による被災度区分

基礎の傾斜 \ 基礎の沈下量 (m)	0	0.1	0.3 (m)
1/300 (radian)	無被害	小破	中破	※
1/150 (radian)	小破	中破	中破	大破
	中破	中破	大破	大破
1/75 (radian)	大破	大破	大破	大破

※予想外，要詳細調査

表2.9 直接基礎建物の基礎の傾斜と沈下量による被災度区分

基礎の傾斜 \ 基礎の沈下量 (m)	0	0.1	0.3 (m)
1/150 (radian)	無被害	小破	※	※
1/75 (radian)	小破	中破	中破	※
	中破	中破	大破	大破
1/30 (radian)	大破	大破	大破	大破

※予想外，要詳細調査

② 柱および耐力壁の破壊の程度（表2.10と図2.98に示す損傷度）の判定に基づき，耐震性能残存率を算定し，その結果により上部構造の被災度を，軽微，小破，中破，大破，倒壊の5ランクに区分する．

③ 被災度の区分と地震震度階の関係より，応急復旧の要否を判定する．

④ 被災前の耐震性能，被災後の残存耐震性能（残存水平耐力や残存鉛直耐力），および目標耐震性能の関係から，恒久復旧の要否や，恒久復旧を行うまでの間の一時的な継続使用の可否の判定を行う．

2.1 耐震安全性

表2.10 鉄筋コンクリート造柱，耐力壁の損傷度分類の基準

柱，耐久壁の損傷度	損 傷 内 容
I	近寄らないと見えにくい程度のひび割れ（ひび割れ幅0.2mm以下）
II	肉眼ではっきり見える程度のひび割れ（ひび割れ幅0.2～1mm程度）
III	比較的大きなひび割れが生じているが，コンクリートの剥落は極くわずかである（ひび割れ幅1～2mm程度）
IV	大きなひび割れ（2mmを超える）が多数生じ，コンクリートの剥落も著しく鉄筋がかなり露出している
V	鉄筋が曲がり，内部のコンクリートも崩れ落ち，一見して，柱（耐力壁）に高さ方向や水平方向に変形が生じていることがわかるもの．沈下や傾斜が見られるのが特徴．鉄筋の破談が生じている場合もある．

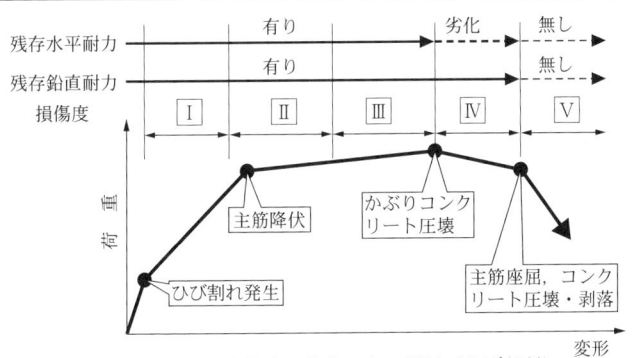

（a）塑性変形能力のある部材（曲げ部材）

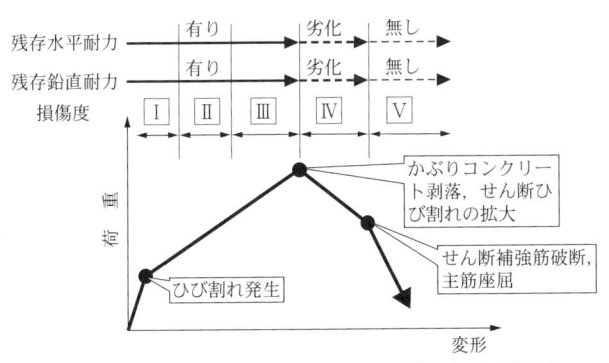

（b）脆性的な破壊をする部材（せん断部材）

図2.98 鉄筋コンクリート造部材の荷重－変形関係と損傷度の概念

D. 応急復旧

上部構造を対象とし，被災度区分判定に基づき，恒久復旧までの間，被災した部材・部位等に対し，一時的に行う補修のことを応急復旧といい，原則として部材単位で被災前の耐震性能と同程度以上の性能回復を目的に行われる．

E. 恒久復旧

恒久復旧は，被災建築物の詳細な調査に基づく被災前の耐震性能および残存耐震性能の算定結果に従って，復旧後継続して使用される被災建築物に対して恒久的に行う補修および補強をいい，当該建築物が目標耐震性能を確保することを目的に行われる．

[参考文献]

1) （財）日本建築防災協会，全国被災建築物応急危険度判定協議会：被災建築物応急危険度判定マニュアル，1998
2) （財）日本建築防災協会：震災建築物の被災度区分判定基準および復旧技術指針，2001
3) 建築震災調査委員会，平成7年阪神・淡路大震災建築震災調査委員会報告書─集大成版─，1996

2.2　耐風安全性

日本の建築物では一般に地震荷重のほうが風荷重よりも支配的になるために，建築物の耐震性能が向上すれば付随的に耐風性能も向上してきた，と考えられている．一方，構造設計において耐風設計がクローズアップされる建築物としては，超高層建築物や大スパン建築物等といったいわゆる「風に対して敏感な建築物」が挙げられている．しかしながら，このほかにも一般的な木造住宅やプレハブ住宅の中には，その軽量性のために風荷重で設計荷重が決まるものがある．特にプレハブ住宅の半数近くは地震荷重よりも風荷重が問題になると言われている．また，上記の建築物以外にも，橋梁，煙突・電柱・マストのような塔状構造物，駅舎プラットフォーム等の独立上屋，送電線鉄塔や通信鉄塔等のラチス構造物，テント倉庫，風車，畜舎，仮設足場，広告看板といった

様々な規模や構造型式の建築物・工作物や構造物が数多く存在する．

さらに，建築基準法では風荷重は構造骨組用風荷重と外装材用風荷重に区別して規定されている．これは瓦屋根・金属屋根・外壁・窓ガラス・サッシといった外装材に対しては特に風荷重が主たる設計荷重となるためである．強風による被害事例でも外装材の破損・剥離・飛散といったものが大半を占めており，風荷重は建築物の全体に作用するだけでなく，建築物の各部分に対しても作用し，それぞれの安全性を確認する必要がある．

このように日本の建築物や構造物には，風荷重に対しても十分な検討を要するものが数多くあり，建築物に作用する外力の1つである風荷重をより合理的に設定する耐風設計法の必要性は高い．

一方，日本は台風の常襲地域に属しており，平均すると毎年約3個の台風が上陸している．また，台風以外にも竜巻やダウンバーストといった突風，ダシやオロシと呼ばれる局地風も発生し，毎年各地で強風による災害が報告（気象庁ホームページ http://www.data.kishou.go.jp/bosai/report/index.html）されている（図2.99，図2.100参照）．

ここではこれらの強風の性質ならびにこのような強風に対して建築物の構造安全性を確保するための耐風設計法に関して簡単に説明する．

図2.99 台風14号（2003）
（NASA提供）

図2.100 豊橋竜巻（1999）
（豊橋中消防署提供）

2.2.1 強風による被害
A. 強　　風
　わが国では毎年夏から秋口にかけて台風が襲来し，人的被害だけでなく建築物にも強風被害が発生している．台風のほかにも前線，季節風，竜巻やダウンバーストなどが挙げられる．以下，これらの気象学的な観点からみた特徴についてまとめる．

a. 台　　風
　台風は，北大西洋西部（北半球の東経180度以西の太平洋）や南シナ海に発生する熱帯低気圧のうち最大風速が17.2 m/秒以上となったものを指している[*]．1961〜90年における日本に上陸した台風の年平均個数は3個であり，そのうち8月と9月に1個ずつ上陸している．

　台風では，気圧の低い中心部に向かって反時計回り[**]に巨大な渦を構成しながら湿った空気が流れ込んでいる．海上の高温多湿な空気が上昇気流となって上空で水蒸気が凝結して巨大な積乱雲が形成される．水蒸気が凝結する際に放出されるエネルギーが激しい暴風を生み出すこととなるが，暴風の風速は台風の中心（眼）付近では弱く，中心から20〜100 km離れたところで最も強くなるといわれている．その領域内の風速は半径に比例し，半径約100 kmを超えた範囲の風速は半径に反比例するかたちで通常モデル化されている[***]．また，最大風速は中心気圧だけでなく台風の大きさにも依存し，中心気圧が同じであれば半径が小さい台風のほうが最大風速が大きくなる傾向にある．台風に伴う地表付近の強風は，気圧傾度力と風速に依存する力（遠心力，コリオリの力および摩擦力）がほぼつり合っているので，半径が小さく気圧傾度が大きいと他方の風速に依存する力も大きくなり，風速が大きくなるのである．

　気象庁では，台風の勢力を表す指標として，大きさと強さを定義している．台風の大きさは強風域（平均風速が15 m/秒以上の風が吹いている範囲）の

---
[*]　熱帯低気圧は世界各地で発生するが，それらの名称は各地によって異なり，世界気象機関（WMO）によって名称が定められている．例えば，東部太平洋（東経180度以東）や大西洋上で発生する熱帯低気圧のうち最大風速が33m/秒以上のものを，ハリケーンと呼んでいる．
[**]　北半球では，反時計回り，南半球では時計回りである．
[***]　実際には，台風の進行速度が加算されるので，一般に台風の進行方向に対して右側では風速が増大し，左側では風速が減少するといわれている．

半径で，大型（500 km 以上 800 km 未満）と超大型（800 km 以上）に分類されている．台風の強さは，最大風速で，強い（33 m/秒〜44 m/秒），非常に強い（44 m/秒〜54 m/秒），猛烈（54 m/秒〜）に分類されている．

気象観測を開始してから 1,000 人以上の死者・行方不明者を出した台風は，室戸台風（1934(昭和 9)年），枕崎台風（1945(昭和 20)年），カスリン台風（1947(昭和 22)年），洞爺丸台風，狩野川台風（1958(昭和 33)年），伊勢湾台風（1959(昭和 34)年）の 6 個であり，これらの台風による被害には強風によるものだけでなく，強雨による洪水，土砂災害や高潮による被害も多くみられる．

表 2.11 は気象庁が発表しているこれまでの台風で観測された最大瞬間風速の記録である．大半が沖縄，宮古島といった南西諸島で観測されたものであるが，四国の室戸岬や宇和島でも強風が記録されている．

表 2.11 台風で観測された最大瞬間風速の記録（気象庁）

	場所	風向き	風速(m/秒)	発生時期	備考
1.	宮古島	北東	85.3	1966.9.5	第 2 宮古島台風（第 18 号・コラ）
2.	室戸岬	西南西	84.5	1961.9.16	第 2 室戸台風（第 18 号）
3.	宮古島	北東	79.8	1968.9.22	第 2 宮古島台風（第 16 号・デラ）
4.	名瀬	東南東	78.9	1970.8.13	台風第 9 号
5.	宮古島	北北東	78.0	1968.9.23	第 3 宮古島台風（第 16 号・デラ）
6.	室戸岬	西南西	77.1	1965.9.10	台風 23 号
7.	宮古島	北	74.1	2003.9.11	台風 14 号
8.	那覇	南	73.6	1956.9.8	台風 12 号
9.	宇和島	西	72.3	1964.9.25	台風 20 号
10.	与那国島		70.2 以上	1994.8.7	台風 13 号
11.	石垣島	南東	70.2	1977.7.31	台風 5 号

b. 前　　線

異なる気団が互いに接触した場合にできる空気の境界面を前線面と呼んでおり，前線面が地表面と交わる線を前線と呼んでいる．寒冷な空気が温暖な空気の下に潜り，これを押し上げながら進んでいくのが寒冷前線であり，前線の通過によって気温の急降，風向の急変と風速および乱れの増加がみられる．寒暖両気流の温度差が大きいと雷や降雹を伴う場合がある．天候の急変と風速の急な上昇による突風の発生が寒冷前線の特徴といえる．

c. 季節風

　冬期間の強風は主に季節風によってもたらされる．日本近海で発生した低気圧が東方洋上に出て非常に発達し，北東に進んでアリューシャン列島付近の洋上で数日間その勢力を持続して停滞することがある．この場合，低気圧に伴う寒冷前線の通過とともに季節風が吹き出し，このような西高東低の気圧配置が続く限り，日本付近では数日間も強風が吹き続ける．陸上では15～20m/秒程度であるが，山がちで強風が吹きやすいところでは30～40m/秒に達することがある．冬の強風は台風に比べて強風範囲が広く，継続時間が長いことが特徴である．

d. 竜巻・ダウンバースト

　台風と同様に強風による甚大な建築物被害をもたらし得るものとして，竜巻やダウンバーストが挙げられる．これらは発生頻度がきわめて低く，かつ，発生範囲がきわめて限られるという点に特徴があり，こういった非定常的な気象現象によってもたらされる災害は瞬発性気象災害と呼ばれている．竜巻の発生する気象状態はいくつかのパターンがあり，台風接近時，低気圧や前線の接近時等である．わが国に上陸した台風の約40％が竜巻を伴っており，その竜巻の発生位置は，一般に台風の中心の北東象限で，中心から150～300 kmの範囲に多く分布している．1961～82年の約20年間に観測された竜巻発生個数をみると総数396個（年平均18個）であり，発生件数が比較的多くみられるのは，関東平野，東海地方（静岡県等）の太平洋沿岸部，九州南部，南西諸島となっている．

　竜巻による建築物の被害をみて特徴的なのは被害の分布がきわめて限られている点であり，幅約100 m，長さ数キロ程度と帯状に分布していることが多い．また，竜巻による被害の程度を表す定性的な指標として，Fujitaスケール[6]がある．これは被害の程度と風速との関係に基づく竜巻の強さを表す指標で，F0～F12まで定められている．わが国で発生した竜巻で最大級のものは1990年に千葉県茂原市で発生した竜巻で，F3（風速71～92m/秒）に相当するものであった．上述したように，竜巻の発生は瞬発的であるので台風よりも被害を被る確率がかなり低く，また具体的な風速値がなかなか気象観測データに反映されないことから，通常の耐風設計では対象外とされているのが普通

2.2 耐風安全性

表2.12 ビューフォートの風力階級表（気象庁）

風力階級	名称	地上10mにおける平均風速	陸上状況	海上状況
0	平穏 calm	〜0.2m/秒 (〜1ノット)	静穏．煙がまっすぐに昇る．	鏡のようになめらかである．
1	至軽風 light air	0.3〜1.5m/秒 (1〜3ノット)	煙がなびく．	うろこのようなさざ波ができる．
2	軽風 light breeze	1.6〜3.3m/秒 (4〜6ノット)	顔に風を感じ，木の葉が揺れる．	一面にさざ波が現れ，波頭はまだ砕けずにガラスでできているように見える．
3	軟風 gentle breeze	3.4〜5.4m/秒 (7〜10ノット)	木の葉や細い枝が絶えず動き，旗がはためく．	波頭が裂けはじめ，ガラス玉のような泡ができる．白波が見え始める．
4	和風 moderate breeze	5.5〜7.9m/秒 (11〜16ノット)	砂ほこりが立ち，紙片が舞う．小枝が動く．	波頭が裂け，波の幅が長くなり，海面の半ば以上に白波が見える．
5	疾風 fresh breeze	8.0〜10.7m/秒 (17〜21ノット)	葉の茂った樹木が揺れ，池や沼にも波頭が立つ．	波頭が連なりはっきりとしたうねりを作り，海面全体に白波が見える．しぶきも出来はじめる．
6	雄風 strong breeze	10.8〜13.8m/秒 (22〜27ノット)	大枝が動く．電線が鳴り，傘の使用が困難となる．	やや大きな波の山が現れ始め，砕けて白く泡だった波頭ができ，しぶきが飛ぶ．
7	強風 near gale	13.9〜17.1m/秒 (28〜33ノット)	樹木全体が揺れる．風に向かうと歩きにくい．	海が荒れ出す．大波が立ち波頭は砕けて白い泡が海面をおおい，風の方向に長く流れる．
8	疾強風 gale	17.2〜20.7m/秒 (34〜40ノット)	小枝が折れ，風に向かうと歩けない．	波頭がそびえ立ち，うねりも延びてくる．
9	大強風 strong gale	20.8〜24.4m/秒 (41〜47ノット)	煙突が倒れ，瓦が落ちる．	波頭がさかまき始め，海面は泡の縞におおわれる．海がうなり水煙が立ち始める．
10	全強風 storm	24.5〜28.4m/秒 (48〜55ノット)	樹木が根こそぎになる．人家に大損害が起こる．	波頭がさかまき，大きな渦が白い濃い縞をつくる．海面は真っ白になり，水煙で視程が悪い．うなりは強くなり，にぶい打撃音が聞こえる．
11	暴風 violent storm	28.5〜32.6m/秒 (56〜63ノット)	めったに起こらないような広い範囲の大損害が起こる．	見上げるような大波となり，海面は風の方向に長く延びた白泡の群れにおおわれる．波頭はしぶきとなって吹き飛ばされ水煙に満たされる．
12〜	台風 hurricane	32.7m/秒〜 (64ノット〜)	被害甚大．記録的な損害が起こる．	海上はわきたつ．泡と水煙に閉ざされ，視程が著しく悪くなる．うなりがひどく，波の山が吹き飛ばされて海空の境界が不明となる．はっきりした海面は見えなくなる．

※気象庁が定める風力階級では，ビューフォートの風力階級の12〜17をまとめて風力12としている．

表2.13 風の予報用語（気象庁）

予報用語	平均風速	人への影響	屋外・樹木の様子	建造物の被害
やや強い風	10〜15m/秒	風に向かって歩きにくくなる．傘がさせない．	樹木全体が揺れる．電線が鳴る．	取付けの不完全な看板やトタン板が飛び始める．
強い風	15〜20m/秒	風に向かって歩けない．転倒する人も出る．	小枝が折れる．	ビニールハウスが壊れ始める．
非常に強い風（暴風）	20〜25m/秒	しっかり体を確保しないと転倒する．		鋼製シャッターが壊れ始める．風で飛ばされた物で窓ガラスが割れる．
	25〜30m/秒	立っていられない．屋外での行動は危険．	樹木が根こそぎ倒れ始める．	ブロック塀が倒れ，取付けの不完全な屋外外装材がはがれ，飛び始める．
猛烈な風	30m/秒〜			屋根が飛ばされたり，木造住宅の全壊が始まる．

※「強い風」や「非常に強い風」以上の風が吹くと予想される時は強風注意報や暴風警報を発表して警戒を呼びかける．なお，注意報や警報の基準は地域によって異なる．

表2.14 Fujita スケール（気象庁）

スケール	風速 [m/秒]	被害状況
F0	〜32m/秒（〜72mph）	軽度の災害．煙突に軽度の被害を与え，小枝を吹き飛ばし，根の浅い樹木を倒し，看板を損傷させる．
F1	33〜50m/秒（73〜112 mph）	中程度の災害．下限度の 73 mph はハリケーンの風速の始まりで，屋根の表面をはがして移動式住宅を基礎から外したり転倒させ，走行中の自動車を道路から逸脱させる．
F2	51〜70m/秒（113〜157mph）	相当の災害．屋根をはがし，移動式住宅を破壊し，ボックスカーを押し倒し，大木を折ったり引抜き，軽量な物体をミサイルのように宙に舞わせる．
F3	71〜92m/秒（158〜206mph）	激しい災害．強靭に建築された家屋の屋根や壁を吹き飛ばし，列車を転覆させ，森林の樹木を引抜き，重量のある自動車を地面から浮上がらせて吹き飛ばす．
F4	93〜116m/秒（207〜260mps）	激甚災害．丈夫な建築物を壊滅し，基礎の弱い建築物をかなりの距離まで吹き飛ばし，自動車のような物体をミサイルのように宙に舞わせる．
F5	117〜142m/秒（261〜318 mph）	信じ難い災害．頑丈な枠組の家屋を基礎から外し，かなりの距離に渡って運び分解する．乗用車の大きさの物体が100m以上飛行する．信じ難い被害が発生する．
F6〜F12	143m/秒〜マッハ1（音速）	143m/秒からマッハ1（音速）に至る風は竜巻によっては発生しないと考えられるが，非公式には F6 が報告された例がある．

である．しかし，建築物の破壊がきわめて危険な波及効果をうむ場合や社会的に重要性の高い建築物を対象とする場合は，竜巻による強風の影響を耐風設計に組み込むことも考慮されるべきである．また，既往の竜巻による被害調査報告[5, 7～9]によれば，竜巻が発生しやすい地域が市町村単位で報告されており，このような竜巻の発生または進行しやすい地域性の評価も今後の研究課題である．

風速の程度を周辺の地物の状況との関連で表現したビューフォートの風力階級表（表 2.12），気象庁予報部による予報用語（表 2.13）および Fujita スケール（表 2.14）を掲げるので，必要に応じて参照されたい．

局地風は山や谷といった地形によって風が増速されるものを指し，細い谷間に風が収束して強まったものをダシ風，山の斜面を吹き降りるものを嵐（オロシ）風と呼んでいる．赤城オロシ，筑波オロシ，六甲オロシ，寿都ダシ，清川ダシ，肱川アラシ，ヤマジ風といった風が有名である．

B．被害の特徴

表 2.15 は戦後の日本で発生した主な風水害である．風水害での死者・行方不明者数を示す．

台風被害の特徴は，被害が広範囲に発生すること，被害額の増大，外装材の被害が顕著，瓦・金属板等の屋根ふき材，枝木等の飛散物が多い，等があげられる．巨大な台風では人的被害だけでなく，被害総額が数千億円にも及ぶ甚大な物的被害を及ぼすものもある．一方，竜巻の被害の特徴は，台風に比べて被害が局所的に発生（数 m～数 100 m スケール），被害の激しさ，風向きが特定できない，竜巻の進行に沿って被害が発生，飛来物がある，奇妙なこと（ミステリー）が起こる，等である．また，ダウンバーストの被害の特徴では，被害が局所的に発生，かつ同じ方向あるいは同心円状に発生，等がある．

建築物において強風被害が発生する部分としては，屋根，軒天，窓ガラス等といった外装材が多く，さらに甚大な被害では建築物全体が倒壊することもある．また，鉄塔やタワーといった塔状構造物も倒壊することがある．さらに，建築物の屋根葺き材や外装材が剥がれて飛散し，飛来物として別の建築物に衝突あるいは突き刺さるなどによって新たな被害（2 次的被害）が発生することがある．特に竜巻では外装材や木切れが建築物の壁面に突き刺さることが多く報告されている．

第2章　構造安全性

表 2.15　昭和 20 年以降の主な自然災害の状況（内閣府ホームページより）

年　月　日	災　害　名	主　な　被　災　地	死者・行方不明者数（人）
昭和			
20. 1.13	三河地震 (M6.8)	愛知県南部	2,306
9.17～18	枕崎台風	西日本（特に広島）	3,756
21.12.21	南海地震 (M8.0)	中部以西の日本各地	1,443
22. 8.14	浅間山噴火	浅間山周辺	11
9.14～15	カスリーン台風	東海以北	1,930
23. 6.28	福井地震 (M7.1)	福井平野とその周辺	3,769
9.15～17	アイオン台風	四国～東北（特に岩手）	838
25. 9. 2～4	ジェーン台風	四国以北（特に大阪）	539
26.10.13～15	ルース台風	全国（特に山口）	943
27. 3. 4	十勝沖地震 (M8.2)	北海道南部，東北北部	33
28. 6.25～29	大雨（前線）	九州，四国，中国（特に北九州）	1,013
7.16～24	南紀豪雨	東北以西（特に和歌山）	1,124
29. 5. 8～12	風害（低気圧）	北日本，近畿	670
9.25～27	洞爺丸台風	全国（特に北海道，四国）	1,761
32. 7.25～28	諫早豪雨	九州（特に諫早周辺）	722
33. 6.24	阿蘇山噴火	阿蘇山周辺	12
9.26～28	狩野川台風	近畿以東（特に静岡）	1,296
34. 9.26～27	伊勢湾台風	全国（九州を除く，特に愛知）	5,098
35. 5.23	チリ地震津波	北海道南岸，三陸海岸，志摩海岸	139
38. 1～2	豪雪	北陸地方	231
39. 6.16	新潟地震 (M7.5)	新潟県，秋田県，山形県	26
40. 9.10～18	台風第23, 24, 25号	全国（特に徳島，兵庫，福井）	181
41. 9.23～25	台風第24, 26号	中部，関東，東北（特に静岡，山梨）	317
42. 7～8	7, 8月豪雨	中部以西，東北南部	256
43. 5.16	十勝沖地震 (M7.9)	青森県を中心に北海道南部・東北地方	52
47. 7. 3～15	台風第6, 7, 9号及び7月豪雨	全国（特に北九州，島根，広島）	447
49. 5～9	伊豆半島沖地震 (M6.9)	伊豆半島南端	30
51. 9. 8～14	台風第17号及び9月豪雨	全国（特に香川，岡山）	171
52.8.7～53.10	有珠山噴火	北海道	3
53. 1.14	伊豆大島近海地震 (M7.0)	伊豆半島	25
6.12	宮城県沖地震 (M7.4)	宮城県	28
54.10.17～20	台風第20号	全国（特に東海，関東，東北）	115
57. 7～8	7, 8月豪雨及台風第10号	全国（特に長崎，熊本，三重）	439
58. 5.26	日本海中部地震 (M7.7)	秋田県，青森県	104
7.20～29	梅雨前線豪雨	山陰以東（特に島根）	117
10. 3	三宅島噴火	三宅島周辺	―
59. 9.14	長野県西部地震 (M6.8)	長野県西部	29
12～60. 3	豪雪	北陸地方を中心とする日本海側	90
60.12～61. 3	豪雪	北陸，東北地方	90
61.11.15～12.18	伊豆大島噴火	伊豆大島	―
平成			
2.11.17～	雲仙岳噴火	長崎県	44
5. 7.12	北海道南西沖地震 (M7.8)	北海道	230
7.31～ 8. 7	平成5年8月豪雨	全国	79
7. 1.17～	阪神・淡路大震災 (M7.2)	兵庫県	6,436
12. 3.31～	有珠山噴火	北海道	―
12. 6.25～	三宅島噴火及び新島・神津島近海地震	東京都	1

（注）　1　風水害は死者・行方不明者500人以上，地震・津波・火山噴火は死者・行方不明者10人以上のもののほか，災害対策基本法による非常災害対策本部が設置されたもの．
　　　2　阪神・淡路大震災の死者・行方不明者については平成14年12月26日現在の数値．いわゆる関連死を除く地震発生当日の地震動に基づく建物倒壊・火災等を直接原因とする死者は，5,521人．
　　　3　三宅島噴火及び新島・神津島近海地震の死者は，平成12年7月1日の地震によるもの．
資料：気象年間，理科年表，消防庁資料

図 2.101 台風 9119 号（1991）での被害の例

建築物以外の被害としては，果実や葉の落下・枝の折損・倒木といった農作物・樹木の被害，交通・通信（ライフライン）の被害が発生する．交通・通信の被害では，自動車の横転，列車の脱線，航空機事故，信号機・電柱・送電鉄塔等の倒壊，架線の断線等，様々な被害が発生する．

C. 強風の予測

地震とは異なり強風はある程度事前に予測できるようになってきた．例えば，台風の進路は，気象衛星，気象レーダ，ラジオゾンデといった観測データを用いてかなりの確度で予想でき，テレビニュース等でその情報を公表している．この情報をもとに台風が接近する前に避難対策等を立てることは可能である．しかし，竜巻やダウンバーストといった突風の予測は我が国では現在でも困難なものであり，茂原竜巻（1990(平成 2)年）のように思いがけず甚大な被害が発生する場合がある．また，山や谷筋といった地形によって風が収束し強風が発生する場合もあり，それらの強風を正確に予測する技術はまだ確立されていない．

気象庁では，地上気象観測，地域気象観測システム（AMeDAS: Automated Meteorological Data Acquisition System），気象衛星，気象レーダ，ラジオゾンデ・ウィンドプロファイラ等を用いて風向風速，気温，湿度，気圧，降水量といった気象要素の観測を常時行っており，これらの観測データを用いて数値シミュレーション等により気象予測が行われている．この予測結果から気象庁は全国を 226 の地域に分けて注意報や警報を発表している．

米国では，トルネードはハリケーンの予測や観測に気象レーダが利用されている．1999 年 5 月オクラホマ州で発生したトルネードでは，気象レーダでの情報がリアルタイムでテレビを通して発表され，住民の避難を呼びかけた．そ

の結果,米国史上最大規模(FujitaスケールF5,一部F6という報告もある)のトルネードにもかかわらず人的被害は少なかった.

D. 強風の対策

日本の建築物は,耐震性能の向上に伴って耐風性能も向上してきたといわれる.しかし,建築物の中には,建築物に作用する地震荷重よりも風荷重のほうが上回る場合がある.高層建築物,煙突,長大橋梁,大スパン構造物といった細長い建築物・構造物は軽量で一般に風に対して振動を起こしやすく,風に敏感な建築物・構造物といわれている.このほか低層住宅もその軽量さのために地震荷重よりも風荷重が上回る場合があり,プレハブ住宅の約半分は風荷重で設計荷重が決まるといわれている.

建築物の部位別では,構造部材よりも屋根葺き材や窓ガラスといった外装材のほうが数多くの被害が見られる.地震荷重は地面から直接建築物の構造部材に作用するため,地震被害では外装材の被害だけでなく構造部材の被害も目立つ.これに対し風荷重は一旦外装材を介して構造部材に作用する.強風被害の場合,まず外装材の剥離や破壊が発生するのが一般的であり,構造部材が外装材よりも先に破壊し建築物全体が倒壊する例は少ない.また,風荷重は風上壁面では壁面を押す方向,風下壁面では壁面を引っ張る方向,屋根面では主に屋根面を垂直上向に引っ張る方向に作用し,建築物の部位ごとにその作用方向は異なる.

このような強風による被害を防止・軽減する目的で様々な対策が施されている.まず,強風そのものを遮る目的で防風林がある.防風林は強風を遮るだけでなく,飛砂の防止,冷気の侵入の防止にも効果がある.南西諸島でみられるコンクリートブロック塀も強風を遮る効果がある.また,防風フェンス,防風柵,防風網,防風ネットは道路や鉄道の風除けだけでなく,住宅や農作物の風除けにも利用されている.住宅の開口部には雨戸が効果的な防風対策になる.雨戸は強風の風圧をある程度低減するだけでなく,窓ガラスの破損など,飛来物による衝突被害を防ぐ効果がある.外装材の飛散を防ぐ手法として,屋根瓦の留め付けやネットによる覆いなどがある.さらに筋交いや接合金物といった構造骨組みの補強も行われている.

大規模な強風災害が発生した場合,被害の規模に応じて自治体や政府は災害

対策本部を設置し，被災地の復旧活動を行う．人命の救出と並んで電力・水道といったライフラインの確保は何よりも優先されるべきものである．

2.2.2 風の性質
A. 風の性質
a. 上空風の種類[1)]

地球の表面は太陽からの熱エネルギーを受けており，地表面の状態によって温度に差が生じる．温度の高い地上では暖かい空気が膨張し気圧の低い部分となり，もう一方の温度の低い地上では気圧の高い部分となる．この両地点の間で，気圧の高い方から低い方へと空気の移動がなされて風が生ずる．以下では，地上高さ約 1,000 m 程度の高さで吹く地衡風，傾度風および旋衡風について概説する．

一定の角速度 ω で回転している地球において，回転している座標から空気の運動を観測する場合，慣性力としてコリオリ力と遠心力が生じており，地球上での空気の定常的な運動は，気圧傾度力，コリオリ力および遠心力の3つの力がつり合った状態で行われている．地球の角速度を ω とし，緯度 ϕ の点の風速を v とすると，単位質量の空気に作用するコリオリ力 F_c は次式となり，北半球では運動方向に直角に右方向に作用する．

$$F_c = 2\omega v \sin\phi \tag{2.9}$$

一方，等圧線に直交方向には気圧傾度力 F_p が作用し，その大きさは単位質量の空気に対して，

$$F_p = \frac{1}{\rho}\frac{\partial p}{\partial n} \tag{2.10}$$

である．ここで，p：気圧，ρ：空気密度，n：等圧線に直交方向のベクトルである．上記のコリオリ力と気圧傾度力とがつり合った状態で空気が運動しているときは，式 (2.9)，(2.10) の力のつり合いから

$$2\omega v \sin\phi = \frac{1}{\rho}\frac{\partial p}{\partial n} \tag{2.11}$$

このときの風速を地衡風といい,v_g とおくと式 (2.12) のようになる.

$$v_g = \frac{1}{\rho}\frac{1}{2\omega \sin\phi}\frac{\partial p}{\partial n} = \frac{1}{\rho f}\frac{\partial p}{\partial n} \tag{2.12}$$

ここで,$f(=2\omega \sin\phi)$ はコリオリのパラメータといい,北半球では地衡風は低気圧中心に対して半時計回りに吹いている.例えば,緯度 $\phi=36°$ のとき $f=8.55\times10^{-5}$ [s^{-1}] である.

等圧線が曲がっている場合には,空気が等圧線に沿って運動する際に遠心力が生じている.風速を v,等圧線の曲率半径を r とすると,単位質量当たりの遠心力 F_a は次式 (2.13) となる.

$$F_a = \frac{v^2}{r} \tag{2.13}$$

したがって,F_p,F_c,F_a の3つの力によるつり合いの式は,次式 (2.14) で表される.

$$\frac{1}{\rho}\frac{\partial p}{\partial n} - 2\omega v \sin\phi = \frac{v^2}{r} \tag{2.14}$$

この式 (2.14) によって決まる風速 v を傾度風と呼んでおり,式 (2.14) を整理すると式 (2.15) のようになる.

$$f(v_g - v) = \frac{v^2}{r} \tag{2.15}$$

また,台風の渦の中の風は,半径 r が小さい範囲内で大きな風速を持っている.このような場合はコリオリの力を相対的に無視することができ,式 (2.14) の左辺の第2項を省略した式 (2.16) から得られる風速 v を旋衡風と呼んでいる.

$$\frac{1}{\rho}\frac{\partial p}{\partial n}=\frac{v^2}{r} \tag{2.16}$$

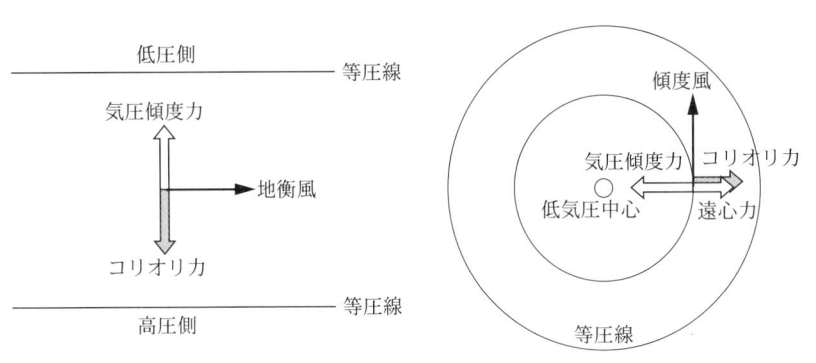

図 2.102 地衡風と傾度風

b. 大気境界層

前項では地上高さ約 1,000 m 程度の風をみてきたが，地上付近の風の性状はどのようになっているのであろうか．まず，建築物の耐風設計を行うに当たって，時間的・空間的にどの程度のスケールの風を対象とするのかを明らかにすることが必要である．気象現象はきわめて多様な様相を示し，その一現象である風のスケールも時間的・空間的に広い範囲に及んでいる．強風が作用する対象が建築物であるから，地上から概ね 500 m 程度までの範囲の強風を耐風設計では対象とし，この範囲の大気の層は一般に大気境界層と呼ばれている．大気境界層では地上の影響を直接受けることになるので，地上と大気との間で熱等の相互作用が盛んに行われており，風速や温度等の気象要素が著しい鉛直勾配を示している．大気境界層の高さ（厚さ）は平均的には 1,000 m 程度といわれているが，大気の安定度によって 500〜2,000 m 程度に変化する（一般に，夜間は薄く日中は 1,000 m 程度にまで厚くなる）．また，気象学的なスケールでいうと，マイクロスケールと呼ばれる現象が支配的な領域である[2]．

大気境界層では，地表面の熱的な影響だけでなく，地表面の様々な地形や植生，建築物等（粗度要素と呼ぶ）の影響も直接受けるので，強風時の地表面近くでは高高度の風に対して風速がより低減されており，かつ，風の息と呼ばれるように変動成分を含んだ乱流の状態にある．つまり，上で述べたコリオリ力

や気圧傾度力だけでなく摩擦力も作用しており，特にコリオリ力の影響が小さくなる地上高さ100 mの範囲内は，接地層と呼ばれている．

このようなことから，建築物に作用する強風を耐風設計に資するかたちにモデル化するには，鉛直方向の乱流構造を詳細に把握することが必要となる．今日まで気象学的な観点から大気境界層の構造に関する研究が蓄積されており，強風観測の一例としてドップラーソーダー（Doppler sodar）が用いられている．ビーム状のパルス音波を上空に発信し，大気中の乱れによって散乱され反射した音波を受信機で受信することで，ドップラー効果によって上空の各高さでの風速を解析するものであり，トリモノスタティック方式（図2.103(a)），フェイズドアレイ方式（図2.103(b)）およびバイスタティック方式（図2.

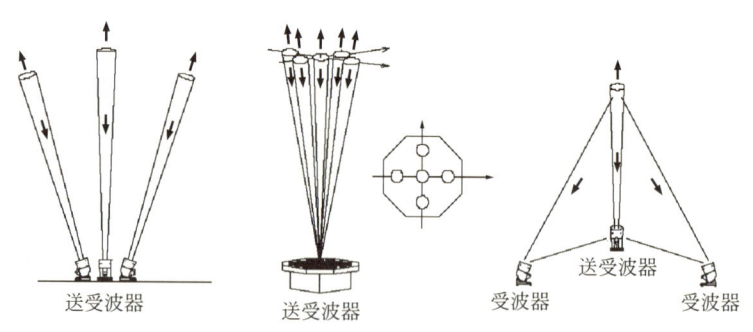

（a）トリモノスタティック方式　（b）フェイズドアレイ方式　（c）バイスタティック方式
図2.103　ドップラーソーダーの種類[3]

図2.104　ドップラーソーダーの設置例

103(c)) の 3 つの型がある[3]．こうした観測結果を活用することによって大気境界層の乱流構造を把握することができ，市街地上の大気境界層を対象とした観測による研究成果も多く発表されている．

B. 強風の評価

強風についての基本的な情報は，風速の強さとその発生頻度である．風速の強さを表す数値として平均風速と最大瞬間風速があるが，耐風設計上は地上 $10\,\mathrm{m}$ の高さにおける 10 分間平均風速が基本となる数値であり，建築物荷重指針・同解説[10]での基本風速 U_0 や建築基準法施行令第 87 条[11]での基準風速 V_0 はともにこの数値に基づいて規定されている．日本各地の気象庁の観測官署で継続して得られた強風観測データを用いて，耐風設計に用いる平均風速の値が確率統計的に評価され，発生頻度は再現期間という指標で表現されている．各地点における強風観測データを用いた平均風速の統計評価のおおまかな流れは次の通りである[12]．

① 強風観測データは年最大値を採用し，各々の年の最大風速の発生はお互いに独立である（周期的な変動がない）と仮定する．

② N 年間のデータが得られたとして，大きい順に $X_1, X_2, \cdots, X_n$ ($X_i \geq X_{i+1}$) と並べて，X_i の値を超えない確率を経験的非超過確率としてヘイズン法と呼ばれる次式（2.17）で表す．なお，この F_i の評価式はヘイズン法以外にもいくつか提案されている．

$$F_i = \frac{N-i+\frac{1}{2}}{N} \tag{2.17}$$

③ 横軸に F_i，縦軸に X_i をプロットして各点を結ぶことにより，累積分布関数の曲線が得られる．最も代表的な極値分布として，二重指数で表されるグンベル分布を考える．グンベル分布に従う非超過確率 $F_X(x)$ は次式（2.18）で表される．

$$F_X(x) = e^{-e^{-a(x-b)}} \tag{2.18}$$

耐風設計上は，$F_X(x)$ が 1 に近づく裾野部分の風速が興味の対象となるの

で，プロットに対してグンベル分布が適合しているか否か見分けやすくするために，式 (2.19) のような変換をする（ここで，y はグンベル分布の規準化変数と呼ぶ）．

$$y = -\ln(-\ln F) \tag{2.19}$$

④規準化変数を横軸，変数 X_i を縦軸としたグンベル確率紙（図 2.105）と呼ばれるシート上に求めた (y_i, X_i) $(i = 1, 2, \cdots, n)$ をプロットして，全体のプロットを直線で近似できれば，強風観測データに基づくグンベル分布が得られることになる（式 (2.18) 中の係数 a は近似直線の傾きの逆数，係数 b は $y=0$ での縦軸の値にそれぞれ相当する）．

なお，グンベル分布の場合，変数 X の平均値 μ_x，標準偏差 σ_x とパラメータ a, b との関係が式 (2.20a, b) のように得られている．したがって，これらを強風観測データの平均値 $\bar{x}$ と標準偏差値 S_x と等置することによって，パラメータ a, b を式 (2.21a, b) のように推定することも可能であ

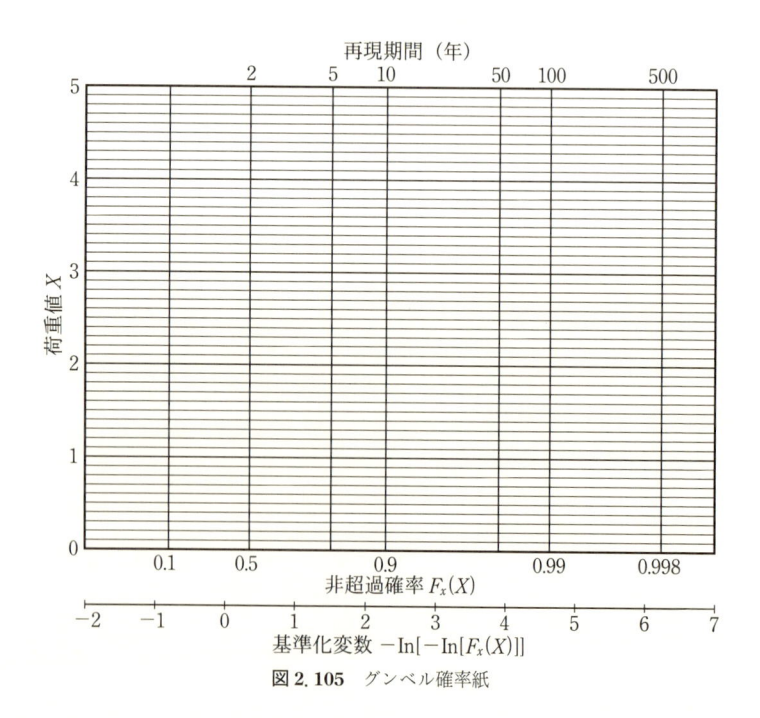

図 2.105 グンベル確率紙

る．この場合はプロットで得られた近似直線によらない推定法であり，積率法と呼ばれている．

$$\mu_x = \frac{0.5772}{a} + b \tag{2.20 a}$$

$$\sigma_x = \frac{\pi}{\sqrt{6}a} \tag{2.20 b}$$

$$a = \frac{\pi}{\sqrt{6}} \cdot \frac{1}{s_x} = \frac{1}{0.780 s_x} \tag{2.21 a}$$

$$b = \bar{x} - 0.450 s_x \tag{2.21 b}$$

⑤強風の確率分布が上のように求められると，超過確率 $P(=1-F(x))$ となる強風の風速 x は，式 (2.18) を x について解くと，グンベル分布のときは，式 (2.22) のかたちで得られる．

$$x = \frac{1}{a}\left[-\ln\{-\ln(1-P)\}\right] + b \tag{2.22}$$

⑥ここで，平均的に何年目に初めて x を超える強風が発生するか考える．t 年目に初めて x 以上の強風が発生する確率を P とすると，それ以前の $(t-1)$ 年間では x 以上の強風が発生しないと考えるので，確率は $P(1-P)^{t-1}$ と表される．したがって，求めたい平均的な期間を R とすると式 (2.23) で表される．

$$R = \sum_{t=1}^{\infty} t P(1-P)^{t-1} \tag{2.23}$$

⑦式 (2.23) を変形すること[*（次ページ）]により，$R = 1/P$ の関係が得られる．これは，毎年独立で一定の発生確率 P を持つ事象の平均的な再来期間を求めたことに相当し，この R の数値は再現期間という．再現期間と超過確率とは逆数の関係にあり，再現期間 R に対応する平均風速の値は R 年再現

期待値と呼ばれる．再現期待値を統計的に推定するに当たっては，強風観測データの統計期間が十分に長いことが必要であり，観測期間中に計測器が交換されたり観測位置が移動されたりしている場合は，適切に観測結果を補正して均質化を図ることが必要となる．

C. 強風の工学的モデル
a. 鉛直分布性状を表すモデル

すでに述べたように，耐風設計に資する強風をモデル化するためには鉛直方向の平均風速の分布性状を適切に把握することが必要である．風速分布のモデルは，耐風設計の萌芽期から研究されており，べき乗則と対数則の2通りの考え方が提案されている．

べき乗則は，一般に次式（2.24）で表される．ここで，$U(z)$：高さzにおける平均風速，z_0：基準高さ（地上高さ10mが通常用いられる），α：風速の鉛直分布を決めるべき指数（地表面粗度の区分に応じて与えられる）である．

$$U(z)=U(z_0)\left(\frac{z}{z_0}\right)^{\alpha} \tag{2.24}$$

べき乗則に基づいた鉛直分布性状を表す算定式は，わが国でも建築物荷重指針・同解説[10]や建築基準法施行令で採用されている．べき指数αは地表面粗度が増すほど大きな値を示して地表付近での風速の低減の度合いが大きくなり，同指数を決定する地表面粗度は，開けた平坦地，低層建築物が点在した地域，密集市街地といった粗度の状況に応じて段階的な区分がされている（表2.16参照）．べき乗則に基づく鉛直分布は，ある程度上空まで至ると地表面粗度の影響によらず，一定の値をとるようになる（建築物荷重指針・同解説[10]では，このような上空の高さを地表面粗度区分ごとに与えており，上空風高度と呼んでいる）．

---

* $R-R(1-P)=\sum_{t=1}^{\infty}tP(1-P)^{t-1}-\sum_{t=1}^{\infty}tP(1-P)^{t}$

$=P+\dfrac{P(1-P)}{1-(1-P)}=1 \qquad \therefore R=\dfrac{1}{P}$

表 2.16 建築物荷重指針・同解説[10] における地表面粗度区分とべき指数 α

地表面粗度区分	周辺地域の地表面の状況	べき指数 α
I	海上のようなほとんど障害物のない平坦地	0.10
II	田園地帯や草原のような農作物程度の障害物がある平坦地,樹木・低層建築物などが散在している平坦地	0.15
III	樹木・低層建築物が密集する地域あるいは中層建築物（4〜9階）が散在している地域	0.20
IV	中層建築物（4〜9階）が主となる市街地	0.27
V	高層建築物（10階以上）が密集する市街地	0.35

一方，対数則に基づくモデルも耐風設計に関する海外規基準で採用されており，一般に次式（2.25）で表される．ここで，$U(z)$：高さ z における平均風速，U_*：摩擦速度，z_0：粗度長，k：カルマン定数（例えば 0.4）である．粗度長は対数分布において風速が 0 となる高さとして定義され，べき乗則におけるべき指数 α と同様に，地表面粗度の程度を表す定量的指標となっている．

$$U(z)=\frac{U_*}{k}\ln\left(\frac{z}{z_0}\right) \tag{2.25}$$

対数則に基づくモデルは，べき乗則に基づくモデルよりも地表付近の鉛直分布性状を詳細に表現することができるが，一般に高高度になると実測結果との適合性は劣るようである．

以上のべき乗則および対数則によるモデルは地表面が平坦な状態であることを前提としているが，実際の建設地の状況は平坦な地形だけではなく小規模な地形（傾斜地，山頂，盛土等）となっている場合も多々あろう．その場合は，地形の影響によって風速が増大する程度を別途考慮する必要があり，風洞実験によらない場合は風洞実験結果に基づく経験的な算定式も提案されている．

b. 乱れの構造を表すモデル

風速は時々刻々時間的にも空間的にも変動しており，非定常性を有していることがほとんどである．耐風設計上は，このように変動する風速 $U(t)$ を次式（2.26）のように，平均値成分 $\bar{U}$ と変動成分 $u(t)$ とに分けて考えている．

$$U(t)=\bar{U}+u(t) \tag{2.26}$$

以下，乱れの構造を表すモデルについて概説する．変動成分を有することから，統計的に評価するのが都合がよく，時刻 t_0 における平均値成分，つまり，平均風速は式（2.27）のように表される．ここで，T を平均化時間または評価時間と呼び，わが国では $T=10$ 分とするのが一般的である．

$$\bar{U}=\frac{1}{T}\int_{t_0-T}^{t_0}U(t)dt \tag{2.27}$$

また，変動成分の標準偏差 σ_u は次式（2.28）から求められる．

$$\sigma_u{}^2=\frac{1}{T}\int_{t_0-T}^{t_0}\left(U(t)-\bar{U}\right)^2dt \tag{2.28}$$

式（2.28）から求められた σ_u を平均風速 $\bar{U}$ で除した値は乱れの強さ I_u と呼ばれ，強風の乱流性状を表す最も基本的な定量的指標となっている．

$$I_u=\frac{\sigma_u}{\bar{U}} \tag{2.29}$$

乱れの強さは，上空になるほど小さくなり，また地表面粗度が大きくなるほど大きな値をとる．このような性質を反映して，建築物荷重指針・同解説[10]では，乱れの強さを次式（2.30）のようにモデル化している．

$$I_u(Z,\alpha)=0.1\left(\frac{Z}{Z_G}\right)^{-\alpha-0.05} \tag{2.30}$$

また，平均風速 $\bar{U}$ とその平均風速を求めた評価時間内の最大瞬間風速 U_{max} との比 $U_{max}/\bar{U}$ は突風率またはガストファクターと呼ばれ，乱流性状を表す簡便な指標としてよく用いられている．瞬間風速の値は，瞬間風速の評価時間に依存するがわが国の現行の気象業務においては，風速を 0.25 秒間隔で 3 秒間測定して，それを平均した値（計 12 個の平均値）を瞬間風速としている[13]．突風率は，平均風速や瞬間風速の評価時間によって変化し，突風率と評価時間との関係は一般に式（2.31）で表される[14]．ここで，G：突風率，S：瞬間風速の評価時間，T：平均風速の評価時間，q：乱流性状によって決まる定数である．

$$G=\left(\frac{S}{T}\right)^{-q} \tag{2.31}$$

例えば $S=3.0$, $T=600$, $q=0.06$ とすると,突風率 G の値は 1.37 となる.突風率の値は乱れの強さが大きいほど大きめの値をとり,平坦地であれば 1.5 程度であるが周囲に山があったり急な崖が多くある場合は大きめの値となる.また,風速が増加するにつれて減少するようである.

風速の変動を表現するのに時間軸上のみでなく,周波数軸上での表現も便利なことが多い.式 (2.32) に示すパワースペクトル密度 $S_u(f)$ とは,風速の変動の分散に対する各周波数成分の寄与分をいう.ここで,f:周波数 [Hz],L_x:乱れのスケール [m](自己相関関数の時間積分値に平均風速を乗じたもの)である.次式は Karman 型のパワースペクトル密度と呼ばれるものであるが,この他いくつかの式が提案されている.周波数軸上で評価することによって,どの程度の周期の変動を持つ強風の変動成分が,建築物の応答に最も寄与しているか把握することができる.

$$S_u(f) = \frac{4\sigma_u^2 (L_x/\bar{U})}{\left\{1+70.8(fL_x/\bar{U})^2\right\}^{5/6}} \tag{2.32}$$

ここまでは時間的な変動に関する統計的諸量についてみてきたが,空間的な変動を表す統計量は空間相関特性に基づいて定められる.次式 (2.33) に示すコヒーレンス $Coh(\eta,f)$ は,風速の変動成分の空間分布性状を周波数別の空間相関として表現するものである.

$$Coh^2(\eta,f) = \frac{\left\{S(\eta,f)^2 + Q(\eta,f)^2\right\}}{S_{u1}(f)S_{u2}(f)} \tag{2.33}$$

ここで,η:風直角方向の 2 点間距離,f:周波数,$S(\eta,f)$:クロススペクトルの実部,$Q(\eta,f)$:クロススペクトルの虚部,$S_{u1}(f)$, $S_{u2}(f)$:2 点におけるパワースペクトル密度 である.コヒーレンスは 0 から 1 の間の実数をとり,2 点間距離が大きくなるほど,また風速変動が高周波数成分になるほど空間相関の度合いが小さくなる傾向にある.

2.2.3　建築物に作用する風力と建築物の挙動
A.　建築物周りの風の流れ

図2.106は立方体形状の物体周りの平均流れ（ベクトル）とその表面に作用する平均風圧力分布である．風の流れは左から右方向に流れている．立方体の前方には床面付近に渦（図2.106中A），風上面上によどみ点（図2.106中B）が形成される．屋根面から風の流れが剥離し逆流領域（図2.106中C）が形成される．また，立方体後方にも渦（図2.106中D）が形成される．また，図2.107は物体周りの平均流れの様子をスケッチしたものである．建築物の周りの風の流れもこれに似た複雑な流れとなっている．

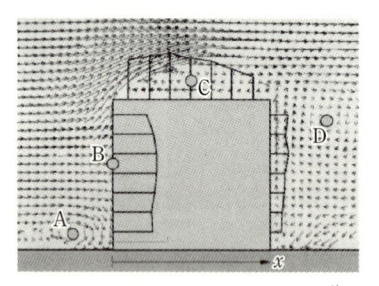

図2.106　立方体周りの流れと圧力[1]

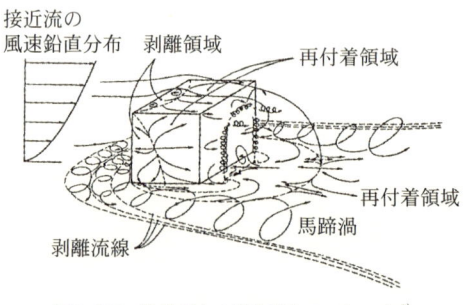

図2.107　物体周りの平均流れのスケッチ[2]

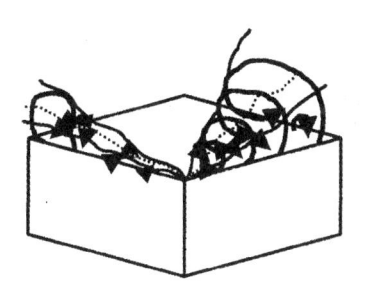

図 2.108 強い負圧をもたらす屋根面上の一対の円錐渦[3]

建築物の屋根面にも渦が形成されることがある．図 2.108 のように建築物に対して斜め 45°から風を受けた場合，一対の円錐渦が形成される．特に先端の隅角部付近では強い局部負圧が作用し，屋根葺き材の剥離の原因にもなっている．

また，建築物の側壁面上部においても局部負圧が発生する場合があり，そのときの風向角をグランシングアングルと呼んでいる．図 2.109 はそのときの流れの様子をスケッチしたもので，屋根面の一対の円錐渦，側壁面上部に上向きの円錐渦が形成される．建築物のように直方体の形状をした物体の側面には，図 2.110 のように下向きの円錐渦が形成される場合がある．

塔や煙突といった細長い建築物や工作物の風下側には，カルマン渦という規

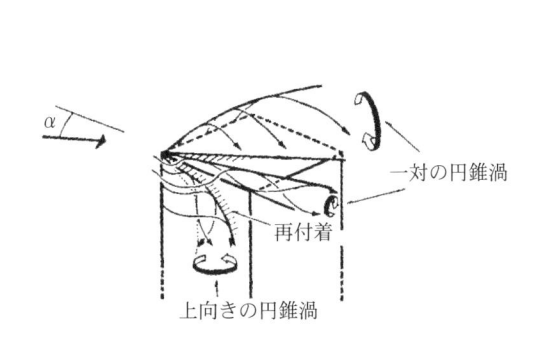

図 2.109 側面上部の円錐渦と屋根面上の円錐渦[4] 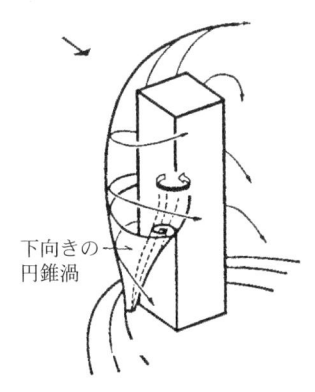　　図 2.110 側壁面に形成される下向きの円錐渦[4]

則的な交番渦が形成されることがある．この一対の渦の放出周波数 f は風速 U に比例し，物体の代表幅 D に反比例することがわかっており，

$$St = fD/U \qquad (2.34)$$

比例定数 St をストローハル数と呼んでいる．このカルマン渦の放出によって物体は風向方向には周波数 $2f$，風直交方向には周波数 f の変動風力を受ける．

このように，建築物周りの風の流れは，建築物の壁面への流れの作用，建築物壁面からの流れの剥離，渦の形成といった複雑な性状を示し，それに対応して風圧力が建築物の壁面に作用する．

B．風圧と風力 [*]

前節で述べたように，建築物の周りには複雑な風の流れが形成され，風の流れに対応して建築物に風圧が作用する．

圧力とは単位面積当たりの力（N/m^2 または Pa）を指すが，力が大きさと方向を持ったベクトル量であるのに対し，圧力は大きさのみのスカラー量である．物体に圧力が作用する場合には，その物体の表面に垂直な方向（法線方向）に圧力は作用する．

風圧は風によって物体表面に生じる圧力であり，基準圧（大気圧）との差で表し，表面を押す方向を正圧，表面を引っ張る方向を負圧としている．また，建築物の外壁に外側から作用する風圧を外圧，建築物の室内に作用する風圧を内圧と呼び，それぞれ正圧と負圧がある．内圧は建築物の外壁の隙間，ガラリ等の開口から建築物内部に伝わる圧力である．概して建築物の風上面の外圧は正圧，側面や風下面での外圧は負圧になり，建築物の隅角部においても風圧は途切れることなく連続的に変化して作用する．建築物の隅角部付近では，狭い領域で局部的に強い負圧が発生する場合がありこれを局部負圧と呼び，屋根ふき材の剥離（めくれ）といった強風被害の原因の一つになっている．

風圧（N/m^2）を物体全体に積分した力（N）を風力という．建築物の場合，

---

[*] 単位系は現在ではすべて SI 単位系に統一されているが，工学の分野では工学単位系が使われる場合がある．力の単位は正式には SI 単位系の N で表す．質量が 1 kg の物体の重量は約 9.8 N であり，これを工学単位系では 1 kgf（1 キログラム重）と呼ぶ．同じく圧力の単位も SI 単位系の N/m^2（Pa）で表すが，工学単位系の mmAq で表示される場合がある．1mmAq は約 9.8 Pa である．

風方向，(水平)風直角方向，鉛直方向の風力をそれぞれ，抗力，横力，揚力と呼んでいる．このほか，風方向転倒モーメント，風直角方向転倒モーメント，ねじれモーメントといったモーメントが建築物に作用する．

流れが定常であり流体の粘性を無視できるとすれば，同一流線上で圧力 P_0 と流速 U の間にはベルヌーイの定理が成り立っている．

$$P_0 + \frac{1}{2}\rho U^2 = 一定 \tag{2.35}$$

式(2.35)の左辺第2項は速度圧 q と呼ばれている．基準速度圧 q_H (N/m²) は，建築物の軒高さ H での平均風速 U_H (m/秒) と空気密度 ρ (約 1.22kg/m³ 20℃，1気圧) から換算されて，

$$q_H = \frac{1}{2}\rho U_H^2 \tag{2.36}$$

で表される．また，鉄塔の部材などの場合には，基準速度圧 q_H は部材高さ H での平均風速 U_H (m/秒) で定義することがある．

建築物に作用する風圧 P，風力 F，空力モーメント M 等の量は基準速度圧 q_H，受風面積 A，代表長さ L で無次元化され，それぞれ風圧係数，風力係数，空力モーメント係数に換算される．風圧係数 C_p，風力係数 C_f，空力モーメント係数 C_M は

$$C_p = \frac{P}{q_H}$$

$$C_f = \frac{F}{q_H A}$$

$$C_M = \frac{M}{q_H A L}$$

で定義される．受風面積 A は一般に風方向から見た建築物の投影面積(見付け面積)をさすので，風向が変わると受風面積も変化することになる．一方，受風面積 A が決まった風向からの投影面積で定義することもある．この場合には風向が変わっても受風面積が変化しないことになる．

風力係数の中で風方向の風力係数を抗力係数 C_D と呼んでいる．表2.16, 2.17に一様流中にある様々な断面の部材の抗力係数[5]を示した．

表 2.16　各種充実断面の抗力係数 C_D [5]

形状	名称	C_D	形状	名称	C_D
→ □	正方形断面	2.0 [1.2] (0.6)	→ ⬡	十二角形断面	1.3 (1.1)
→ ◇	〃	1.6 [1.4] (0.7)	→ ○	円形断面（表面滑らか）	1.2 (0.7)
→ ▯	長方形断面（辺長比 1:2）	2.3 [1.6] (0.6)	→ ⊛	〃（表面きわめて粗）	1.2
→ ▭	〃	1.5 [0.6]	→ ◐	半円形断面	1.2
→ ▭ (一面を地に接した場合)	〃	1.2	→ ◑	〃	2.3
→ ◁	正三角形断面	1.3 [1.2] (0.5)	→ ○	長円形断面（径比 1:2）	1.7 (1.5)
→ ▷	〃	2.1 [1.3] (0.5)	→ ⬭	〃	0.7 (0.2)
→ ◁	直角二等辺三角形断面	1.6	→ ⬭	$\dfrac{d}{b}=\dfrac{1}{2}$　$\dfrac{r}{d}=\dfrac{1}{2}$	0.4 (0.3)
→ ⬣	八角形断面	1.4			

〔注1〕 [ ] は短辺の1/4の半径をもって切り取った場合の数値.
〔注2〕 ( ) は限界レイノルズ数以上での数値.

表 2.17 各種薄肉断面の抗力係数 C_D [5)]

形状	名称	C_D	形状	名称	C_D
→ │	平板	2.0	→ ⌐	不等脚山形断面(辺長比約 1:2)	1.9
→ ⊥	一辺を地に接した平板	1.2	→ ⊤	T形断面(辺長比約 1:2)	1.8
→ H	H形断面(辺長比約 1:2)	1.9	→ ⊦	〃	2.0
→ I	I形断面(辺長比約 1:2)	2.2	→ ⊣	〃	1.5
→ (45°傾斜I)	45°に傾けたI形断面	1.6	→ (45°)	〃	1.4
→ L	等脚山形断面	2.0	→ (45°)	〃	2.4
→ ⌐	〃	1.8	→ ⊐	溝形断面(辺長比約 1:2)	2.1
→ 45°∨	〃	1.1	→ [	〃	1.8
→ >	〃	1.7	→ ⊔	〃	1.4
→ <	〃	1.5	→ +	十字形断面	1.75
→ L	不等脚山形断面(辺長比約 1:2)	1.6	→)	半円形断面	2.3
→ ⌐	〃	1.7	→ (	〃	1.2
→ ⌐	〃	2.0			

[参考文献]

1) 伊藤真二・奥田泰雄・大橋征幹・佐々木康人・松山哲雄・喜々津仁密：立方体周りの流れと風圧の同時測定 ―瞬間再付着時の屋根面の風圧分布について―, 日本建築学会大会学術講演梗概集 B-1, pp. 125-126, 2003.9

2) Hunt, J. C. R., C. J. Abell, J A. Perterka and H. Woo: Kinematical studies of the flow around or surface-mounted obstacles; applying topology to flow visualization, Journal of Fluid Mechanics, Vol.86 part 1, 1978, pp. 179-200.
3) Kawai, H and G. Nishimura: Characteristics of fluctuating suction and conical vortices on a flat roof in oblique flow, Journal of Wind Engineering and Industrial Aerodynamics, Vol.41-44, pp. 181-192, 1992
4) 奥田泰雄：直方体建築物に作用する風圧力の機構に関する実験的研究，大阪市立大学博士論文，1994
5) 岡内　功・伊藤　学・宮田利雄：耐風構造，1977

2.2.4　建築物の耐風設計
A．建築物の耐風設計の考え方

　建築物の安全性能や使用性能（居住性能）を検討するに当たり，耐風設計は耐震設計と同様に重要である．耐風設計は大きく，構造骨組を対象とした設計と外装材を対象とした設計の2通りに分けることができる．図2.110に建築物の耐風設計の流れを示す（文献10）および12）に掲げる風荷重算定体系に基づいて作成したものである）．

　構造骨組を対象とした耐風設計の目的は，大型の台風等による暴風に対して倒壊または崩壊しないこと（安全性）および日常的な強風に対して支障のある振動を生じないこと（使用性）の2点であり，特に超高層建築物を対象とした場合，後者の振動に対する検討は居住性評価に必須である．

　設計の第一段階として，まず風荷重のレベルを設定する必要があるが，これは先に述べた「再現期間」という確率統計的な指標で設定することができる．再現期間とは，ある確率過程に従う事象の最大値が初めて再発生するのに要する時間の期待値として定義され，当該最大値の単位期間での超過確率を p とすると，その値を初めて超えるまでの期間の期待値（再現期間）は一般に，$1/p$ と表される．例えば，年超過確率0.01の平均風速は，再現期間100年の風速となる．構造骨組を対象とした耐風設計において，再現期間は，(1) 対象とする限界状態（安全限界状態または使用限界状態），(2) 当該建築物の用途（被災した場合の社会への波及効果や経済性等を考慮した重要度を含む），(3) 供

2.2 耐風安全性

用期間 等を考慮した総合的判断によって設定されるが，例えば建築物荷重指針・同解説[10]では，重要建築物に対して300年以上，一般の建築物に対して100年以上，小規模な住宅・店舗等に対して50年以上の再現期間がそれぞれ提案されている．また，構造骨組については，通常は弾性範囲内におさまることが設計のクライテリアとされており，許容耐力または短期許容応力度および層間変形角の許容値等によって与えられる．一般に強風による外乱は地震動に比べて長時間継続する場合が多く，塑性変形まで対象とすると疲労破壊現象までに至るおそれがあるので，弾性変形を示す範囲内での検討が望ましいとされ

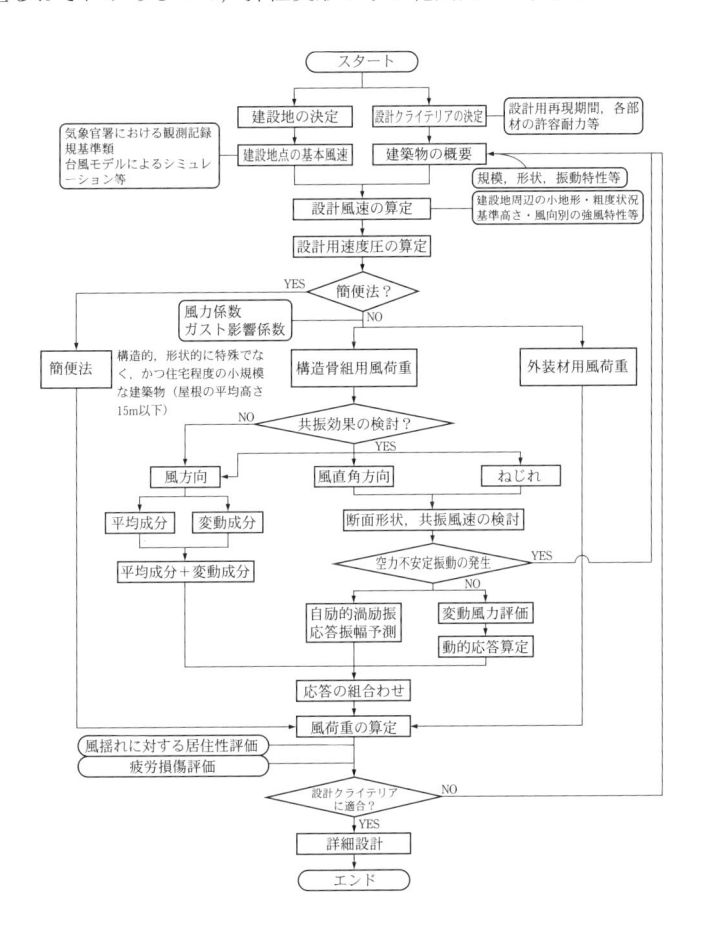

図 2.110 建築物荷重指針・同解説[10]に基づく建築物の耐風設計の流れ（文献 10) 12) に基づいて作成）

ている.

　超高層建築物等のアスペクト比が大きい建築物を対象とする場合，通常考慮する風方向の検討のみでなく，風直角方向の振動に対する検討も必要となる場合がある．具体的には，渦励振や空力不安定振動と呼ばれる現象を対象とするものであり，建築物自体の振動によって生じる付加的空気力によってもたらされる．超高層建築物等の場合は，この付加的空気力によって建築物の風直角方向の振動が増大すること（空力負減衰効果）があり，また，風方向の振動よりも支配的な場合もあるので，疲労損傷等の防止の観点からも検討が必要である（建築基準法関連告示（平成12年建設省告示第1461号）では，超高層建築物に対して風直角方向振動およびねじれ振動を適切に考慮することが規定されている）．一般に風直角方向の振動は，建築物の断面形状，風速や振幅の大きさに依存するので，解析的に評価することが困難であり，風洞実験による検討を行うことが多い．

　次に，外装材を対象とした耐風設計についても，外装材の脱落や飛散による二次的被害を最小限に抑えるため安全性の観点から必要とされており，構造骨組を対象とした設計と同様に再現期間を考慮した設計風速に対して二次部材の留めつけ部等の耐力を検討する．特に屋根面のけらば部や壁面の隅角部には局部的な風圧が発生することにより，相対的に他の部分よりも外装材が脱落や飛散する被害が多くみられている．複雑な形状となる建築物の場合は，風洞実験による結果に基づいて適切に風圧係数を設定することが大切である．また，超高層建築物のカーテンウォールの強風に対する変形追随性の検討は，構造骨組の変形性状をもとに行われることが多い．

B. 風荷重の設定

　建築物やその部分には風圧力によって動的な応答（応力や変形）が生じるが，耐風設計は，一般にこの動的応答によって発生する最大応答に着目して行われる．その際には，確率統計的手法により平均風速による風圧力を割り増して，最大応答と等価な荷重効果をもたらす静的な風荷重を設定する方法が合理的であり，こういった風荷重を「等価静的風荷重」と呼んでいる．建築基準法施行令第87条（以下「令第87条」という）の風圧力に係る規定も，等価静的風荷重の考え方に基づいて定められている．以下，令第87条の規定に沿って，

風荷重の設定方法について概観する.

単位面積当たりの風荷重は,速度圧と風力係数との積によって表され,速度圧の算定式は次式 (2.37) のとおりである.ここで,q:速度圧 [N/m^2],E:建築物の高さと周辺状況を考慮した係数,V_0:基準風速 [m/秒],E_r:鉛直分布を表す係数,G_f:ガスト影響係数である.

$$q = E V_o^2 \tag{2.37}$$

$$E = E_r^2 G_f = \left\{ 1.7 \left(\frac{H}{Z_G} \right)^\alpha \right\}^2 \cdot G_f \tag{2.38}$$

基準風速 V_0 は,過去発生した台風等による強風データを統計処理した値をもとに,日本各地の市や郡ごとに建築基準法関連告示(平成12年建設省告示第1454号)で定められており,概ね再現期間50年の風速に対応するものである.

式 (2.38) を構成する係数 E_r と G_f はともに,当該建築物の高さと地表面粗度に依存する係数である(表2.18参照).ここで,地表面粗度とは,建築物の周囲の地物(建築物や樹木等)の状況を考慮したものであり,建築基準法関連告示(平成12年建設省告示第1454号)では,周辺部の都市化の状況に応じて4通りに区分されている.10分間平均風速の鉛直分布を表す係数 E_r は,前節で述べたいわゆる,べき乗則に基づいて与えられ,都市化が進行した領域に

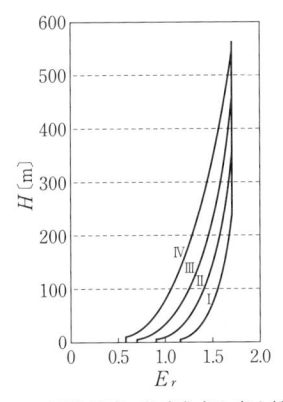

図 2.112　平均風速の鉛直分布を表す係数 E_r

なるほど，つまり，地表面粗度が密な状態になるほどべき指数 α の値は大きくなり，低層部になるにつれて平均風速の低減の度合いが大きくなる（図2.112参照）．なお，係数 E_r は平坦な地形を前提として定められているため，建設地が小地形上（崖地や丘等）の場合は別に地形の影響による風速の増大分を考慮する必要がある．

ガスト影響係数 G_f は，接近流の乱れによって風方向の振動を生じる場合の最大応答と平均的な応答との比を与えるものとして，次式（2.39）で定義される．

$$G_f = \frac{X_{max}}{\bar{X}} = \frac{\bar{X}+x_{max}}{\bar{X}^f} = 1.0 + g_f \frac{\sigma_x}{\bar{X}} \tag{2.39}$$

ここで，X_{max}：風力による最大応答，$\bar{X}$：風力による平均的な応答，x_{max}：変動風力による最大変動応答，σ_x：変動応答の標準偏差，g_f：ピークファクターである．

表2.18 係数 E_r・G_f と建築物の高さおよび地表面粗度との関係

係数	低 ←…建築物の高さ…→ 高	粗 ←…地表面粗度…→ 密
E_r	小 ←…E_r…→ 大	大 ←…E_r…→ 小
G_f	大 ←…G_f…→ 小	小 ←…G_f…→ 大

建築物全体に対する水平風荷重のガスト影響係数は，風速変動等に起因する当該建築物の風上面，風下面に作用する風圧変動の大きさ，相関性および建築物の規模，振動特性を考慮して定める．したがって，ガスト影響係数には風速や風圧の時間的・空間的変動と当該建築物の規模や動的特性を定量的に反映することができ，ガスト影響係数を用いたいわゆる等価静的風荷重の概念は，高層建築物のような大規模で振動しやすい建築物の設計までを対象とできる点で合理的であるといえる．なお，建築基準法は平成12年に構造規定が改正されているが，改正前の令第87条に規定されていた風荷重は，建築物の当該高さのみに依存し，地域性や周辺の粗度の状況には依存しない最大瞬間速度圧による設定となっており，改正によってより合理的な設定体系に整備されたといえよう．

次に，速度圧に乗じられる風力係数は，一般には風洞実験（風圧実験や風力実験）によって求められるものであり，各々の位置で測定された風圧力を建築物の基準速度圧で基準化された数値である．ここで，基準速度圧とは，当該建築物の基準高さ（通常は屋根平均高さで定義される）と同じ高さでの自由流（周辺の地形地物による影響を受けていない風）の平均速度圧をさす．速度圧が主に接近流の乱れ等の性状に関わる数値であるのに対して，風力係数は対象とする建築物の形状に関わる数値といえる．そして，代表的な建築物の形状に対する風力係数（風圧係数）については，図 2.113 に示すように建築基準法関連告示で数値が規定されており，一般に式（2.40）で表される．ここで，C_f：風力係数，C_{pe}：外圧係数，C_{pi}：内圧係数である．

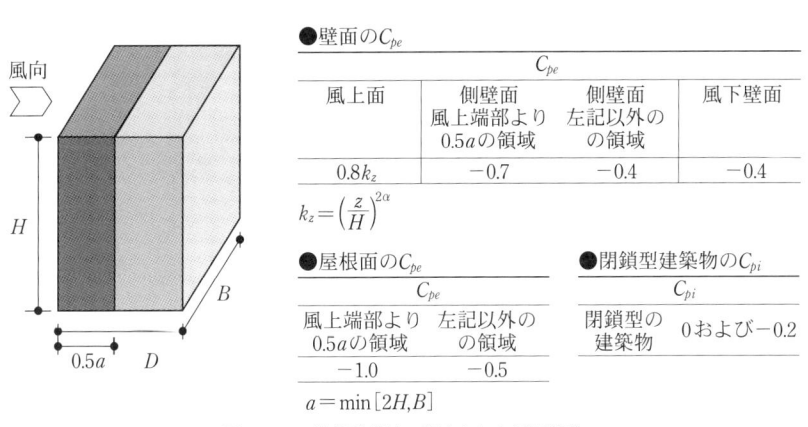

$$C_f = C_{pe} - C_{pi} \tag{2.40}$$

●壁面のC_{pe}

C_{pe}			
風上面	側壁面 風上端部より 0.5aの領域	側壁面 左記以外の の領域	風下壁面
$0.8k_z$	−0.7	−0.4	−0.4

$k_z = \left(\dfrac{z}{H}\right)^{2\alpha}$

●屋根面のC_{pe}

C_{pe}	
風上端部より 0.5aの領域	左記以外の の領域
−1.0	−0.5

●閉鎖型建築物のC_{pi}

C_{pi}	
閉鎖型の 建築物	0 および −0.2

$a = \min[2H, B]$

図 2.113　建築基準法で規定された風圧係数

C. 風洞実験

建築物の耐風設計の流れを述べてきたが，いずれの場面においても，より合理的に耐風設計を進めていく上で重要な役割を担っているのが風洞実験である．すなわち，建築物に作用する風荷重は，建築物全体および局部的な形状に大きく依存し，その依存の程度を表したものが風力係数や風圧係数であり，それらを適切に評価する手段が風洞実験である．建築物はその平面形状，立面形状および局部的な形状を考えれば千差万別の形状をしており，建築物ごとに風

力係数や風圧係数が異なることになり，その予測精度が耐風設計の善し悪しに大きく影響を及ぼす．

耐風設計に関する風洞実験は，いわゆる乱流境界層風洞と呼ばれる風洞（図2.114）で行われ，接近流の乱れの性状を適切にモデル化するのが一般的である．モデル化に当たっては，風洞床面にラフネスブロックを地表面粗度に応じて敷き詰めたり，境界層内の分布に応じてスパイアを風上側に配置したりするなどの工夫が施されてきたが，近年では，大きな乱れを有する変動風を複数ファンや翼列によってアクティブに制御する開発例もみられる[15]．

図2.114 乱流境界層風洞の例

風洞実験は耐風設計の目的に応じて(a)風圧実験，(b)風力実験および(c)空力振動実験に大別されるが，いずれの場合も実際の物理現象を風洞の限られた空間の中でスケールダウンして模擬することになるので，縮尺を適切に設定することが重要である．縮尺の設定に関わる基本的な物理量は，長さ，時間，風速であるが，これら三者の縮尺の関係は次式のとおりである．これらの縮尺は，それぞれ風洞の寸法を考慮した建築物模型の大きさ，測定機器のサンプリング分解能，送風機の制御回転数の上限等によることとなり，次式(2.41)のようにいずれか2つの縮尺を決定することによって残り一つの縮尺が決定される．ここで，Vは風速，Bは建築物の代表幅，Tは時間を表し，model, full はそれぞれ風洞実験，実物を表す．

2.2 耐風安全性

$$\frac{V_{\text{model}}}{V_{\text{full}}} = \frac{B_{\text{model}}/B_{\text{full}}}{T_{\text{model}}/T_{\text{full}}} \quad (2.41)$$

一般に，建築物模型を用いた風洞実験から実際に発生する風圧性状や振動性状等を推定するために必要となる縮尺に関する条件を相似則と呼んでいる．相似則に関するパラメータは，以下のように幾何学的，運動学的および力学的なものに分けられる[16]．

①相次則に関する幾何学的なパラメータ

　建築物の大きさや形状に関する長さや接近流の特性に関する尺度を縮尺率に応じて実物や実現象と一致させるもの
 ・対象とする建築物の形状や寸法
 ・敷地周辺の地形や地物
 ・接近流の乱れのスケール
 ・接近流の境界層高さ

②相似則に関する運動学的なパラメータ

　接近流自体の特性を表すパラメータであり，実際の建築物に作用する運動学的性状と同じ条件となるように縮尺率に応じて実現象と一致させるもの
 ・平均風速および乱れの強さの鉛直分布性状
 ・変動風速のパワースペクトル性状

③相似則に関する力学的なパラメータ

　空気力学的な現象を支配する力が実現象と同じになるように縮尺率に応じて実現象と一致させるもの
 ・レイノルズ数（気体の慣性力と粘性力との比）
 ・無次元振動数または無次元風速
 ・質量比（気体と建築物との密度の比）
 ・弾性パラメータ（建築物の弾性力と気体の慣性力との比）
 ・減衰定数

上述したように，耐風設計に関する風洞実験の種類は大きく3つに分けられるが，それぞれの主な特徴は次の通りである．

①風圧実験

　建築物に作用する風圧特性を調べる実験であり，構造骨組用の風荷重評価だけでなく，外装材用の風荷重評価にも活用される．図2.115に示すように建築物模型の壁面や屋根面に小さい測定孔を設けて，各々の孔に作用する風圧力をビニルチューブを介して圧力センサーによって測定するものである．建築物全体に作用する風力は，壁面に作用する風圧を積分することによって評価することができる．外装材を対象とした風圧実験では，局部風圧の性状評価が興味の対象となるので特に隅角部に密に測定孔が設けられることが多く，また内圧評価を詳細に行う場合は模型内部にも測定孔が設けられる．

図2.115　風圧模型

②風力実験

　構造骨組を対象とした風力特性を調べる実験であり，X, Y, Z三成分の軸方向力と各々の軸周りのモーメントを抽出することのできる六分力計またはZ軸成分の風力を除く五分力計を用いて作用風力を測定する．風力実験では，風によって生ずる風力のみを測定するため，建築物模型としては振動しない剛模型を用いる．

③空力振動実験

　対象とする建築物の減衰定数を適切に考慮した建築物模型を用いて，建築物の風による振動性状を調べる実験である．風圧実験や風力実験と異なり，建築物模型が振動するために生じる付加的空気力も外力として作用し

2.2 耐風安全性

た状態の応答（振動）を測定することができるので，空力不安定現象の把握を目的とした実験を行うことが可能である．したがって，超高層建築物や塔状構造物等が主な実験対象となる．実験装置は，建築物模型に振動の自由度を与えるジンバル，剛性を与えるバネ，減衰を与える減衰装置，振動応答の測定機器および支持具から構成される．また，支持具や前述の装置等を下から支える架台は，送風機等の稼動による振動が伝わらないこと，および建築物模型の振動によって測定振動数範囲内で振動しないことが要求されるので，支持具は十分剛な部材によって構成され，架台には十分な重量を持たせる必要がある．

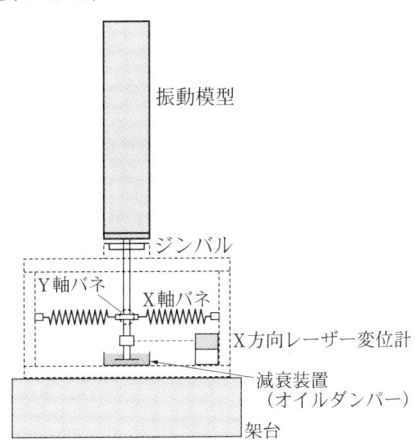

図2.116 空力振動実験装置

以上の3種類の実験の他にも，気流可視化の観点からPIV（Particle Image Velocimetry）手法を用いた実験手法（粒子画像流速測定法）[17]を活用することによって建築物模型周りの渦の性状を把握し，流体力学的な視点から風圧実験結果等を評価することができる．風洞実験の基本的な事項および実施例等の詳細については，文献[16]を参照されたい．

[参考文献]

1) 塩谷正雄：強風の性質－構造物の耐風設計に関連して－，開発社，pp. 15-19, 1992

2) 竹内清秀：風の気象学，pp. 1-8, 東京大学出版会，1997
3) 伊藤芳樹ほか：ドップラーソーダーによる風の観測，日本風工学会誌第 67 号，pp. 33-38, 1996
4) 増補 気象の事典，平凡社，1999
5) 光田寧：竜巻など瞬発性気象災害の実態とその対策に関する研究，文部省科学研究費自然災害特別研究研究成果報告書 No. A-58-3, 昭和 58 年 9 月
6) 藤田哲也：たつまき―渦の驚異―上，共立出版，1975
7) 室田達郎ほか：1990 年の千葉県茂原市の竜巻による建築物の被害調査報告，建築研究資料，No. 78, 1992
8) 桂順治，台風 9918 号に伴う高潮と竜巻の発生・発達と被害発生メカニズムに関する調査研究，平成 11 年度科学研究費補助金（特別研究促進費）研究成果報告書，2000
9) 喜々津仁密ほか：平成 14 年 7 月 10 日群馬県境町で発生した竜巻被害，日本風工学会誌第 93 号，pp. 35-40, 2002
10) 日本建築学会：建築物荷重指針・同解説，丸善，1993
11) 建築基準法施行令：1950 年制定
12) 大熊武司ほか：建築物の耐風設計，鹿島出版会，1996
13) 古川武彦：日本の気象サービスの動向について，日本風工学会誌第 93 号，pp. 3-12, 2002
14) Mitsuta Y and Tsukamoto O, Studies on Spatial Structure of Wind Gust, J. Appl. Met., 28, pp. 1155-1160, 1989
15) 神田順：数値制御ファンを用いた気流作成の試み，日本風工学会誌第 78 号，pp. 67-68, 1999
16) 財団法人日本建築センター：実務者のための建築物風洞実験ガイドブック，平成 6 年
17) 可視化情報学会編：PIV ハンドブック，森北出版，2002

3 火災安全性

本章では,建築物の防災に関する検討項目の中から,火災安全性に焦点をあてる.建築物の火災安全性の持つ意味や位置づけを明らかにし,火災安全性を検討するために必要な建築物内で起こりうる火災の実態,火災現象,避難行動,建築材料・構造の性状などについて示す.

3.1　建築物の火災安全性

まず,建築物の火災安全性を確保するために,計画・設計などの建築物に関する一連のプロセスで考慮されるべき火災安全性に関する留意点を中心に説明する.

3.1.1　建築物における火災安全性の確保

建築物を計画,設計するプロセスの中で,建築物の火災安全性を確保するための検討は必然的に行われている.それは,法的な規制上の制約に遵守することを踏まえた対応であることがほとんどであるが,中には設計者や施主の建築物の火災安全性に対する理念に基づくこともある.しかし,建築物の火災安全性を確保するために備え付けられた防火設備などは,人々の日常の生活の中で顕在化する形で機能することは稀である.そのため経済的合理性を考慮する上で日常使用される機能を優先し,非常時に使用される機能は必要最低限の法規を満足しさえすれば良いという設計にながれることがある.結果的に設計者の防火システムに対する見識が低い場合,防火設備などを設置しても,断片的なシステムとなりかねない.また,万全と思われる防火設備などが建築物に設置されたとしても,建物管理者や利用者が,設計者の意図を理解せず,建築物の

使用や改修を行うことにより機能しないこともある．しかし，ひとたび建物内で火災が発生し，防火システムが機能しなければ，多くの死傷者が生じることもありうるし，そのような災害後は設計者や建物管理者などのモラルが社会問題化したり，法律が改正されることもある．

　上述した通り，建築物における火災安全性の確保は，法規制の遵守によるところが大きい．この建築物の火災安全性を確保するための主な法規には，建築基準法と消防法があり，これらの法律を遵守することが実務上必要となる．

　一般的に建築基準法では建築物の構造安定性，火災拡大の制限，在館者の避難安全性などを対象とし，消防法では火災予防，火災感知，消火，避難誘導，防火管理，救助などを対象としている．以下に建築基準法と消防法の目的（第一条）を示すが，建築基準法は条文に示される通り，あくまで建築物に要求する最低限の基準のみを示したに過ぎず，建築基準法を遵守さえすれば，火災安全性が十分に確保された建築物が実現できるということではないことに注意すべきである．

・建築基準法

　第一条（目的）　この法律は，建築物の敷地，構造，設備及び用途に関する最低の基準を定めて，国民の生命，健康及び財産の保護を図り，もって公共の福祉の増進に資することを目的とする．

・消　防　法

　第一条（目的）　この法律は，火災を予防し，警戒し及び鎮圧し，国民の生命，身体及び財産を火災から保護するとともに，火災又は地震等の災害に因る被害を軽減し，もって安寧秩序を保持し，社会公共の福祉の増進に資することを目的とする．

3.1.2　火災安全性に配慮した設計

　建築物は，その敷地条件，周辺環境，施主の要望など，様々な状況を背景に計画，設計が行われる．すなわち，建築物個々に応じた合理的な防火対策も様々であり，火災安全設計では各建築物の特徴を踏まえ，火災安全性確保のための方策をたて，防火対策を計画することが本来の姿であろう．しかし，そのためには設計者の火災安全性に対する正確な知識が不可欠である．設計者が建

3.1 建築物の火災安全性

築物の火災の性状を理解し，火災を制圧する有機的なシステムや在館者を安全に避難させる計画などを的確に着想できる裁量を備えることが求められる．

2000年6月に工学的合理性のある総合的な防火設計が可能となるよう建築基準法が改正されたが，その目的の一つは半経験的に定められた画一的な「仕様規定」から工学的根拠に基づいた「性能規定」への転換であった．ただし，法律改正以前にも，建築基準法38条（予想しない特殊の建築材料又は構造方法を用いる建築物については，建設大臣がその建築材料又は構造方法がこれらの規定によるものと同等以上の効力があると認める場合においては，適用しない）を準用し，建築物の火災安全性が工学的検証で確認され大臣から認定を受け実現できた建築物があった．つまり，仕様規定では対応できない建築に関わる様々な新しいアイディアの実現をこの38条の準用により可能にしたわけである．例えば，図3.1に示した建築物はこの大臣認定により実現できた事例である．このような空間デザインに取り組むデザイナー・設計者にとって，建築物個々の火災安全性を確保し大臣認定を受けることが設計の自由度を拡げる意味で重要であったことは言うまでもない．この大臣認定の年間の申請数の変移は，図3.2のとおりであるが，年を追うごとに申請数が増加した．これは，精力的な建築物の新技術の開発やその技術の火災安全性を確認するための工学的検証法の発展が背景にある．しかし，この大臣認定も建築物個々の総合的な火災安全性の評価という形ではなく，建築物のある部分を対象に評価したにすぎない面もあった．2000年6月の法改正では，38条が法文から削除・廃止され，その代替として総合的な火災安全性設計による建築物の設計が実現できるよう

図3.1　大臣認定による設計事例（仙台メディアテーク）

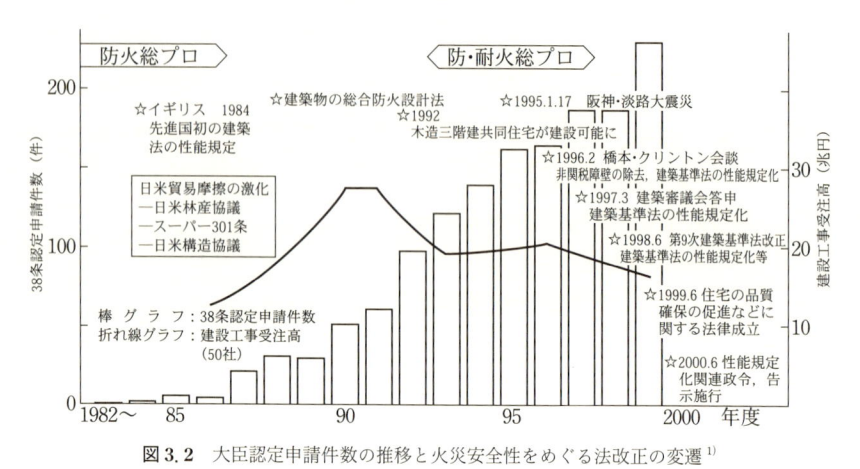

図3.2 大臣認定申請件数の推移と火災安全性をめぐる法改正の変遷[1]

に他の条文が改められ，従前にも増して設計者の度量により多様なデザインの実現の可能性が高まった．

3.1.3 火災安全性を確保するための方法

建築物の火災安全性を確保するために，計画，設計，施工，維持，管理，使用という建築物の段階的プロセスを有機的に結びつけ検討する必要がある．例えば，設計者の意図を踏まえた建築物の使用や，建築物の使用を踏まえた計画・設計が必要である．この概念を階層的フレームワークで表現した例が図3.3である．この火災安全性を確保するためのフレームワークでは，階層間でフィードバックなどの連携により，総合的に確実な火災安全システムを目指している．

なお，火災安全性を確保するための対策において，人間の行動に起因する要素などへの対処が重要な意味を持つ．設計者が火災性状の予測を誤り，適切に防火システムが機能しなかったり，火災時に建物管理者が防火設備などの操作を誤り効果的な作動を阻害したりすることがあり得る．そのようなことが起こらないようにするためには，設備などのハード面の不具合や，異常な状況下にさらされても人間が混乱することなく行動ができるよう配慮した対策を講じなければならない．このような配慮を「フールプルーフ」と呼ぶ．また，万一，防災設備が故障したり，有効に機能しない場合であっても，一定の安全性が確

3.1 建築物の火災安全性

保されるよう対策を講じるという考え方がある．これを「フェイルセーフ」という．すなわち，何らかの事故が起きても大事に至らないよう，各種の災害状況に通じる基本的対策や次段階の対策の基礎となる代替策などを用意しておくことが肝要である．

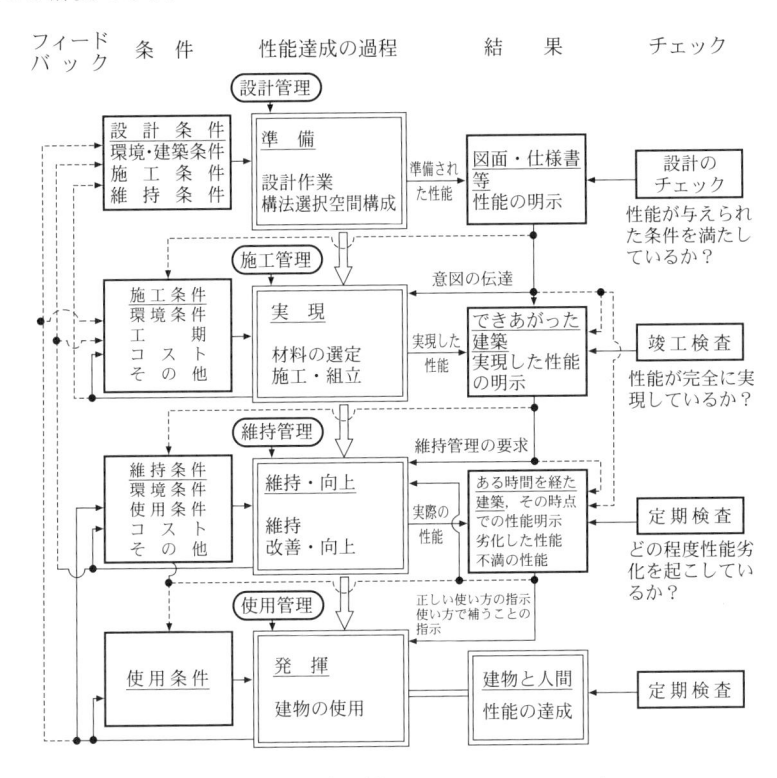

図 3.3 火災安全性を確保するためのフレームワーク

一方，防火システムの動作の観点から防火設備などを見た場合，「アクティブシステム」と「パッシブシステム」に分けることができる．アクティブシステムとは電源や水利を前提とした防火システムであり，火災感知システムや消火設備などが該当する．パッシブシステムとは，停電や断水状態であっても有効性が期待できる建築物自体の構成により火炎を制御するようなシステムが該当する．表 3.1 はこれらシステムを分類した例である．アクティブシステムは，高性能な感知・消火設備を IT システム化し制御するなど，パッシブシス

テムと比して被害を局限化させることが可能であろう．しかし，アクティブシステムの信頼性を考えた場合，パッシブシステムとの併用でシステムを考えることが必要であり，パッシブシステムをアクティブシステムで補完し安全性を高めるという組み合わせを基本として防火対策を考えるべきである．また，システムを計画する場合，図3.4に示すようなシステムへの設備投資の費用と火災による損害の相関を考慮した費用対効果を踏まえ，総損失が最小となるよう計画することも経済的観点から必要である．

表3.1 防火システムの分類

アクティブシステム	火災感知機，通報設備，スプリンクラー，屋内消火栓，消火器等
パッシブシステム	防火・防煙区画，耐火構造，防火扉，避難階段，避難バルコニー等

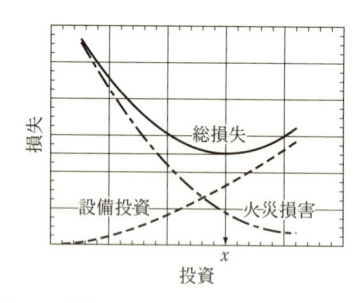

図3.4 防火システムへの設備投資と火災被害

さらに防火システムについて，フェイルセーフ，フールプルーフとの対応でみれば，フェイルセーフの対策は，防火区画や防煙区画，避難バルコニーや二方向の避難施設などがあげられる．これらは，建築設計の段階で火災時の対策の信頼性を高める配慮がなされるべきである．フールプルーフの対策は，火災時の避難者の特異な行動に対処するため，日常動線上に避難階段を設けること，単純明快な避難路にすること，通報設備や屋内消火栓などの作動方式を人間工学的観点から設計することなどがあげられる．

○問　　題○

3.1 建築物の火災安全性を確保するための留意点を説明せよ．

3.2 火災の実態

　火災はその発生原因や火災拡大過程が複雑であることが多く，火災を単なる物理・化学現象としてとらえるのではなく，人為的要因や社会的要因も関係するかたちで火災の実態をとらえることが不可欠である．そのような意味で過去の火災事例を整理し，統計的に解析を進めることは火災軽減にとって必要なことである．また，建築物の火災安全性に関わる法律についても，個別の火災事例から得た教訓に基づき，基準に反映させることがこれまで繰り返されてきた．ここでは，過去の火災の統計および事例を中心に火災の実態を説明する．

3.2.1　火災統計の推移
A．出火件数

　はじめに「火災の定義」について述べる．「火災」という用語は，聞き慣れた言葉であるが，わが国では法律的に「火災とは，人の意図に反して発生し，若しくは拡大し，又は放火により発生して，消火の必要のある燃焼現象であって，これを消火するために消火施設又はこれと同程度の効果のあるものの利用を必要とするもの，又は人の意図に反して発生し若しくは拡大した爆発現象をいう」（火災報告等取扱要領）と規定されている．この定義に従い，火災に関する情報が日本全国の自治体から総務省消防庁に届けられており，ここで示すデータもその情報をもとに整理したものである．

　まず，火災統計を整理するための火災の種別として，総務省消防庁では，火災を建物火災，車両火災，船舶火災，航空機火災，林野火災，その他の6つに

表 3.2　火災の分類[3]

建物火災	建物またはその収容物が焼損した火災
車両火災	車両および被けん引車またはその積載物が焼損した火災
船舶火災	船舶またはその積載物が焼損した火災
航空機火災	航空機またはその積載物が焼損した火災
林野火災	森林，原野または牧野の樹木，雑草，飼料，敷料等が焼損した火災
その他	前各号の以外の物が焼損した火災

分類している（表3.2参照）．

表3.3は火災の出火件数の総計と火災分類別に1946年から2000年までの出火件数の推移を示している．火災の出火件数は，1970年代半ばまで年々増加する傾向にあったが，それ以降は年間6万件前後の件数となっている．これら年間の火災件数の中で建物火災の占める割合は全体の6割程度を占めており，近年では34,000件前後となっている．

表3.3 出火件数の推移[3]

年	計	建物	林野	車両	船舶	航空機	その他
1946	14,460	14,460	—	—	—	—	—
1950	19,243	16,663	1,161	470	102	—	—
1955	29,947	23,769	1,840	2,054	192	—	—
1960	43,679	31,187	3,941	3,411	347	—	—
1965	54,157	34,614	7,842	3,888	357	—	—
1970	63,905	39,845	7,033	4,182	317	6	12,522
1975	62,212	38,455	5,517	3,078	248	4	14,910
1980	59,885	38,014	4,120	3,773	155	2	13,821
1985	59,885	36,879	4,155	4,988	160	7	13,676
1990	56,505	34,768	2,858	6,173	148	4	12,554
1995	62,913	34,539	4,072	6,971	125	2	17,204
2000	62,454	34,028	2,805	8,303	128	4	17,186

単位：件

これらの建物火災を建物の構造種別（表3.4参照）ごとにみる．1991年から2000年の火災発生件数の推移をまとめると表3.5のようになる．年間の火

表3.4 建物の構造種別（火災報告取扱要領）

ア．木造建築物（木造）	柱およびはりが主として木造のものをいい，防火構造のものを除く
イ．防火構造建築物（防火造）	屋根，外壁および軒裏が建築基準法第2条第8号の3に定める構造のものをいう
ウ．準耐火建築物［木造］（準耐火造）	建築基準法第2条第9号の3に定めるもののうち，柱およびはりが主として木造のものをいう．ただし同号ロに定めるもののうち柱およびはりの一部が木造のものを除く
エ．準耐火建築物［非木造］（準耐火非木造）	建築基準法第2条第9号の3に定めるもののうち，上記ウ以外のものをいう
オ．耐火建築物	建築基準法第2条第9号の2に定めるものをいう
カ．その他の建築物	アからオまでに掲げる建築物以外のものをいう

3.2 火災の実態

災発生件数のうち，木造建築物の出火が約半数を占め，年間15,000～17,000件程度で最も多い．ついで出火件数の多い構造は耐火造で，年間7,000件程度で年間火災発生件数の合計の2割程度を占め，防火造がその後に続いている．

表3.5 構造種別ごとの建物火災件数[3]

年	計	木造	耐火造	防火造	準耐火木造	準耐火非木造	その他・不
1991	34,263	17,433	5,973	4,738	—	—	—
1992	33,532	17,179	5,898	4,427	—	—	—
1993	33,608	17,005	6,301	4,314	—	—	—
1994	34,315	17,277	4,095	4,317	—	—	—
1995	34,539	17,088	6,549	4,220	472	3,809	2,401
1996	34,756	16,986	6,742	4,349	528	3,750	2,401
1997	34,519	16,330	7,238	4,220	538	3,731	2,462
1998	32,519	15,086	7,268	3,964	543	3,433	2,225
1999	33,300	15,637	7,145	4,177	532	3,372	2,467
2000	34,028	15,778	7,510	4,076	543	3,661	2,460

表3.6は，月ごとの出火件数について整理したものである．出火件数は，全体的に見れば冬期を中心に多く，特に建物火災，林野火災についてその傾向がみられる．建物火災では，冬季から春先までの湿度の低い時期，そして暖房器具を使用する頻度の高いことが要因となり，12月から5月にかけて月別出火件数が多くなっており，逆に湿度の高い夏期は年間を通じて低い発生件数となる．また車両火災は多少のばらつきはあるものの季節的な変化はほとんどみられない．

表3.6 月別火災件数[3]

区分 月	出火件数						
	計	建物	林野	車両	船舶	航空機	その他
1月	5,234	3,087	173	654	8		1,312
2月	6,533	3,333	472	613	10		2,105
3月	7,471	3,599	580	730	14	1	2,547
4月	5,959	3,082	476	666	9	1	1,725
5月	4,847	2,656	262	712	14		1,203
6月	3,868	2,317	72	620	12	1	846
7月	4,770	2,558	115	754	7		1,336
8月	5,911	2,844	291	805	12		1,959
9月	4,142	2,293	115	666	9	1	1,058
10月	3,940	2,426	30	629	6		849
11月	4,089	2,586	31	661	16		795
12月	5,690	3,247	188	793	11		1,451
計	62,454	34,028	2,805	8,303	128	4	17,186

次に用途別に建物火災の件数をみると図3.5のようになる．出火件数を火元建物の用途別で整理すると，一般住宅火災の出火件数が最も多く，全体の出火件数の39％程度を占めている．さらに一般住宅，共同住宅，併用住宅の出火件数を合計すると57％程度となり，全出火件数の半数以上が住宅用途となる．

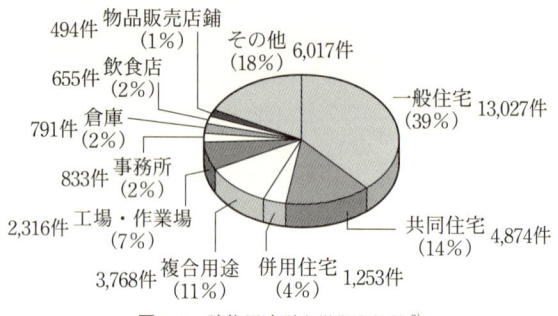

図3.5 建物用途別火災発生件数[3]

物品販売店舗 494件 (1%)
飲食店 655件 (2%)
倉庫 791件 (2%)
事務所 833件 (2%)
工場・作業場 2,316件 (7%)
複合用途 3,768件 (11%)
併用住宅 1,253件 (4%)
共同住宅 4,874件 (14%)
一般住宅 13,027件 (39%)
その他 6,017件 (18%)

B. 出火原因

2000年の主な火災の出火原因をみると，「放火」，「たばこ」，「放火の疑い」，「こんろ」，「たき火」の順となっている（図3.6）．さらに，建物火災に限定した出火原因では，「こんろ」，「放火」，「たばこ」，「放火の疑い」の順になり，「放火」と「放火の疑い」を合計すると，「こんろ」を原因とする出火件数より多くなる（図3.7）．出火原因として，都市部では「放火」と「放火の疑い」が占有する比率が一段と大きくなる傾向にあり，これは大都市に見られる特徴である．世界的にみても，いわゆる先進国では「放火」が出火原因の第一位と

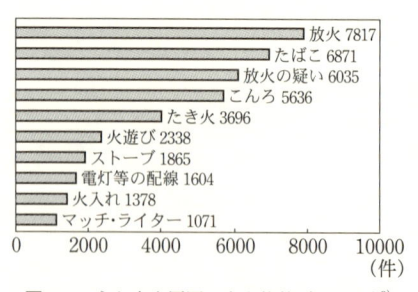

図3.6 主な出火原因と出火件数（2000年）[3]

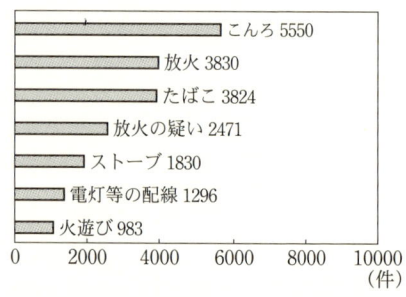

放火 7817
たばこ 6871
放火の疑い 6035
こんろ 5636
たき火 3696
火遊び 2338
ストーブ 1865
電灯等の配線 1604
火入れ 1378
マッチ・ライター 1071

図3.7 建物火災の主な出火因と出火件数（2000年）[3]

こんろ 5550
放火 3830
たばこ 3824
放火の疑い 2471
ストーブ 1830
電灯等の配線 1296
火遊び 983

C. 火災損害

　火災による損害額の推移は図 3.8 のようになる．年間の火災による損害額は 1960 年代から 1970 年代半ばまで著しく増加したが，1980 年代は 1,500 億円程度の損害で横ばいとなり，1990 年代に入り幾分損害額が増加気味である．また火災分類ごとに見れば，年間の損害額の大半は建物火災による損失である．なお建物火災による年間の火災損害額から建物火災 1 件当たりの損害額をみると 1990 年代では 400 万〜500 万円の損害額となっている．ただし，ここで用いた火災損害額は，焼き損害と消火損害を建物などの老朽化に伴う減価償却を考慮した算出値である．

　建物の火災損害についてその焼損面積に着目すると図 3.9 のような推移となる．年間の建物の焼損面積の合計は年々減少する傾向にある．建物火災 1 件当たりの焼損面積で見れば，1970 年代以降は $50\,\mathrm{m}^2$ 程度の値で概ね横ばいで推

図 3.8　火災による損害額の推移[3]

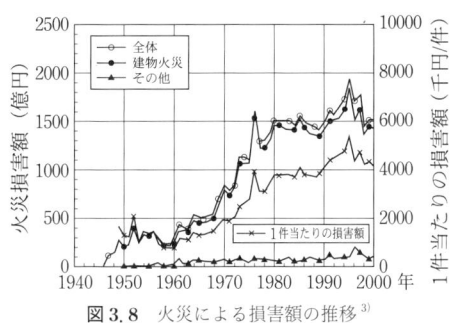

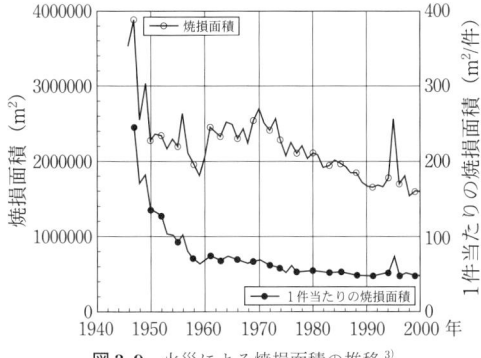

図 3.9　火災による焼損面積の推移[3]

移している．

　建物構造別に建物火災 1 件当たりの焼損面積に見ると表 3.7 の通り，木造の場合が最も被害が大きくなり，耐火造に比べ約 7 倍の焼損面積被害となる．なお，火元建物から別棟建物へ延焼した件数をみると，延焼したケースの約 2/3 は木造が火元建物であった場合であり，出火件数に対する延焼件数の割合でみると，木造は耐火造の約 10 倍の割合で延焼している．

表 3.7　建物構造別損害状況[3]

	1 件当たりの焼損床面積 (m^2)	出火件数（件）	延焼件数（件）	延焼率（％）
木　　造	66.1	15,778	4,307	27.3
準耐火非木造	52.5	3,661	387	10.6
準耐火木造	34.9	543	71	13.1
防 火 造	30.1	4,076	607	14.9
耐 火 造	8.7	7,510	224	3.0
その他・不明	60.5	2,460	909	37.0
合　　計	46.7	34,028	6,505	19.1

D．死傷者数

　年間の火災による死者の推移を整理すると図 3.10 のようになる．1980 年代から概ね 2,000 人程度の死者数で横ばいとなっている．負傷者数についてみれば，7,000 人～8,000 人程度の数を示しており，死者数と同様に 1980 年代から横ばいの傾向にある．

　図 3.11 では，火災による死者の死因について 1991 年から 2000 年までの推移を示している．火災による死者の約 4 割は放火自殺であるが，それを除け

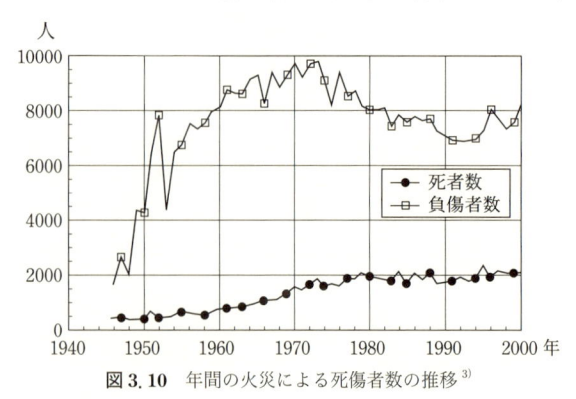

図 3.10　年間の火災による死傷者数の推移[3]

ば，火傷および一酸化炭素中毒・窒息による死者数が多く，それらの合計が死者数全体の約9割を占めている．なお，建物火災の死因は，一酸化炭素中毒・窒息と火傷は概ね同じ比率となるが，建物構造種別が耐火造の場合は，一酸化炭素中毒・窒息による死因が火傷より比率が明らかに高くなる傾向にある．

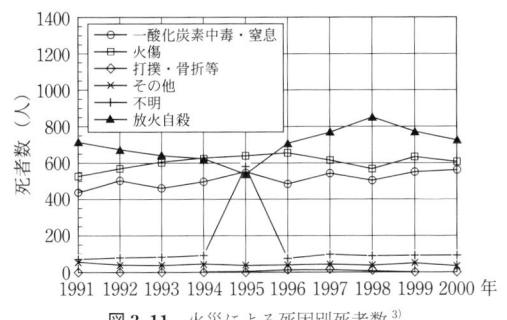

図 3.11 火災による死因別死者数[3]

放火自殺者を除外した死者数について年齢別に整理すると図 3.12 のようになる．高齢になるほど死者数が増加する傾向にあり，65 歳以上の死者数は全体の死者数の半数を占めている．今後の高齢化社会に備え，高齢者に対する火災安全性の確保を目的とした対策も充実させていく必要がある．

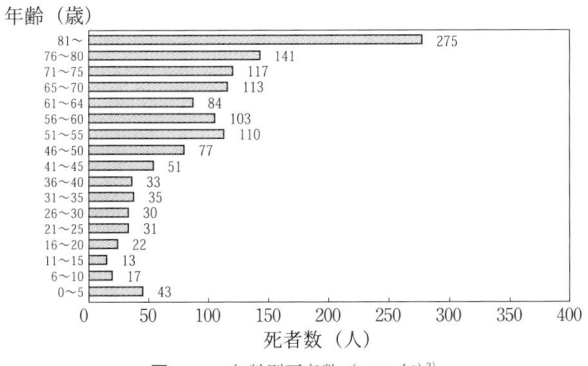

図 3.12 年齢別死者数（2000 年）[3]

建物用途別に 1991 年から 2000 年の死者数の推移をみると，図 3.13 の通り火災による死者のうち住宅用途（一般住宅，共同住宅，併用住宅）で発生した火災による死者が，放火自殺等を除いた死者数の約 9 割を占めている．住宅火

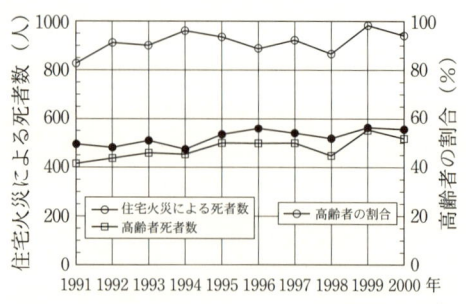

図3.13 住宅火災の死者数の推移（自殺者除く）[3]

災においても65歳以上の高齢者の死者数は，半数以上を占めている．

次に建物構造種別ごとの死者数を整理すると図3.14のようになる．木造建物の火災による死者数が他の建物構造と比して際だって多い．これは，木造建物の出火件数が他に比べ多いことにも相関する．なお，火災に対し火災1件当たりの死者数に換算した場合，図3.15のようになり，木造建物による死者数は多いものの，防火造および準耐火木造による死者数も多くなることがわかる．

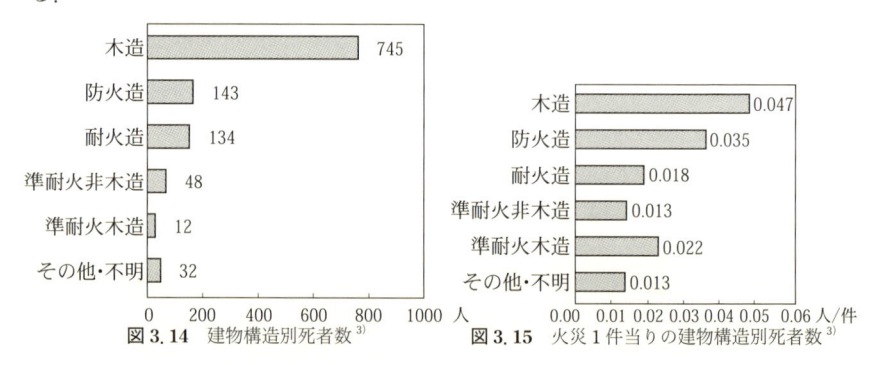

図3.14 建物構造別死者数[3]

図3.15 火災1件当りの建物構造別死者数[3]

3.2.2 主な災害事例と法規制

日本における最初の本格的なビル火災として位置づけられる火災は，1932（昭和7）年に発生した白木屋百貨店火災である．この火災では火災被害調査の結果，防火区画や避難経路の問題点などが指摘され，この火災を契機に1936（昭和11）年，「特殊建築物規則」が公布され，防火関連規定の整備が実施された．この規則では，学校，百貨店に対し避難関連規定，共同住宅，自動

車車庫に対し耐火構造関連規定を中心に整備された．

　昭和30年代から経済成長や都市部への人口の集中化に伴い，土地の有効利用を目的に，建築物の高層化，大規模化，そして深層化の傾向が見られるようになった．1958（昭和33）年の東京宝塚劇場の火災などを契機とし，耐火建築物および簡易耐火建築物の規定が設けられ，特殊建築物の避難，消火，内装制限等の規定が整備された．

　昭和40年代はじめには，旅館・ホテル火災により多くの被害が発生した．特に1966（昭和41）年の水上温泉の菊富士ホテル火災，1968（昭和43）年には有馬温泉の池の坊満月城ホテル，そして1969（昭和44）年には磐梯熱海温泉の磐光ホテルで火災が発生した．この時期，新建材の燃焼による有毒の燃焼生成ガスの問題や避難の誘導に関する問題が指摘され，内装制限や避難施設に対する法規の整備が実施された．また竪穴区画の規制もこの時期に実施された．

　昭和40年代後半には，1973（昭和47）年の千日デパート火災により118名の死者，1973（昭和48）年の大洋デパート火災では100名の死者という未曾有の災害が重なった．千日デパート火災の後，消防法では防火管理の制度の整備やスプリンクラー設備の設置対象の拡大，建築基準法では防火戸の基準，二方向直通階段の設置および内装制限の強化などが行われ，主として煙対策に関する基準が強化された．

　昭和50年代以降も，1980（昭和55）年の川治プリンスホテル火災，1982（昭和57）年のホテルニュージャパン火災，1990（平成2）年の長崎屋尼崎店火災など，建物火災による犠牲者が生じている．これら火災によって，建物の避難規定など建築計画に対する強化ではなく，スプリンクラー設備の設置範囲の拡充や防火管理など，ソフト面の強化を中心に法整備が実施されている．

○問　　　題○

3.2　建築物の構造種別ごとの火災被害の特徴を説明せよ．

3.3　火災現象

　火災は，その現象の複雑さから科学的な解明が遅れていたが，研究成果の蓄積により徐々に火災現象の解明が進んでいる．建築物の計画・設計の段階で，建物用途，建物構造，そして空間寸法などが条件として設定できれば，その建物室内での燃焼性状や煙流動などもある程度の精度で予測できるようになった．建築物の火災安全性は，画一的な法規制による確保が大半であったが，今後は建物個々の特徴に対し，どのような火災が発生するのかを予測し，その火災に対し合理的な火災安全性の確保のための防火設計が実施されることが望まれ，そのためには基本となる火災現象をしっかり把握する必要がある．ここでは，燃焼の基礎から建物火災全般に至る火災現象について説明する．

3.3.1　燃　　焼

A．燃焼の定義

　一般に燃焼とは，「光や熱の放出を伴う物質と酸素との化学反応」と定義される．燃焼が起こるための条件は，図3.16に示した可燃性物質・酸化剤・熱エネルギーの3条件が同時に満足されることである．これらを燃焼の3要素という．

　燃焼が起こるためには，固体，液体，気体のいずれの場合も，本質的には発

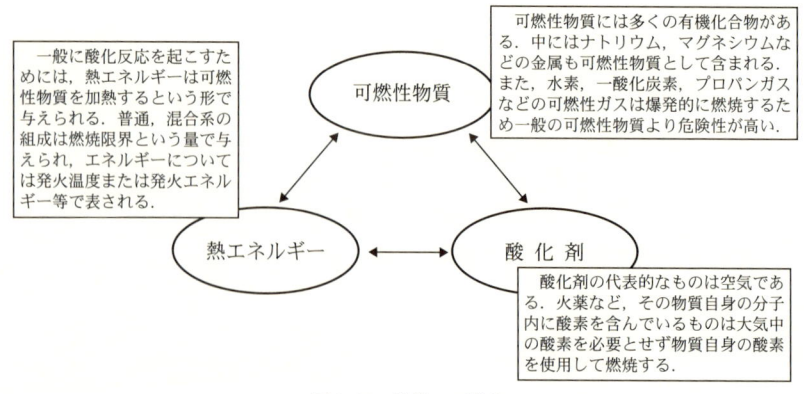

　一般に酸化反応を起こすためには，熱エネルギーは可燃性物質を加熱するという形で与えられる．普通，混合系の組成は燃焼限界という量で与えられ，エネルギーについては発火温度または発火エネルギー等で表される．

　可燃性物質には多くの有機化合物がある．中にはナトリウム，マグネシウムなどの金属も可燃性物質として含まれる．また，水素，一酸化炭素，プロパンガスなどの可燃性ガスは爆発的に燃焼するため一般の可燃性物質より危険性が高い．

　酸化剤の代表的なものは空気である．火薬など，その物質自身の分子内に酸素を含んでいるものは大気中の酸素を必要とせず物質自身の酸素を使用して燃焼する．

図3.16　燃焼の3要素

3.3 火災現象

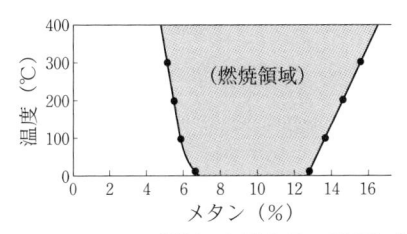

図 3.17 メタンの燃焼限界（上限界，下限界）[4]

表 3.8 各種気体の空気中における燃焼限界および爆発限界[4]

物　質	分子式	燃焼限界（％）				デトネーション限界（％）			
		空気中		酸素中		空気中		酸素中	
		下限界	上限界	下限界	上限界	下限界	上限界	下限界	上限界
水　　　素	H_2	4.00	74.20	4.65	93.9	18.3	59	15	90
アセチレン	C_2H_2	2.50	80.00	2.5	93	4.2	50	3.5	92
メ タ ン	CH_4	5.00	15.00	5.40	59.2	6.5	12	6.3	53
プロパン	C_3H_8	2.12	9.35	2.3	55	—	—	3.2	37
エチレン	C_2H_4	2.75	28.60	2.90	79.9	—	—	—	—
一酸化炭素	CO	12.50	74.20	15.50	93.9	15	70	38	90
エチルエーテル	$C_4H_{30}O$	1.85	36.50	2.10	82.0	2.8	4.5	2.6	>40
アンモニア	NH_3	15.50	27.00	13.50	79.0	—	—	25.4	75

生する可燃性ガスと空気中の酸素の混合組成とエネルギーに関する2つの条件が同時に満足されることが必要である．燃焼を起こす混合ガスの組成には一定の範囲があり，その範囲を外れるといかに大きな熱エネルギーを与えても燃焼しない．この燃焼可能な濃度の範囲を燃焼範囲と定義し，濃度の高い方を上限界，低い方を下限界と呼び，これらを燃焼限界という．図3.17および表3.8はその例である．一般的に可燃性物質には燃焼範囲が決まっているが温度，圧力の条件の変化でその値は変わってくる．また，下限界の小さいものほど，そして燃焼範囲の大きいものほど危険である．

　燃焼を起こすのに必要なエネルギーの尺度として，温度を用いる場合とエネルギー量を用いる場合とがある．図3.18に示した通り，燃焼反応は原系が周囲から熱エネルギー E を吸収して活性化状態に至り，生成熱 Q を放出して生成系に到達する．このエネルギー E を活性化エネルギー，Q を発熱量といい，物質固有の数値を有する．

　燃焼は物質の酸化による発熱反応系であり，その多くは物質中に含まれる炭素との化学反応である．その反応速度は，原系の減少速度，または生成系の増

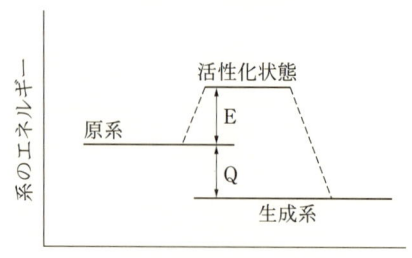

図 3.18 燃焼に必要なエネルギー

大速度で定量的に示され,一般には次の Arrhenius の反応速度式 (3.1) で与えられ,反応速度は温度の上昇により急激に増大する.

$$k = k_0 \exp\left(-\frac{E}{RT}\right) \qquad (3.1)$$

ここでは k は反応速度,k_0 は常数,R はガス定数,T は絶対温度,E は活性化エネルギーである.

液体や固体可燃性物質の場合,燃焼の継続は,燃焼により放出される熱が物質にフィードバックされることにより物質が熱分解され可燃性ガスの放出が促進される.そしてそこに酸素の供給があって燃焼が継続される.物質への熱の

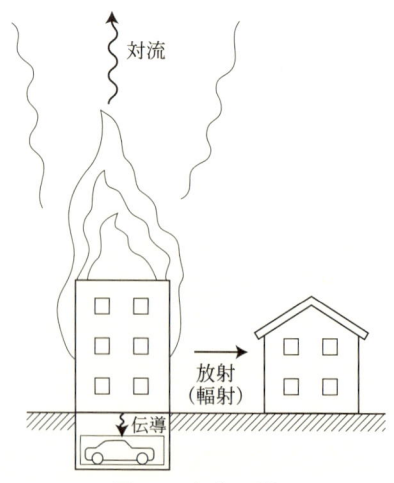

図 3.19 伝熱の形態

フィードバックは，基本的には図 3.19 に示した「伝導」，「対流」，「放射」により熱が伝えられる．なお，燃焼反応の過程で，注水による熱エネルギーの低下，空気の遮断または二酸化炭素等の不活性ガスの供給による組成条件の低下などがあれば燃焼は停止し，これが難燃化，消火の原理となる．

 伝導：物質の分子運動が伝播する結果として生じる高温部から低温部への熱移動
 対流：煙やガス，水等の流体の移動に伴って生じる熱移動
 放射：固体表面やガス塊などから放出される，物質の媒介なしの電磁波による熱移動

B. 燃焼の形態

燃焼と一口に言ってもその機構は非常に複雑である．燃える物質の様態が固体・気体・液体かによりそれぞれの燃焼形態が異なり，また，酸素の供給方法によっても異なってくる．燃焼の形態の分類方法もいくつかあるが，以下にその分類例を示す．

a. 燃焼に関わる相の数による分類

燃焼に関わる相（気体，液体，固体）の数によって分類される燃焼形態で，可燃物と酸化剤がいずれも気体の場合を均一系燃焼，いずれかが液体または固体の場合を不均一系燃焼と呼ぶ．均一系燃焼は最も基本的な燃焼形態である．不均一系燃焼は，可燃性物質が液体や固体の場合の空気中における燃焼などが例としてあげられる．火災の対象となる燃焼は，その多くが 2 つ以上の相に関わるため不均一系燃焼となる．

b. 可燃物と酸化剤の混合形式による分類

可燃性物質と酸化剤が予め混合した可燃性混合物となり燃焼する形態を予混合燃焼という．化学実験などで用いられる予混合バーナーは，燃焼の前に可燃性ガスと空気を混合させ燃焼させる形式をとるので予混合燃焼である．一方，可燃物と酸化剤が別々に供給され，火炎中で混合しながら燃焼する形態を拡散燃焼という．建物内に持ち込まれる家具などが燃える場合，この拡散燃焼の形態をとる．

c. 火炎の移動の有無による分類

火炎の燃焼面が移動するか否かにより燃焼形態が分けられる．液体や固体の

可燃性物質の場合，燃焼が開始した点から周囲の未燃焼部分を予熱し，火炎が物質の表面を伝わりながら移動を行う．これを伝播火炎という．また，燃焼面が周囲に対し静止している火炎を定在火炎という．例えば，ガスこんろのような火炎がこれに該当する．

C. 引火と着火

可燃性物質を加熱していくと，ある温度で，可燃性ガスと空気との混合ガスが燃焼範囲内の濃度となり，火花，炎などの口火となるエネルギーを与えると燃焼が始まる．この現象を引火といい，このときの物質の温度を引火温度という．可燃性混合気をさらに加熱すると，系内の温度上昇に伴い，火花，炎などの口火を与えなくとも燃焼する場合がある．この現象を着火あるいは発火といい，このときの温度を着火温度という．したがって，引火温度・着火温度の低い物質ほど火災の危険は大きい．

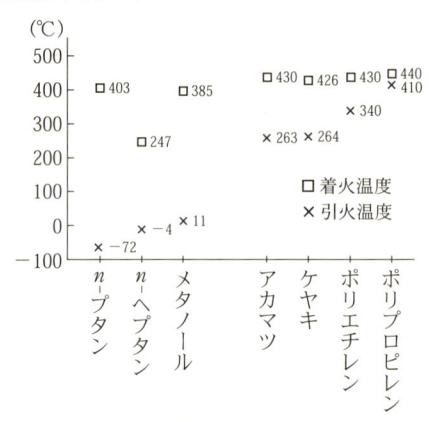

図 3.20 種々の可燃物の引火温度・着火温度 [5) 6)]

D. 木材の燃焼

木材の引火温度は260℃前後，発火温度は450℃前後となることが実験により知られている．木材を加熱していくと260℃付近から木材の重量減少が急激に大きくなる．これは加熱により木材の熱分解が盛んになり，熱分解ガスの放出量が多くなるためである．熱分解ガスの中には CO, H_2, CH_4, その他の炭化水素などの可燃性ガスが含まれており，口火があると引火する．そこで火災安全工学上，260℃を木材の出火危険温度とすることがある．しかし，引火温

3.3 火災現象

表3.9 木材の引火温度・着火温度[6]

樹　種	引火温度（℃）	着火温度（℃）
ス　　　　ギ	240	
ヒ　ノ　キ	253	
ツ　　　　ガ	253	445
ア　カ　マ　ツ	263	430
カラフトアカマツ	271	
エ　ゾ　マ　ツ	262	437
ト　ド　マ　ツ	253	
ケ　　ヤ　　キ	264	426
カ　　ツ　　ラ	270	455
ブ　　　　ナ	272	
シ　ラ　カ　バ	263	438
キ　　　　リ	269	
ア　カ　ガ　シ		441
ツ　　　ゲ		447
ク　　　　リ		460
ト　ネ　リ　コ		416
ヤ　マ　ザ　ク　ラ		430
ベ　イ　マ　ツ		445

度以下であっても，木材周囲の断熱がよく，また加熱が長期にわたると，熱分解による発熱が蓄積して木材の内部温度が上昇し，着火する可能性がある．

木材は，他の可燃物同様，熱エネルギーを受けることにより熱分解ガスを発生する．熱エネルギーを表す指標はいくつかあるが，熱エネルギーを熱流束として捉えた場合の木材の着火などの現象について実験的に調べられている．例えば，国内産の広葉樹についてISO 5657に規定されている着火性試験が行われた．その結果，加熱開始から試験体の木材表面が着火するまでの時間を着火時間とし，木材の表面への入射熱流束の強さと着火時間の関係は図3.21の通りとなった．この図から着火時間は入射熱流束が小さくなるにつれて徐々に長くなり，ある値以下になると着火しなくなる．この着火しなくなる限界の入射熱流束は約 $12\,\mathrm{kW/m^2}$ となる．

木材の比重によっても着火時間は変化する．図3.22は，厚さが18 mmの木材について上記と同じ着火性試験を行った結果を示したものである．試験体の気乾比重は，スギ，ベイマツ，ヒノキ，ラワンの順になるが，入射熱流束が等しければ，比重が大きいほど着火時間は長くなる傾向にある．

火災時には木材は表面から熱分解して炭化層が形成され，この炭化層を介し

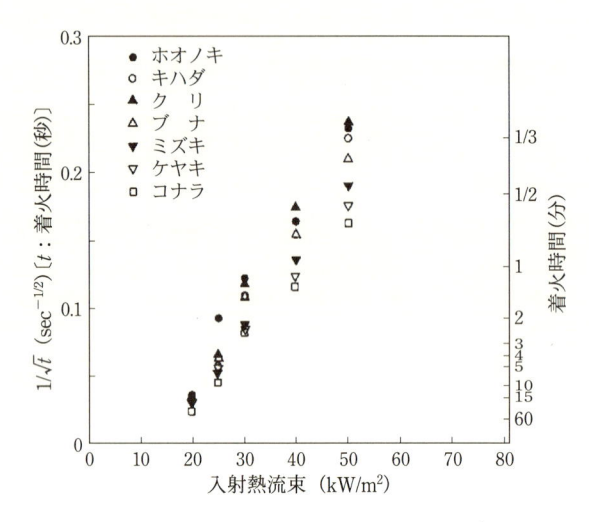

図 3.21 木材（国内産広葉樹）の着火時間 [7]

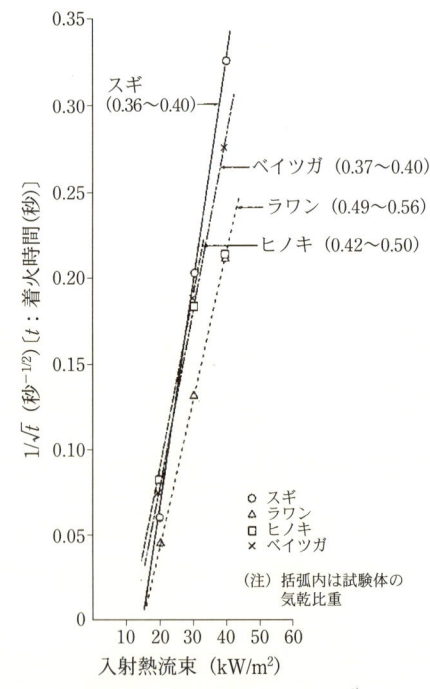

図 3.22 木材の比重と着火時間 [8]

伝熱し，内部の未分解部分が熱分解し炭化層が形成されていく．炭化層は熱伝導率が小さく，炭化層が厚く形成されるにつれ未分解部分への伝熱量が小さくなる，すなわち，炭化層が断熱層の役割を果たすことになり，結果的に熱分解の進行が緩慢になる．また，炭化層の形成に伴い図 3.23 のように炭化層表面に亀裂が生じた場合，木材内部の未分解部分への伝熱，あるいは熱分解したガスの発生，流出に対し影響することになる．

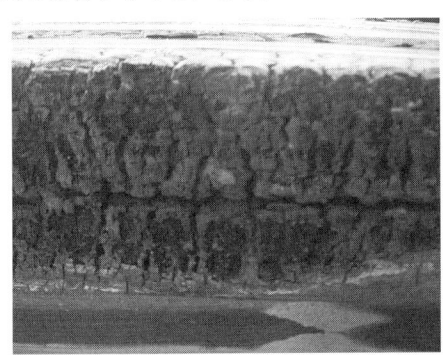

図 3.23 熱分解中の木材板の表面

火災時の木材の熱分解速度とその表面への加熱の大きさの関係についても調べられている．木材の熱分解速度は，単位時間当たりの炭化層の厚さの増加速度 D_C (min/mm) を炭化速度とすると，熱的に厚い材の炭化速度と加熱強度との関係は図 3.24 に示されるように，炭化速度がほぼ入射熱流束 I (kW/m^2)

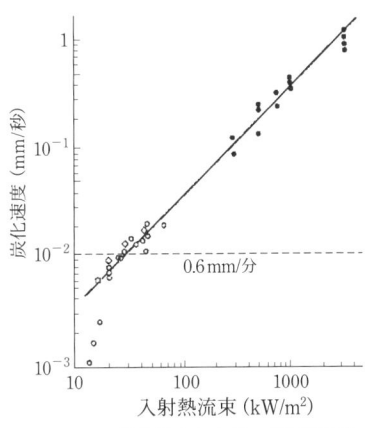

図 3.24 入射熱流束と木材の炭化速度 [9]

に比例して増加する．この結果から炭化速度の算定式として以下の実験式が求められる．

$$D_c = 2.2 \times 10^{-2} I \qquad (3.2)$$

3.3.2 火災性状

建築物の火災性状は，その建築物の建築構造の種類と関連する．耐火建築物では，その一室で火災が発生した場合，その室を構成する区画が火災を閉じこめる（図3.25(a)）．しかし，戸建て住宅などに多く見られる木質系材料で構成された室で火災が発生した場合，火災により容易に壁や天井が燃え抜ける可能性があり，その場合，耐火建築物とは異なる火災性状を示すこととなる（図3.25(b)）．

(a) 耐火建築物 　　　　　　　(b) 木造建築物

図3.25　建築物の火災性状[5]

A. 耐火建築物における火災性状

鉄筋コンクリート造などの耐火建築物の一室で火災が発生した場合，その室の壁，床，天井で囲まれる区画の条件や室内へ持ち込まれた可燃物の条件により火災性状は概ね決定される．すなわち，区画の開口部の大きさ，区画を構成する壁，床，天井の材質，区画へ持ち込まれる可燃物の量やその表面積などにより火災の性状が左右される．特にこのような囲われた空間で進展する火災は，区画火災と呼ばれる．区画火災の進展過程を時間と火災室内温度の関係で模式的に示すと図3.26のようになる．

3.3 火災現象

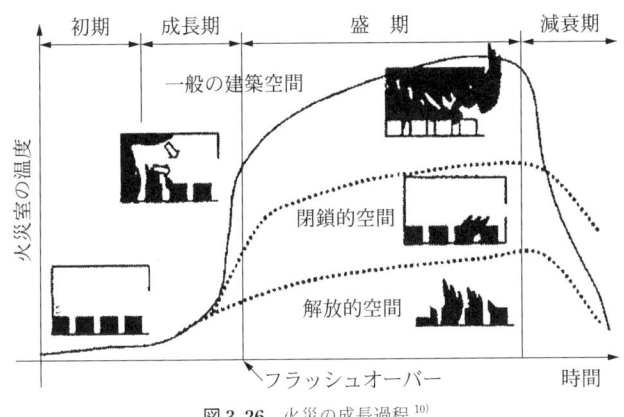

図 3.26 火災の成長過程[10]

火災の進展過程は，初期火災，火災成長期，盛期火災，減衰期に大別できる．初期火災の段階では，可燃物の燃焼が限られた範囲に留まり，可燃物の燃焼反応に十分な酸素量が供給される．この段階では，火勢はそれほど強くはないが，火災区画の上方に煙などの高温層が形成され始める．初期火災から盛期火災へ移行する過程，すなわち火災成長期は，2種類に大別できる．火災区画の中に持ち込まれる可燃物量が非常に少ない場合，あるいはきわめて限定された位置に可燃物が限られた場合には，火災は成長するものの局所的な火炎を形成するに留まりそのまま鎮火へとむかう．一方，通常の室では，火元から近接する可燃物へ順次燃え拡がり，場合によっては内装材の条件などにより爆発的な燃焼の拡大，すなわちフラッシュオーバーを誘発し，急激に温度が上昇する．盛期火災に至ると耐火造の区画では，木造家屋と異なり区画を形成する構造体が燃え抜けることがほとんどないので，その継続時間は木造家屋と比して長くなるのが一般的である．また，この盛期火災では，火災室内の温度などは概ね一様とみなせ，火災性状は火災室へ持ち込まれた可燃物量に依存する燃料支配型火災と開口部を介し火災室へ流入する空気量に依存する換気支配型火災に分けることができる．この盛期火災が長時間続く場合，建築物の構造体などに与える熱的影響などが大きくなるため，構造部材を保護するための耐火被覆などが必要となる．盛期火災時に可燃物の大半が燃え，次第に火災温度は下降し減衰期となり火災は鎮火に至る．

a. 初期火災

初期火災では，火災区画内の火源から高温の煙などのガスが生成され，上昇気流となり火災区画の上部に滞留するようになる．火源上には，図3.27の通り火源面からの高さにより連続火炎域，間歇火炎域，火災プルーム域に分けられる乱流拡散火炎が形成され，図3.28に示したような性状を示す．

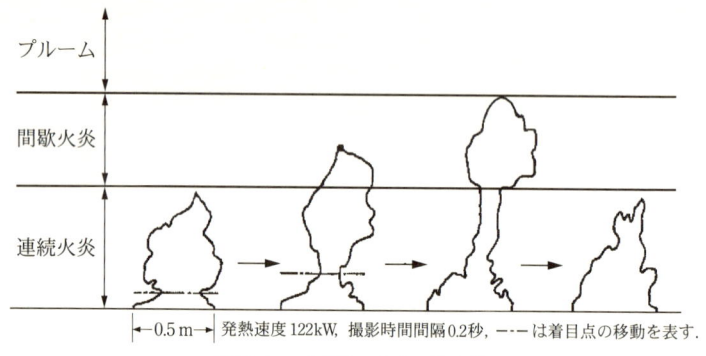

図3.27 火源上の火炎の動き[11]

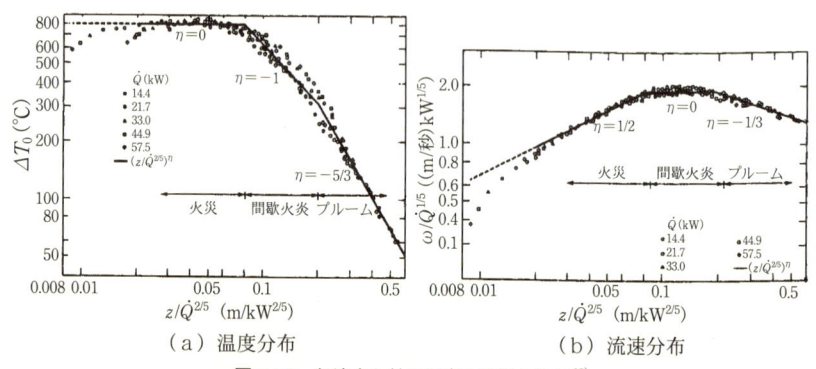

図3.28 気流中心軸の温度と速度の分布[12]
（a）温度分布　（b）流速分布

火炎性状については，火炎長さを中心に系統的な実験から明らかにされている．火炎長さは，火炎に巻き込まれる空気量と関係する．すなわち，火源上の可燃性ガスが酸素と反応する範囲が火炎として人間が可視できる範囲となるわけであり，火炎に巻き込まれる空気量は，燃焼に寄与する酸素量を決定する．よって，火源が置かれている空間的条件，例えば，開放的な空間であるか，壁に沿う半閉鎖的空間であるかにより，火炎に巻き込まれる空気量が変化するこ

とになり，火炎性状は変化する．火炎の形成は，対流による流れ場と考え，浮力と慣性力に支配され，火炎長さはフルード数に支配されると理論的な説明がつきやすい．このフルード数をもとに導出された無次元発熱速度 Q^* を用い，火炎長さについて実験的に整理されており，無次元発熱速度 Q^* と火源代表長さ D を用い，火源代表長さ L_f は

$$L_f = \gamma \cdot Q^{*n} \cdot D$$

で算定できる．実験より得られた図 3.29 より，$Q^* \left(\approx \dfrac{\dot{Q}}{1116 D^{5/2}} \right)$ が $0.2 < Q^*$ の場合には，間歇火炎先端長さに関しては $\gamma = 3.3 \sim 3.5$，連続火炎長さについては $\gamma = 1.8$ となり，$n = 2/5$ となる．また，間歇火炎先端長さに関し，実験より壁際の火源については $\gamma = 6.0$，$n = 2/3$，隅角部では $Q^* \fallingdotseq 0.5 \sim 4.0$ の範囲では $\gamma = 4.3$，$n = 2/3$ となる．

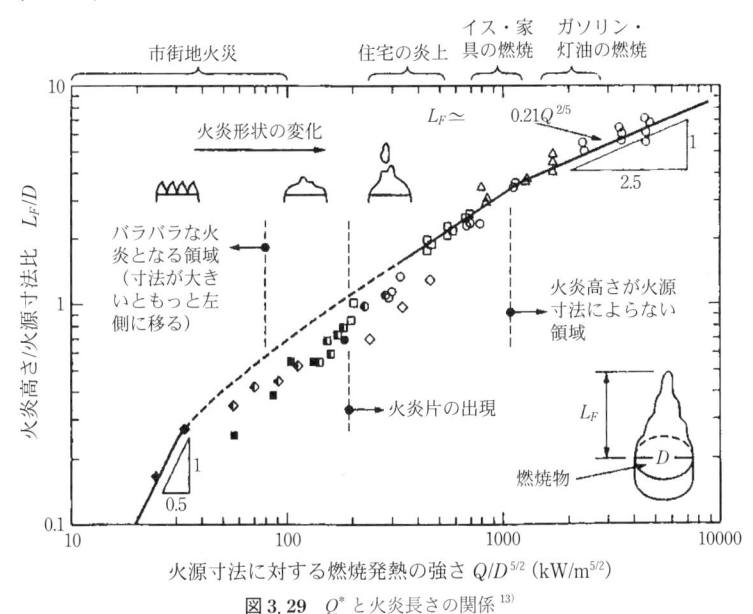

図 3.29 Q^* と火炎長さの関係 [13]

b. 火災成長期

火災初期から盛期火災に移行する過程は室の内装の種類により急激な火災の

成長と比較的緩やかな成長に大別できる．内装が不燃化されている場合，室内に持ち込まれた家具などの可燃物が燃焼し火災が拡大していく．その場合，燃焼拡大は可燃物密度が小さければ緩やかであり，可燃物密度が大きければ速くなる傾向にある．一方，内装が可燃性である場合には，壁や天井などの内装が火炎に接すると極めて急激に燃焼が拡大し，区画内全体が炎につつまれ，フラッシュオーバーが発生する．このフラッシュオーバー時には，区画内の O_2，CO などのガス濃度も急激に変化し，O_2 濃度は急激に減少し，CO 濃度が 10% 近くまで上昇する場合も生じる．

c. 盛期火災

ⅰ）区画内熱収支　区画火災において盛期火災時の区画内の温度性状等を予測する際，室内の物理量などの状態が一様であると単純化し，図 3.30 のように火災区画内の状態を単純な熱収支ゾーンモデルで整理する手法が確立されている．

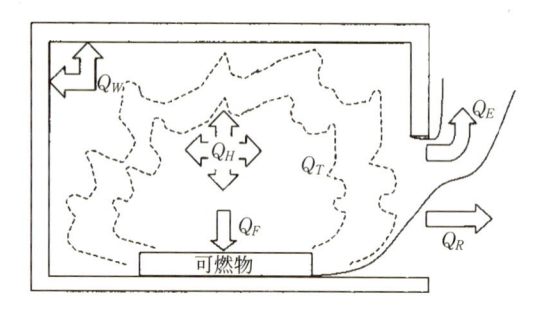

図 3.30　火災区画内熱収支のモデル化

火災区画をゾーンで考えた場合
①区画内の可燃物の燃焼に伴う燃焼発熱量：Q_H
②壁，床，天井への失熱量：Q_W
③可燃物への伝熱量：Q_F
④開口からの噴出熱気流の持ち去る熱量：Q_E
⑤開口からの輻射失熱量：Q_R
⑥火災区画温度上昇に寄与する熱量：Q_T

などに熱収支の要素を分けることができる．ここで，熱の収支バランスを考え

ると

$$Q_H = Q_W + Q_F + Q_R + Q_T \tag{3.2}$$

となり，この熱収支式を解くことにより区画内の温度などを計算することが可能となる．

ⅱ）燃焼速度 火災区画内の可燃物の燃焼発熱は，可燃物が熱を受け熱分解した可燃性ガスが空気中の酸素と反応し生じる現象である．一般的に可燃物から発生する可燃性ガスは，火災区画内の高温ガスからの輻射あるいは対流，そして加熱された周壁などからの輻射による可燃物表面への熱伝達量により支配される．可燃物の燃焼発熱量は，区画火災性状を予測する上で非常に重要な因子となるが，可燃物の燃焼発熱量は可燃物の重量の減少量から計算され，この重量減少速度は燃焼速度と呼ばれる．燃焼速度は，耐火建築物のような火災が継続する間，その周壁が倒壊しない区画で可燃物が多量にある場合，開口の大きさで決定される換気量の大きさを示すパラメータに依存し，次式（3.3）から求められる．

$$m_b = 0.1 A\sqrt{H} \quad (\text{kg/s}) \tag{3.3}$$

上式により燃焼速度が求められるような火災が換気支配型火災であるが，式（3.3）中の（A：開口面積（m^2），H：開口高さ（m））が区画の開口部を介する換気量を計算する上で重要なパラメータであり，換気因子と呼ばれている．この因子は，火災区画と外気あるいは隣接区画の空気の温度差のために生じる換気量を計算する上で導かれる．

一方，開口の大きさに対し可燃物量が比較的少ない場合などは，区画内に持ち込まれる可燃物の条件により燃焼速度は支配されるようになり，このような火災は燃料支配型火災と呼ばれ，可燃物の表面積などが火災性状を支配する重要な条件となる．換気因子を可燃物の表面積で除した値は，燃焼型支配因子と呼ばれ，この燃焼型支配因子が小さい場合，図3.31に示したとおり単位表面積当たりの燃焼速度は，換気量に支配される換気支配型火災となるが，さらに燃焼型支配因子が大きくなるに従い，燃焼速度はピークを経て徐々に減少し始め，燃料支配型火災となり一定の値，すなわち建物外部のような囲いのない自由空間中での可燃物条件によって決まる燃焼速度に漸近していく．

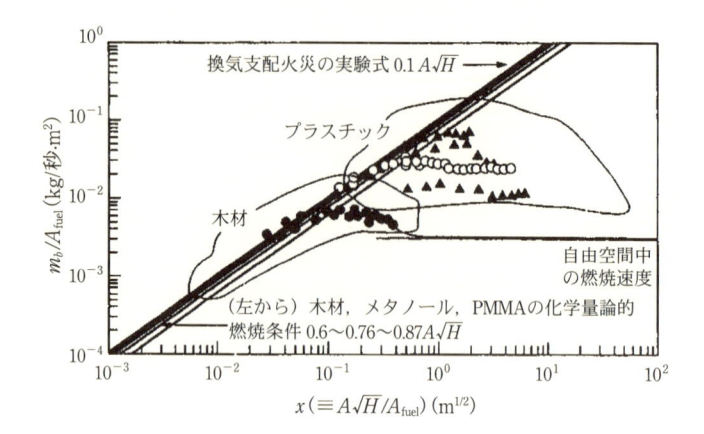

図 3.31 燃焼型支配因子と燃焼速度 [14]

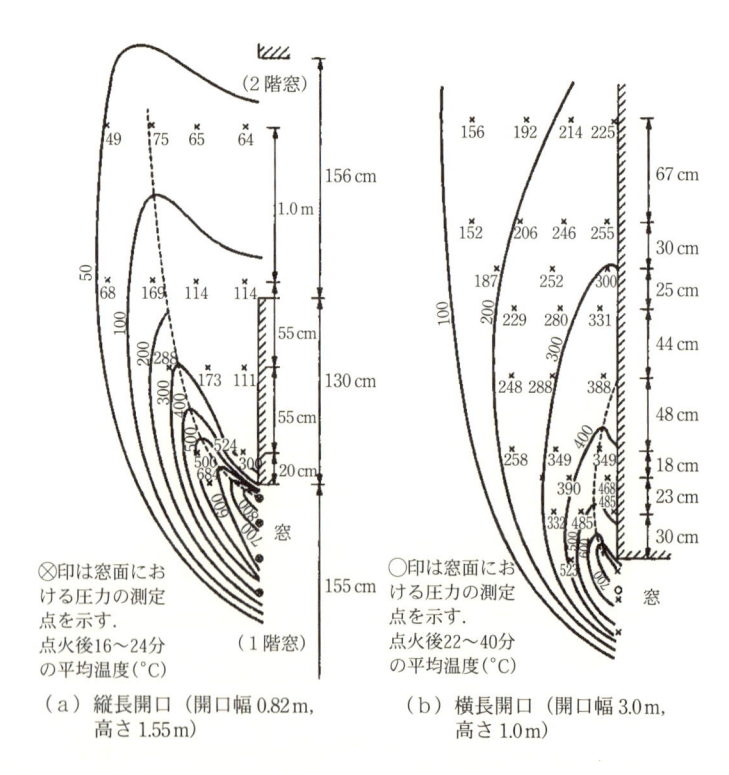

図 3.32 噴出火炎の温度分布と中心軸 [15]

(a) 縦長開口（開口幅 0.82 m，高さ 1.55 m）

(b) 横長開口（開口幅 3.0 m，高さ 1.0 m）

建築物の構造部材の耐火性を評価する場合などの火災の継続時間は，区画内に持ち込まれた総可燃物量を図 3.31 より求まる盛期火災時の燃焼速度で除し求める方法が常套的に用いられている．

iii) 開口からの噴出熱気流　盛期火災には，火災室の開口部から高温の熱気流を噴出し，火災室の上方階，あるいは隣接する建築物への延焼の原因となる．よって，噴出熱気流の性状を把握することは延焼拡大防止上，非常に重要となる．

噴出熱気流の性状に関しては，その温度分布，中心軸の位置などについて明らかにされている．図 3.32 は，噴出熱気流の温度分布およびその火炎の中心軸について整理された実験結果の一例である．噴出熱気流中心軸は，開口部が縦長の場合には，上方に向かうに従い壁から離れる傾向にある．一方，開口部が横長の場合には，噴出熱気流中心軸は一旦壁から離れるものの再び壁沿いに吸い寄せられる軌跡をとり，このような現象をコアンダ効果と呼んでいる．図 3.33 は開口部の形状のアスペクト比と噴出熱気流の中心軸の位置を整理した結果であり，この傾向が顕著にあらわれている．よって，横長の開口部は，縦長の開口部と比較して，上方階への延焼拡大の危険性が高いという見方ができ，スパンドレルの高さを十分に設けたり，庇を設けるなどの対策を行うことが望まれる．

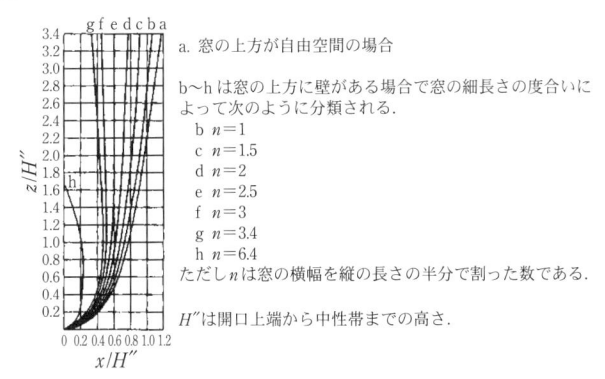

a. 窓の上方が自由空間の場合

b～h は窓の上方に壁がある場合で窓の細長さの度合いによって次のように分類される．
　b $n=1$
　c $n=1.5$
　d $n=2$
　e $n=2.5$
　f $n=3$
　g $n=3.4$
　h $n=6.4$
ただし n は窓の横幅を縦の長さの半分で割った数である．

H'' は開口上端から中性帯までの高さ．

図 3.33　噴出熱気流の中心軸 [16)]

B. 木造建築物の火災性状

日本では，古来から建築物の構成材料として木材を活用してきた．その建築

工法は，気候や生活の取り巻く環境などにより変遷し，現在，日本で用いられている木材を建築材料とした建築工法は多様となった．その中には在来軸組工法，枠組壁工法，木質系プレハブ工法などがあり建築基準法ではこれら工法に対し防火的な基準を課している．一概に木造建築物といっても，それら工法により火災の性状は異なる．

a. 在来軸組木造

昭和初期に在来軸組木造建築物（裸木造）の実大火災実験が実施された．その結果，図3.34に示したとおり，火災継続時間は出火から最盛期までが7分程度，最盛期から燃え落ちるまでが15分程度であった．

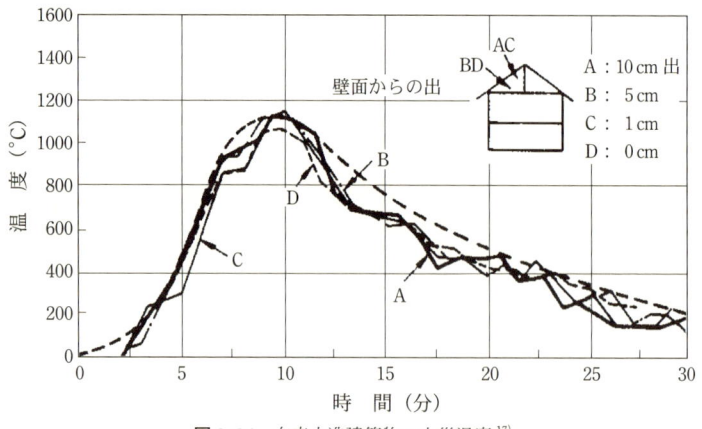

図3.34 在来木造建築物の火災温度[17]

火災初期には，建物内が酸素不足の状態で不完全燃焼を続け，火災温度も停滞しているが，妻側壁が燃え抜けると建物内に外気を取り入れる開口部が開き，以後の燃焼は急速に進む．一般に中小規模の木造火災の高温継続時間は非常に短く1000℃以上の継続時間は数分である．屋根や壁が焼け落ちると火勢は急速に衰え始める．

なお，在来軸組木造建築物の火災では，内装や外装を不燃化された材料を使用するかにより，その性状は異なることも知られている．

b. 枠組壁工法

近年，枠組壁工法などによる準耐火建築物となる共同住宅などが開発されている．耐火造に準ずる木造の防火上の特徴は，気密状態になっていること，階

段や軒天の取り合い部分にはファイヤーストップ材が挿入されていること，壁の室内に面する部分および天井部分に石膏ボードが張られていることなどである．したがって，石膏ボードの厚さを増すと耐火性能が向上し，また石膏にガラス繊維などの補強剤を混入することで燃焼による脱落が少なくなる．

図 3.35 は平成 3 年に実施された木造 3 階建て共同住宅の火災実験における各室内の火災温度の経時変化を示したものである．点火後約 30 分までの火災初期は LDK の火災温度は標準加熱温度曲線にほぼ近い経時変化を示していることから，本仕様の実験建物は，木造であるが鉄筋コンクリート造などの耐火造建築物に類似の火災性状を示している．

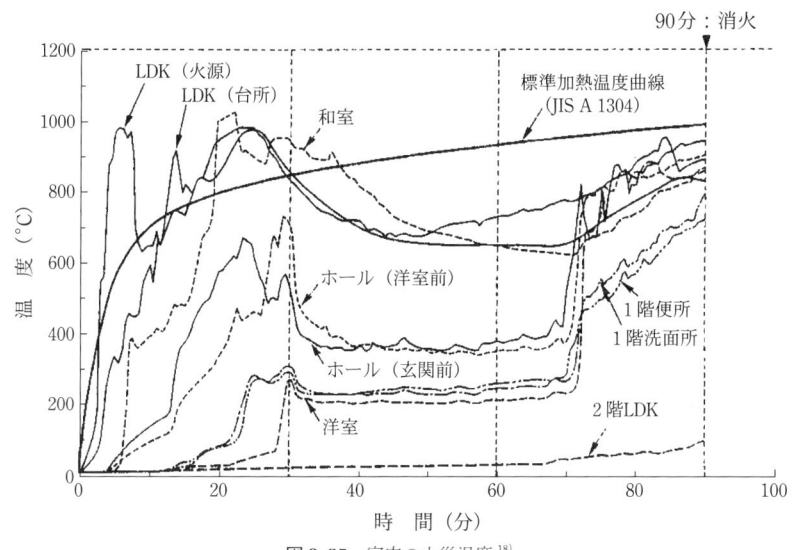

図 3.35 室内の火災温度 [18]

3.3.3 煙性状

A. 火災時の煙

火災時に可燃性物質が燃焼した場合，有機物質の熱分解生成物として放出される燃焼途上の凝縮液滴粒子，タール系粒子，遊離炭素粒子等が，火災による熱により生じる気流により大気中に拡散浮遊する．一般的にそれらを煙粒子と呼び，この煙粒子は目視で確認できる大きさが 10^{-8} cm 程度までといわれている．通例，火災時の煙とは，この煙粒子と燃焼により生成される一酸化炭

素，二酸化炭素などの各種ガスの分子と併せ定義される．建築物の火災安全性を検討する上で，火災時の煙は，建物内の避難者の行動や人命安全等の阻害因子となるが，避難行動特性に着目すれば煙粒子の量と関係するし，人命安全を考える場合には人体にきわめて有害な煙の中に含まれるガスの量と関係することとなる．

B. 煙濃度と見透し距離
a. 煙濃度の表し方

煙濃度の代表的な表し方として
- 煙重量濃度：単位容積中の煙粒子の重量
- 煙粒子濃度：単位容積中の煙粒子数
- 減光係数：煙の中の見透し量から求まる光学的濃度

がある．それぞれの目的に応じ使い分けられるが，防煙対策では一般に減光係数で煙濃度を表すことが多い．

煙濃度と減光係数の関係は，図 3.36 の通り，煙のない条件で光源から L (m) の距離だけ離れた受光部における光の強さを I_0 とし，煙のある条件で受光部における光の強さを I とすると

$$I = I_0 \cdot e^{-\kappa C L} \tag{3.4}$$

が Lambert–Beer の法則から導かれる．κ は煙の吸収係数で光の波長と煙粒子の種類や大きさによって決まる定数，C は煙の濃度（％）である．ここで減光係数を C_S とおき

$$C_S = \kappa C \tag{3.5}$$

で定義すると

$$C_S = \frac{1}{L} \log \frac{I_0}{I} \tag{3.6}$$

となる．

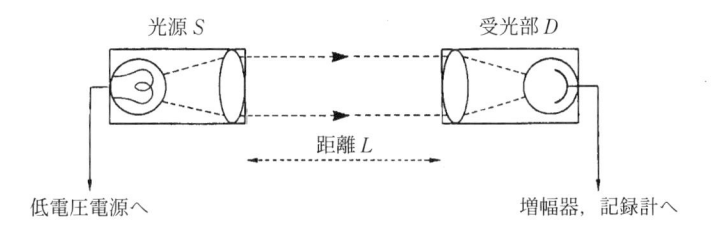

図 3.36 減光係数の測定 [19)]

b. 見透し距離

火災時に建築物内の在館者の避難行動は，避難方向を見極めるための目標物の存在が確認できる距離に影響される．この距離を見透し距離という．避難者が図 3.37 のような誘導標識などが確認できず避難の方向が見透せない場合は，避難行動に支障をきたし，迅速な避難が不可能となり人命を落とす可能性が大きくなる．避難行動に対する見透し距離の影響は，その建物内を熟知しているものといないものによって異なり，安全に行動するためには，住宅や事務所のような建物を熟知した利用者が見込める建物用途では 3～5 m，物販店舗や劇場などの不特定多数の利用者の場合の用途では 15～20 m の見透し距離が必要となる．表 3.10 に煙中での見透し距離とその状況に対応する煙の状態を示す．

煙濃度 C_s と見透し距離 V は一般に $C_s V$ の算定値が一定となる関係があり，その定数は対象物体により異なる．

煙中での誘導灯等の光源を内蔵した発光型標識の見透し距離 V は

$$V \fallingdotseq \frac{1}{C_S} \ln \frac{B_{E0}}{\delta_C kL} \tag{3.7}$$

で表される．ここで C_s は減光係数（1/m），B_{E0} は標識の輝度（cd/m^2），δ_C は視認限界の輝度対比（0.01～0.05），k は散乱係数／減光係数（0.4～1.0），L は照明光の散乱による煙の輝度（cd/m^2）である．

一方，光源として室内の照明光を利用した反射板型標識の見透し距離をみると

図 3.37　誘導灯

表 3.10　見透し距離と煙の状況 [20]

見透し距離	状況の説明
20〜30 m	うっすらと煙がただよう時の濃度．煙感知器はこの程度の濃度で作動する．また建物に不慣れな人はこれ以上濃くすると避難に支障がでる
5 m	建物をよく知っている人が避難するときに支障を感じる濃度
3 m	うすぐらい感じがするときの濃度．この濃度ではやや手さぐり的な避難となる
1〜2 m	この濃度ではほとんど前方が見えなくなる
数十 cm	最盛期の火災階の煙の濃度．暗やみ状態でほとんど何も見えない．誘導灯も見えない
−	出火室から煙が噴出するときの煙の濃度

$$V \fallingdotseq \frac{1}{C_s} \ln \frac{\alpha}{\delta_c k} \tag{3.8}$$

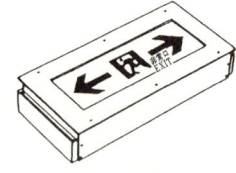

となる．ここで α は反射板型標識の反射率である．

　発光型標識を煙を充満させた箱の中に入れ，箱外からガラス越しに標識を見たときの減光係数と見透し距離の関係を整理した結果が図 3.38 である．このような結果から減光係数と見透し距離 V の関係を簡略化すると

3.3 火災現象

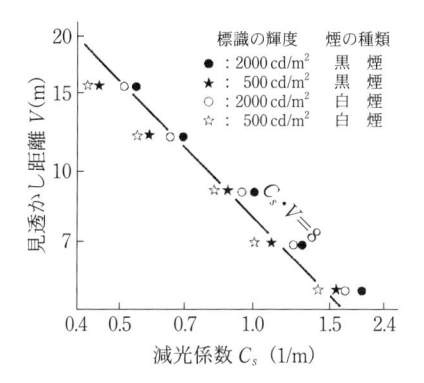

図 3.38 発光型標識の見透し距離と煙濃度 [19, 20]

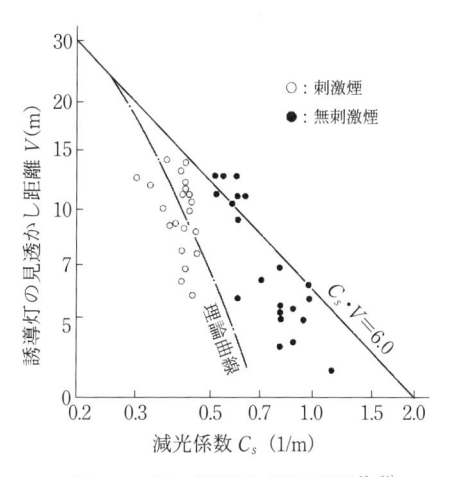

図 3.39 煙の刺激性と見透し距離 [19, 20]

発光型標識
$$V \fallingdotseq \frac{5 \sim 10}{C_S} \text{ (m)} \tag{3.9}$$

反射板型標識
$$V \fallingdotseq \frac{2 \sim 4}{C_S} \text{(m)} \tag{3.10}$$

となり,反射板型標識は発光板型標識の 1/2 以下となる.

見透し距離に影響を及ぼす要素として煙の刺激性の有無もある.図 3.39 は

誘導灯の「非常口」の文字の判読可能な距離を刺激性の弱い煙と強い煙の2種類を用い実験した結果であるが，刺激性の強い煙ではある値以上に減光係数が大きくなると急激に見透し距離が短くなることがわかる．

C. 煙の発生量

火災時に生成される煙の発生量は可燃性物質の燃焼条件により変化する．特

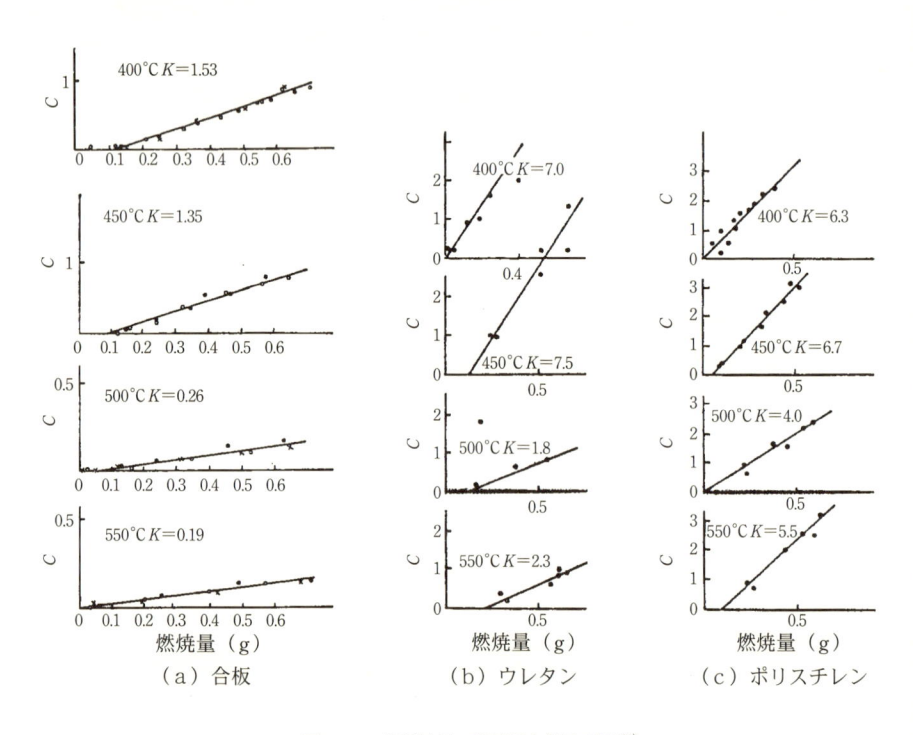

図3.40 各種材料の発煙量と燃焼重量[21]

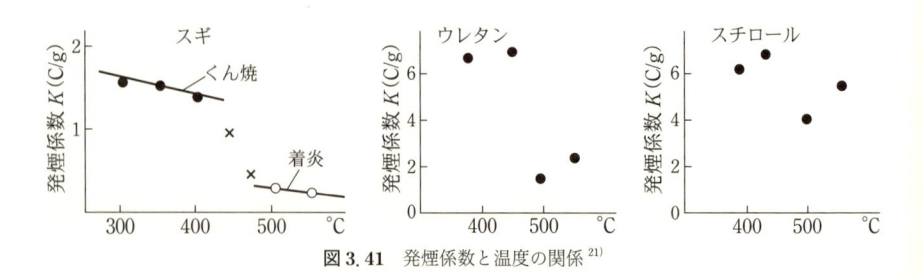

図3.41 発煙係数と温度の関係[21]

に燃焼が，有炎燃焼とくん焼燃焼では，その煙の発生量は大きく異なる．図 3.40 の通り，木材の燃焼が有炎燃焼かくん焼燃焼かは 400℃〜500℃ で分かれ，煙発生量もこの温度領域で大きく変化し，高温度になるほど発煙量は減少する．また，発煙量 C は

$$C = C_S \cdot V \tag{3.11}$$

で表される．ここで C_s は減光係数，V は煙粒子の拡散した容積である．

また，図 3.41 の直線勾配は，ある温度における材料の単位重量当たりの発煙量であり，これを発煙係数という．発煙係数は材料ごとの固有値であり，温度によって異なる値をとる．同じ材料であってもくん焼燃焼では発煙係数は大きくなり，有炎燃焼では発煙係数は小さい値をとる．すなわち，実験より発煙係数 K と雰囲気温度 t との間には，一般に次式（3.12）の関係が成立する．

$$K = A - Bt^n \tag{3.12}$$

ここで A, B, n は実験定数である．ちなみに，木材では n は 1 となる．

一方，高分子材料では，高温で加熱される場合，熱分解速度が急激に増大するため酸素の供給が追いつかず，炭素数の大きい物質であることも相まって濃煙を発生することになる．

また，単位時間当たり・単位重量当たりの発煙量を発煙速度 C_{sk} とした場合，

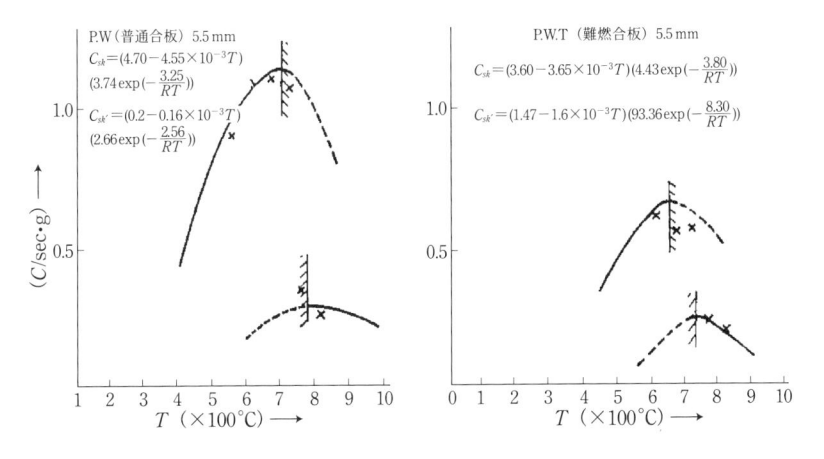

図 3.42 発煙速度 [21)]

発煙速度は材料の熱分解速度 m_p と発煙係数 K の積として

$$C_{sk} = K \cdot m_p \tag{3.13}$$

で求められる．ここで燃焼速度 m_p に Arrhenius の反応速度式を適用すると

$$C_{sk} = (A - BT^n) \cdot k_0 \exp(-E/RT) \tag{3.14}$$

となる．

D. 建築物内の煙流動

建物内での煙の性状は，火災による発熱量，建物の空間形状および寸法，建物内外の温度差，外気風，排煙システムなど様々な要因に影響を受ける．しかし，基本的には，煙という流体に作用する物理法則や実験的に知られている知見を用いることにより煙流動性状を予測することが可能である．

a. 出火室の煙性状

火災が発生した室内では，その火災が初期段階では，室内上部に高温の煙層が形成され，室内下部の空気層とおおむね2層に分かれる．煙層は，火災プルームにより継続的に煙や新鮮空気が供給され徐々にその体積を増し，その境界層は室内を徐々に降下し，扉や窓などの開口部の上端まで下降すると，その開口部が開放されている場合，あるいは熱により破損した場合，開口部を介し隣接する空間へ煙等が伝播する．

火災室での煙層の降下速度は火炎性状と密接に関連し，火炎や火炎直上の火災プルームへの雰囲気空気の巻き込み量と火災室の床面積や天井高さによって決定される．火災室内の任意の高さ Z での火災プルーム中を上昇する熱煙気流の質量 m_z は，火源発熱量を Q とすると，

$$m_z = C_m \left(\frac{\rho^2 g}{Cp\,T} \right)^{1/3} Q^{1/3} Z^{5/3} \approx (0.07 \sim 0.08) Q^{1/3} Z^{5/3} \tag{3.15}$$

となる．ここで C_m は実験的に求められおおむね 0.21 となることが知られている．

出火室を煙層が天井面から単純に降下する場合を想定し，図 3.43 の通り煙を流出させる開口部や排煙の関係しない場合の煙層降下を考えると，火災プル

3.3 火災現象

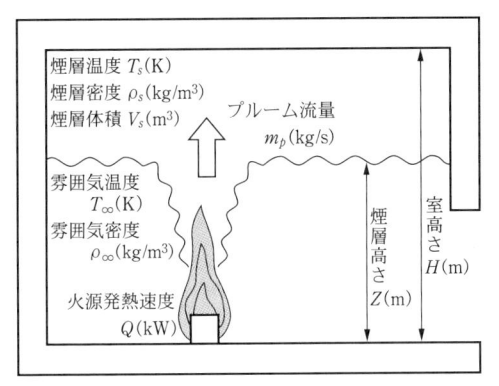

図 3.43 煙層降下モデル概念図

ームにより煙層に加えられる煙量が煙層の増加につながる．煙層の降下に対し熱量保存を無視し，質量保存のみを考慮するとその降下速度を次式 (3.16) で表すことができる．

$$\rho \frac{dv}{dt} = -\rho A \frac{dz}{dt} = m_p \tag{3.16}$$

ここで ρ は煙層の密度，V は体積である．

よって，出火後の時間 t と煙層高さ Z との関係は

$$\frac{dZ}{Z^{5/3}} = -\frac{k}{A} Q^{1/3} dt \tag{3.17}$$

として求められる．ただし，$k = (0.07 \sim 0.08)/\rho$ である．

一般に発熱速度 Q は時間とともに変化するが，建築物の火災安全設計のための火源として次式が代表される．

$$Q = Q_0 \quad (定常火源)$$
$$Q = \alpha t^2 \quad (t^2 火源)$$

定常火源とは，火災による発熱速度が一定と仮定する場合の火源であり，t^2 火源とは図 3.44 のような実験結果に基づき発熱速度が時間の 2 乗に比例して増加する火源である．

煙の任意の高さ Z までの降下時間は，空間の水平断面積 A が高さによらず

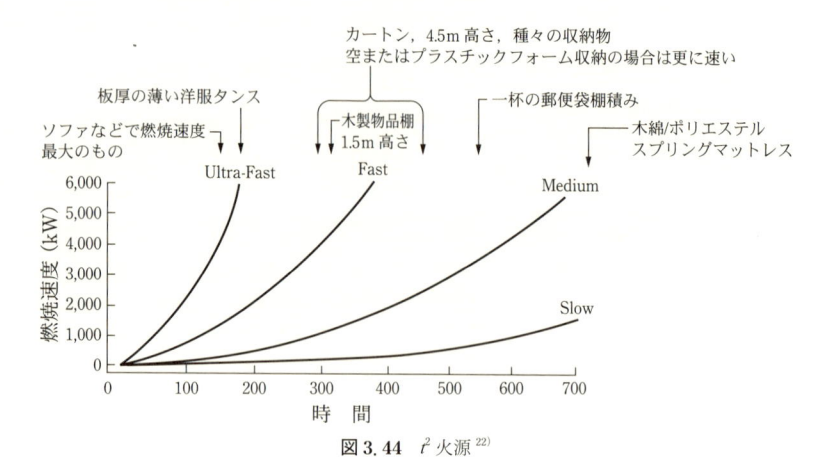

図3.44 の説明ラベル:
- ソファなどで燃焼速度最大のもの → Ultra-Fast
- 板厚の薄い洋服タンス
- 木製物品棚 1.5m高さ → Fast
- カートン,4.5m高さ,種々の収納物 空またはプラスチックフォーム収納の場合は更に速い
- 一杯の郵便袋棚積み → Medium
- 木綿/ポリエステルスプリングマットレス → Slow

図3.44　t^2 火源 [22]

一定の場合,定常火源の場合では

$$t = \left(\frac{3}{2} \frac{1/Z^{2/3} - 1/H^{2/3}}{kQ_0^{1/3}}\right) A \tag{3.18}$$

火源が t^2 火源の場合では

$$t = \left(\frac{5}{2} \frac{1/Z^{2/3} - 1/H^{2/3}}{k\alpha^{1/3}}\right)^{3/5} A^{3/5} \tag{3.19}$$

で求められる.

定常火源の式から煙降下時間と実際に実施した実験の比較結果が図3.45で

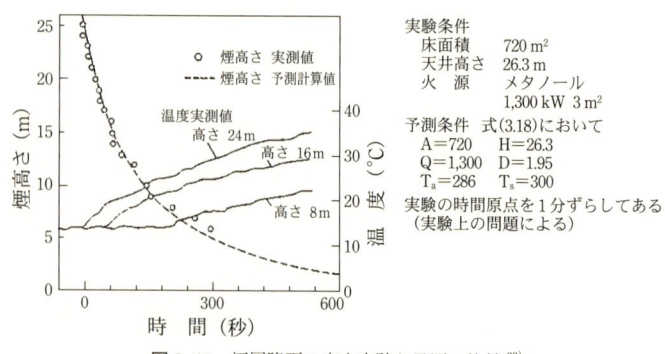

実験条件
　床面積　　720 m²
　天井高さ　26.3 m
　火源　　　メタノール
　　　　　　1,300 kW　3 m²

予測条件　式(3.18)において
　A=720　　H=26.3
　Q=1,300　D=1.95
　T_a=286　T_s=300

実験の時間原点を1分ずらしてある
（実験上の問題による）

図3.45　煙層降下の実大実験と予測の比較 [23]

あるが，計算値と実験値は良好に一致している．

b. 出火室から隣接空間への煙の流れ

図 3.46 に示した空間 a の圧力 p_a が空間 b の圧力 p_b より高い場合，空間 a と空間 b の仕切壁に設けられた開口部を介し，空間 a から空間 b へ空気の流れが生じる．この流れは Bernoulli の運動方程式を適用することにより流速が計算できる．開口部を介する流体粒子は，開口部から噴出する時点で任意の方向に慣性を持っており，すべての流体粒子が同じ速度の平行流を形成するまでには，空間 b から任意の距離だけ流れた後になる．そのときの噴流の断面積を A' とすると，開口部からの噴出流量は $\rho v A'$ で与えられる．ここで A' は

$$A' = \alpha A \tag{3.20}$$

で計算され，α を開口係数または流量係数という．開口係数は開口の形状により異なるが，扉や窓のような形状の開口では $\alpha = 0.64 \sim 0.7$ 程度であり，図 3.47 に一例を示す．

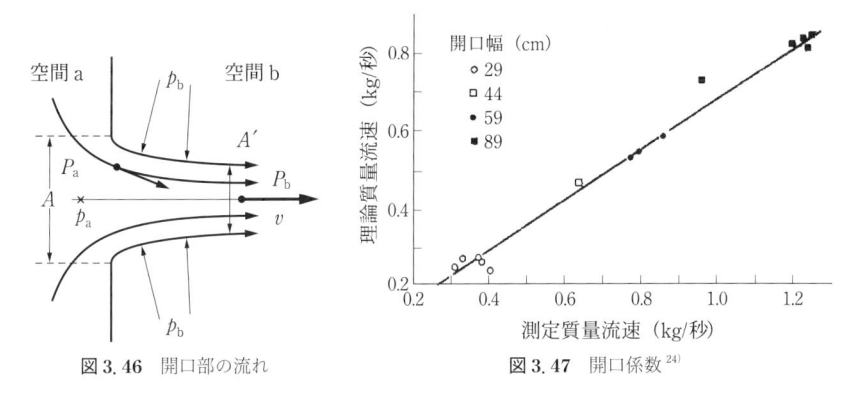

図 3.46　開口部の流れ

図 3.47　開口係数[24]

火災室は，隣接空間との間に大きな温度差が生じる．このような空間を隔てる壁の中に開口部があると，開口を通る流量の計算をする場合に上下方向の圧力差分布が無視できない場合が多い．その場合，図 3.48 に示すような中性帯が開口部の上・下端の中間にでき，その上下で流れの方向が逆転する．

両空間の空気の密度差が原因で生じる開口高さにわたる圧力差から，基準高さを中性帯高さにとると

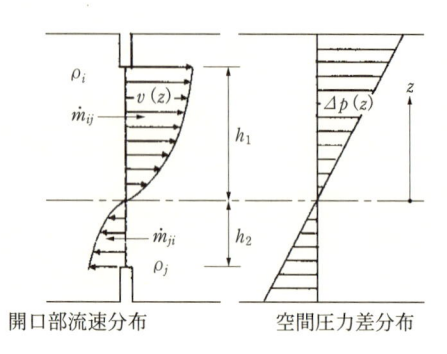

図 3.48 中性帯高さ

$$\Delta p(z) = -(\rho_i - \rho_j)gz > 0 \tag{3.21}$$

となる．なお $\rho_i < \rho_j$ と仮定し，中性帯上方 Z での圧力差は $\Delta p(z)$ としている．この流れは空間 i から j に向かうものとなり，流速 $v(z)$ は

$$\begin{aligned}v(z) &= \{2\Delta p(z)/\rho_i\}^{1/2} \\ &= (2g|\rho_i - \rho_j|/\rho_i)^{1/2} z^{1/2}\end{aligned} \tag{3.22}$$

で計算され，開口部を通る空間 i から j への流量 m_{ij} (kg/s) は，開口幅を B とするとき

$$m_{ij} = \frac{2}{3}\alpha B(2g\rho_i|\rho_i - \rho_j|)^{1/2} h_1^{3/2} \tag{3.23}$$

で求められる．ここで h_1 は中性帯と開口上端との距離である．なお，開口高さと中性帯の諸関係における流量の計算方法について表 3.11 に示す．

以上の通り開口部を通る流れは，中性帯の高さと大きく相関することになる．

c. 廊下の煙性状

廊下へ火災室から流出した煙の移動速度は，煙の温度などと相関するが過去の火災実験などから 0.5 m/秒～1.0 m/秒程度というおおよその結果が得られている．図 3.49 の通り，煙の温度は空気より高温のため，煙は開口部から噴

3.3 火災現象

表 3.11 開口高さと中性帯の諸関係における流量[23]

(単位：kg/s)

判別条件		パターン	流量計算式
$\rho_j = \rho_i$	$\rho_j \leqq \rho_i$		$\dot{m}_{ij} = \alpha B(H_u - H_l)\sqrt{2\rho_i \Delta p}$ $\dot{m}_{ji} = 0$
	$\rho_j > \rho_i$		$\dot{m}_{ij} = 0$ $\dot{m}_{ji} = \alpha B(H_u - H_l)\sqrt{2\rho_j \Delta p}$
$\rho_j > \rho_i$	$Z_n \leqq H_l$		$\dot{m}_{ij} = \dfrac{2}{3}\alpha B\sqrt{2g\rho_i \Delta \rho}$ $\quad \times \{(H_u - Z_n)^{3/2} - (H_l - Z_n)^{3/2}\}$ $\dot{m}_{ji} = 0$
	$H_l < Z_n < H_u$		$\dot{m}_{ij} = \dfrac{2}{3}\alpha B\sqrt{2g\rho_j \Delta \rho}(H_u - Z_n)^{3/2}$ $\dot{m}_{ji} = \dfrac{2}{3}\alpha B\sqrt{2g\rho_j \Delta \rho}(Z_n - H_l)^{3/2}$
	$H_u \leqq Z_n$		$\dot{m}_{ij} = 0$ $\dot{m}_{ji} = \dfrac{2}{3}\alpha B\sqrt{2g\rho_j \Delta \rho}$ $\quad \times \{(Z_n - H_l)^{3/2} - (Z_n - H_u)^{3/2}\}$
$\rho_j < \rho_i$	$Z_n \leqq H_l$		$\dot{m}_{ij} = 0$ $\dot{m}_{ji} = \dfrac{2}{3}\alpha B\sqrt{2g\rho_j \Delta \rho}$ $\quad \times \{(H_u - Z_n)^{3/2} - (H_l - Z_n)^{3/2}\}$
	$H_l < Z_n < H_u$		$\dot{m}_{ji} = \dfrac{2}{3}\alpha B\sqrt{2g\rho_j \Delta \rho}(Z_n - H_l)^{3/2}$ $\dot{m}_{ij} = \dfrac{2}{3}\alpha B\sqrt{2g\rho_j \Delta \rho}(H_u - Z_n)^{3/2}$
	$H_u \leqq Z_n$		$\dot{m}_{ij} = \dfrac{2}{3}\alpha B\sqrt{2g\rho_j \Delta \rho}$ $\quad \times \{(Z_n - H_l)^{3/2} - (Z_n - H_u)^{3/2}\}$ $\dot{m}_{ji} = 0$

ただし，Z_n：中性帯高さ (m)　　$Z_n = (p_i - p_j) / (\rho_i - \rho_j)g$　　α：流量係数（通常 0.7 程度）
H_u，H_l：開口の上端および下端高さ (m)　　B：開口幅 (m)
P：圧力 (Pa)　　$\Delta p = |p_i - p_j|$　　ρ：密度 (kg/m³)　　$\Delta \rho = |\rho_i - \rho_j|$

出し廊下の天井面を沿いながら移動する．しかし，廊下を流れる間に周壁に熱を奪われるので，次第に浮力を失い移動しながら降下し，煙層の厚さを増していく．

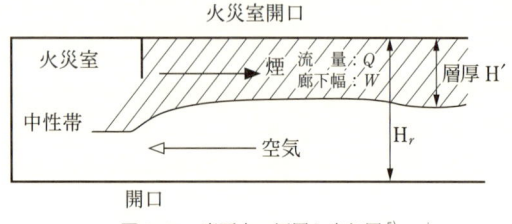

図3.49 廊下内の煙層と空気層[5]

d. 煙突効果

高層建築物には建物利用者の上下方向の移動のために，階段室，エレベータシャフトなどの竪穴空間が設けられる．これらが建物の暖房や火災の煙の侵入で外気温より高い温度になると煙突効果と呼ばれる現象が生じる．これは，図3.50の通り，竪穴空間内に生じた浮力のために，空間内上方では内部の圧力が外気より高くなり，逆に下方部では低くなって，竪穴空間内に下から上への流れが生じる現象であり，煙突が煙を排出するのと同じメカニズムであることから「煙突効果」と呼ばれている．煙突効果現象に影響を及ぼす因子として，上下の開口の大きさがあげられるが，図3.51の通り，これは竪穴の圧力分布が変化するためである．すなわち質量の収支を考えれば，中性帯位置は大きな

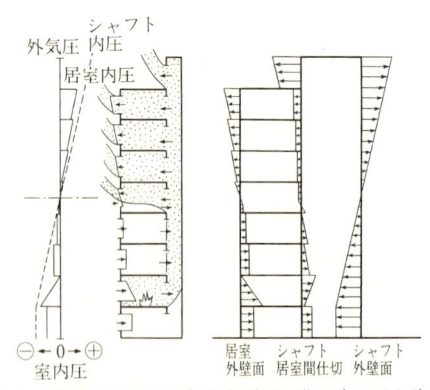

(a) 外気圧基準の表し方 (b) 壁面に作用する圧力差

図3.50 煙突効果[19]

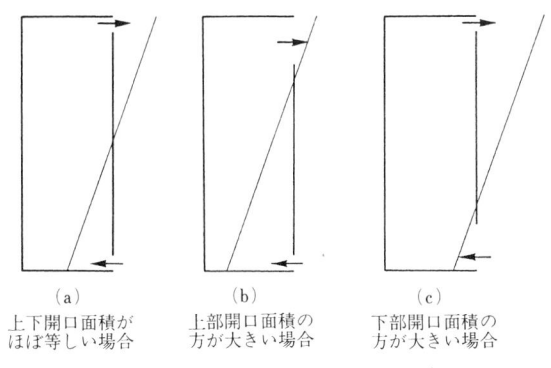

図3.51 開口の大きさと圧力差分布[19]

(a) 上下開口面積がほぼ等しい場合
(b) 上部開口面積の方が大きい場合
(c) 下部開口面積の方が大きい場合

開口のほうに引き寄せられることになり，建築物の各層から竪穴への流入・流出空気量が変化する．

○問　題○

3.3　可燃物の燃焼のメカニズムについて説明せよ．
3.4　「耐火建築物」および「木造建築物」の火災性状の特徴を説明せよ．
3.5　建築物内の煙性状の特徴を説明せよ．

3.4　避難行動と計画

　火災時に建物内の在館者を安全な場所に速やかに避難させることは，人命安全上肝要である．建物を設計する際，その建物の使用者を想定し，避難上の対策を企てるべきであり，在館者の人命安全を確保するために必要な人間の避難行動の特徴やその特徴を踏まえた計画を行うための事項についてここで説明する．

3.4.1　避難行動能力

　火災時の避難者の行動は，避難者の避難経路の熟知度や可燃物の燃焼に伴う煙による視野の制限などにより大きく異なる．不特定多数の人の利用が見込まれる建物用途（デパート，ホテルなど）では，煙が避難者に与える影響はきわ

めて大きい．また，避難経路等を熟知している場合であっても煙によって目や喉が刺激され，生理的に耐えられない状況では，心理的な動揺を引き起こす．

避難者の行動能力について，その歩行速度などが過去の実験により調査されている．また，避難行動に支障をきたす耐容限界についても調べられている．

A. 群衆の歩行速度

平常時の歩行速度は，一般に群衆密度の影響を強く受ける．表3.12に各種状況下での歩行速度の調査結果を示す．平均的に歩行速度は1.3 m/秒前後となる．しかし，図3.52に示すように，群衆密度が増加する場合，歩行速度が減少する傾向にある．また，図3.53のように階段における歩行速度も群衆密度に影響を受ける．

表3.12 各種状況下での歩行速度

歩行者の種類	m/秒	各種の状況下	m/秒
遅い歩行者	1.0	膝までの水中での歩行	0.7
全体平均	1.3	腰までの水中での歩行	0.3
大学生等の若者	1.5	知らない暗闇の空間	0.3
軍隊の行進等	2.0	知っている暗闇の空間	0.7
高齢者等の災害弱者	0.8	群衆歩行（1.5人/m²まで）	1.0

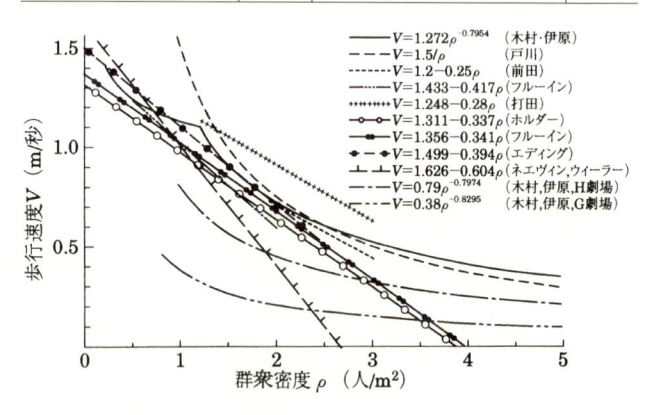

$V=1.272\rho^{-0.7954}$ （木村・伊原）
$V=1.5/\rho$ （戸川）
$V=1.2-0.25\rho$ （前田）
$V=1.433-0.417\rho$ （フルーイン）
$V=1.248-0.28\rho$ （打田）
$V=1.311-0.337\rho$ （ホルダー）
$V=1.356-0.341\rho$ （フルーイン）
$V=1.499-0.394\rho$ （エディング）
$V=1.626-0.604\rho$ （ネエヴィン，ウィーラー）
$V=0.79\rho^{-0.7974}$ （木村,伊原,H劇場）
$V=0.38\rho^{-0.8295}$ （木村,伊原,G劇場）

図3.52 水平歩行時の群衆密度と歩行速度の関係[25]

なお，居室などの出入り口について，幅員1m当たりの通過できる人数を調査した結果が表3.13である．この値は群衆流動係数と呼ばれ，建築物の避難設計を行う際，重要な因子となる．

図3.53 (a) 水平分速度

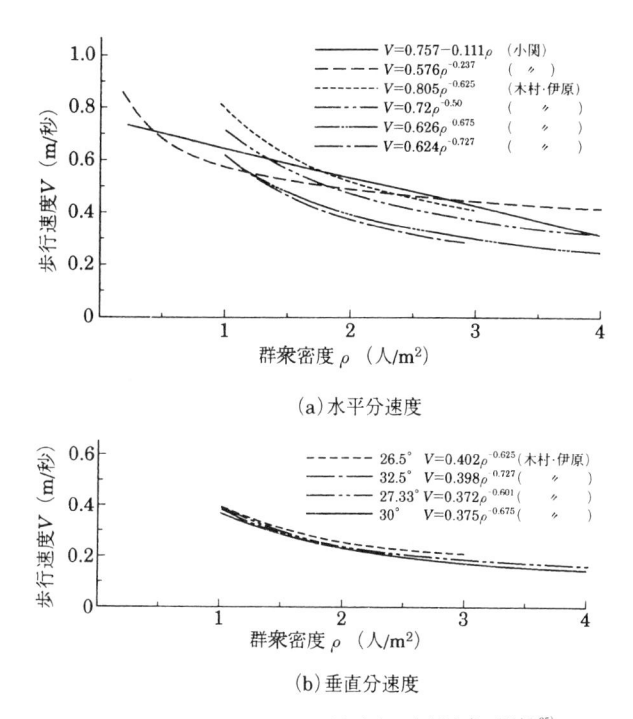

凡例:
- $V = 0.757 - 0.111\rho$ (小関)
- $V = 0.576\rho^{-0.237}$ (〃)
- $V = 0.805\rho^{-0.625}$ (木村・伊原)
- $V = 0.72\rho^{-0.50}$ (〃)
- $V = 0.626\rho^{-0.675}$ (〃)
- $V = 0.624\rho^{-0.727}$ (〃)

(b) 垂直分速度
- 26.5° $V = 0.402\rho^{-0.625}$ (木村・伊原)
- 32.5° $V = 0.398\rho^{-0.727}$ (〃)
- 27.33° $V = 0.372\rho^{-0.601}$ (〃)
- 30° $V = 0.375\rho^{-0.675}$ (〃)

図3.53 下り階段における群衆密度と歩行速度の関係[25]

B. 明るさと歩行速度

歩行速度は，廊下の明るさに影響される．図3.54に示すように，平均照度の低下に伴って歩行速度も遅くなる．ちなみに法規上火災に伴う停電に備え，非常用照明の設置を義務づけられる建築物があるが，その場合，床面で1ルックス以上の照明を確保することが規定されている．

C. 煙中での歩行速度

煙は避難者に対して生理的・心理的な影響を与えるとともに，歩行速度に対しても影響を与える．煙濃度を示す指標である減光係数と歩行速度の関係について実験的に求めた結果を示したのが図3.55である．煙中での歩行速度は，減光係数が増加，すなわち煙濃度の増加に従って遅くなる．また，刺激がある煙では減光係数が0.4 (m^{-1}) のあたりで歩行速度が著しく低下する．

第3章 火災安全性

表 3.13 群衆流動係数[6]

出口種類		群衆流動係数（人/m.s） 0.5　1.0　1.5　2.0
通勤群集	駅　　改札口	
	電車　とびら	
	事務所　エレベータ	
	駅　　階　段	
	バス　とびら	
	列車　とびら	
	都電　とびら	
一般群集	百貨店出口	
	階段（終業時）	
	エレベータ（終業時）	
	映画館出口	
	マーケット出口	
	公会堂出口	
	中学校校門	
参考	避難計画出口	
	推奨値階段	
	外国基準階段	
	1933年文献中	

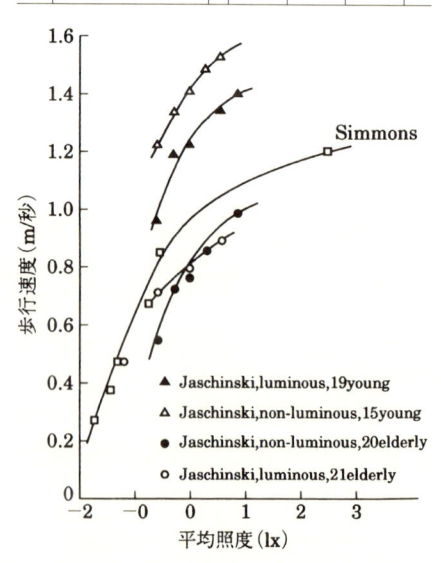

図 3.54 廊下の明るさと避難速度[5]

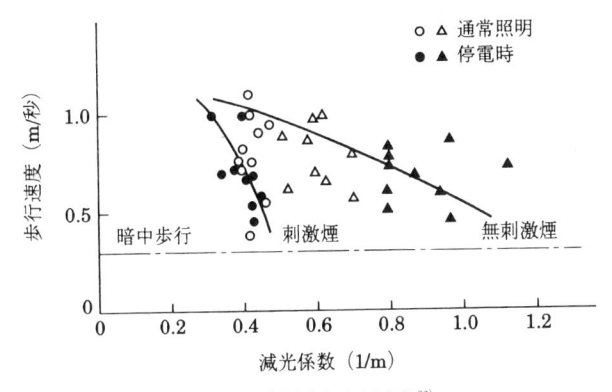

図 3.55　煙濃度と歩行速度 [26)]

D. 避難者の恕限度

人間がある現象などに耐えられる限界を恕限度というが，これまでいくつか実験により火災からの煙や熱に対する恕限度が調べられている．

火炎や煙から人間が受ける輻射熱については，輻射熱の強さが $2kW/m^2$ を超えるあたりから人間の我慢できる時間が急速に落ち始める．図 3.56 の通り，輻射熱の強さが $1,950\,kcal/m^2h$ ($2.27\,kW/m^2$) の場合で 12 分程度まで，$2,100\,kcal/m^2h$ ($2.44\,kW/m^2$) の場合で 6 分程度までである．

一方，空気温度でみれば，無風および低湿度の条件では空気温度と限界時間

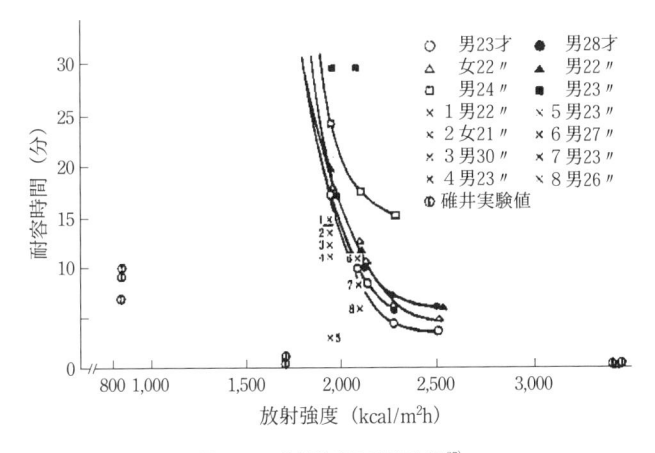

図 3.56　放射強度と耐容時間 [27)]

表3.14 避難者の限界温度

空気温度（℃）	限界時間（分）
50	60以上
70	60
130	15
200〜250	5

の関係は表3.14のようになる．

　燃焼に伴い発生する煙など人体に有害な火災生成ガスが火災時には発生するが，その火災生成ガスの成分は，燃焼する可燃物の種類により異なる．一酸化炭素（CO）は火災時に発生する最も危険な有毒ガスの一つであるが，その恕限度はCO濃度と吸入時間の関係で図3.57および表3.15の通りである．例えば，CO濃度が同じであっても呼吸量が大きい場合，安静時より時間的に早く死亡に至る．一般的にCO濃度が0.5〜1％，吸入時間1〜2分で呼吸障害や死亡に至る．

　図3.58は，煙の減光係数と煙濃度に対し心理的動揺し始めた被験者数の相対値を示した結果である．この実験結果を見ると，研究者（火災研究に従事している者）と一般人の間では，動揺し始める煙濃度が異なっている．この差

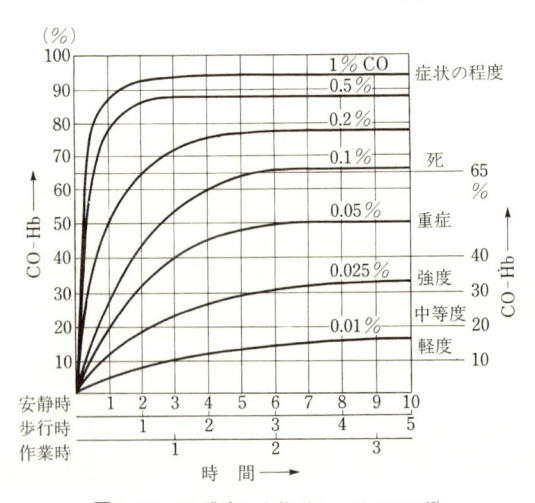

図3.57 CO濃度と人体ダメージの関係[19]

表3.15 急性一酸化炭素中毒症状 [19]

大気中のCO濃度(％)	吸入時間	CO-Hb濃度	影響
0.01〜0.02	—	10〜20	比較的,強度の筋肉労働時に呼吸促迫,時に軽い頭痛
0.02〜0.03	5〜6時間	20〜30	頭痛,耳鳴り,眼失閃発
0.03〜0.06	4〜5時間	30〜40	激しい頭痛,悪心,嘔吐,外表の鮮紅色,やがて運動能力を失う
0.07〜0.10	3〜4時間	40〜50	頻脈,呼吸数増加,やがて意識障害
0.11〜0.15	1.5〜3時間	50〜60	チェーンストーク呼吸,間代性痙攣を伴い昏睡,意識消失,失禁
0.16〜0.30	1〜1.5時間	60〜70	呼吸微弱,心機能低下,血圧低下,時に死亡
0.50〜1.00	1〜2分	70〜80	反射低下,呼吸障害,死亡

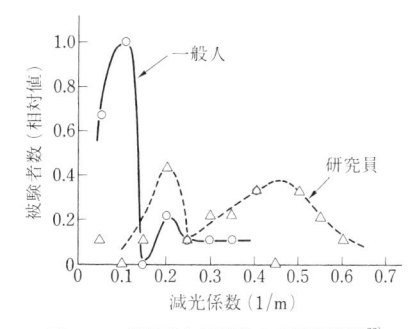

図3.58 煙濃度と避難者の心理的動揺 [28]

は,研究員は煙に対する知識を持っていたこと,実験施設の状況を熟知していたことなどに起因すると考えられる.この心理的動揺を指標として避難限界の煙濃度を見ると,不特定多数が利用する用途では一般人の大部分が動揺し始める煙濃度 $0.15(m^{-1})$,建物内を熟知している人が使用する用途では研究員の多くが動揺し始める煙濃度 $0.5(m^{-1})$ が安全に避難可能な煙濃度の限界として,指標化されている.

3.4.2 避難特性

A. 避難開始

火災の発生から在館者が避難を開始するまでのプロセスは,過去の火災事例

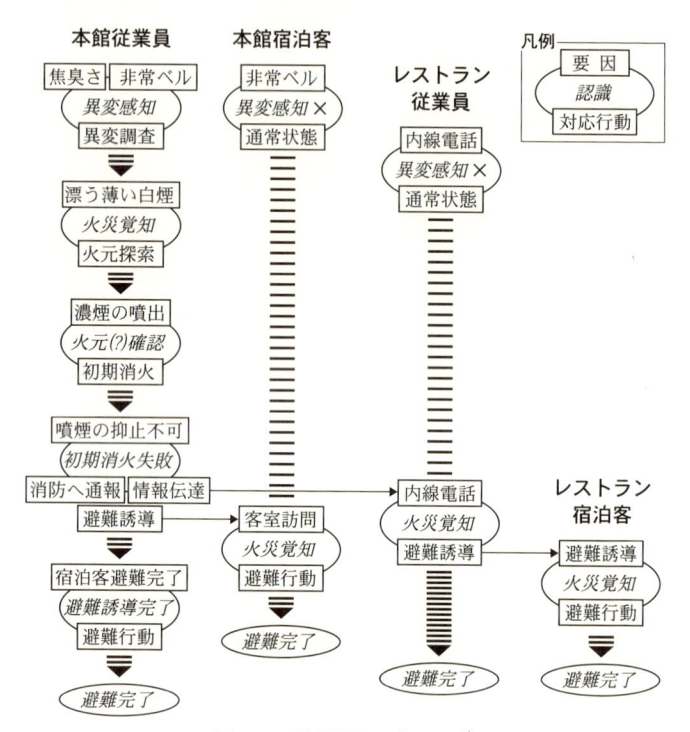

図 3.59 避難開始のプロセス[5]

調査・研究などからも明らかな通り，火災が発生した空間的状況と時間的状況により決定される．避難開始に至るプロセスは，火災時の情報伝達がどのようになされるかという問題とかかわりが深く，例えば図3.59のような例がある．

B. 避難行動

火災時の在館者の避難行動は，表3.16 に示すように避難者や避難経路などの条件と密接な関係にある．これらの因子の組み合わせにより，避難者特有の心理特性や行動特性などを誘発することとなる．

a. 心理特性

火災などに直面し人命に危険が及ぶような状況下では，不安や恐怖などによって理性的な判断に基づく行動をとることが困難となり，本能的あるいは感情的な対応行動をとる可能性が高い．不安や恐怖等に対する感受性には個人差があるが，思考能力が低下した状況下では，避難者は単独行動をとらず群衆の一

3.4 避難行動と計画

表 3.16 避難行動因子と関連する項目 [29]

			避難行動因子		
			歩行速度	経路選択, 判断	避難開始
避難行動因子に関係する項目	避難者	群衆構成			
		人数, 密度	○	○	○
		肉体的ハンディ (身体障害, 身体拘束, 病気, …)	○		○
		年齢	○	○	○
		建物熟知度		○	○
	心理	危機感	○	○	○
		指光性		○	
		追従性 (グループ行動)		○	
		環境や状況から受ける印象, 感覚		○	○
	その他	就寝, 入浴			○
		飲酒 (酩酊)	○	○	○
		熱中			○
		火災経験		○	○
	避難経路	構成	○	○	○
		容量	○	○	
		長さ, 距離		○	
		形状 (水平, 階段, 開口, …)	○	○	
		開口の形状 (常閉扉, 開放, シャッターくぐり戸, …)	○	○	○
		交差, 合流, 分岐	○	○	
		ディテール (床仕上げ, 凸凹, 階段寸法, …)	○		
		明るさ	○	○	
		内部/外部		○	
		明快性		○	
		施錠		○	
	環境	騒音			○
		煙, 熱, 火災, 臭い	○	○	○
	避難誘導システム			○	○

員として行動する可能性が高くなる. このような状態の群衆は, デマや誤情報に対して過度に反応し, いわゆるパニック状態に陥りやすい. そのため避難者に対する火災に関する適切な情報の提供, あるいは避難誘導を行うことが特に重要になる.

b. 行動特性

火災時の避難者の行動には, 表 3.17 に示すような特性がある. 避難計画を検討する際には, これらの特性を利用した計画とすることが望ましい.

表 3.17 避難行動特性[5]

	行動内容
日常動線志向性	日頃から使い慣れた経路や階段を使って逃げようとする
帰巣性	入ってきた経路を逆に戻ろうとする傾向で，特にはじめて入った建物で内部の状況をよく知らない場合に多く現れる
向光性	一般に暗闇に対しては不安感を抱くことから，明るい方向を目指して逃げる
向開放性	向光性と類似した特性だが，開かれた感じのする方向へ逃げようとする
易視経路選択性	最初に目に入った経路や目につきやすい経路へ逃げようとする
至近距離選択性	自分のおかれている位置から最も近い階段を選択する（近道を選択しようとする）
直進性	見通しのきく真っ直ぐな経路を逃げる（突き当たるまで経路を真っ直ぐ進む）
（本能的）危険回避性	危険現象（煙や火炎）からできるだけ遠ざかろう（視界に入らない所まで逃げよう）とする
（理性的）安全志向性	自分が安全と思い込んでいる空間や経路に向かう
追従（付和雷同）性	避難先頭者や人の多く逃げる方向を追っていく

3.4.3　避難計画と設計

　避難計画の目的は，火災による危険が生じる空間にいる在館者が迅速，かつ混乱なく安全な場所へ避難ができるよう建築設計を具現化することである．そのためには，避難経路が煙などによって危険な状況にさらされないようにする必要がある．避難計画を行う際，用途や規模などの建物の特性と，その建物を利用する避難者の行動能力や特性を考慮する必要がある．

A. 避難計画の基本原則

a. 避難経路の配置

ⅰ）二方向避難の確保　　建築物内では，火災発生の可能性がある場所の在館者が，安全な場所へ至るための経路が少なくとも2つ確保されるように避難経路を計画することが重要である．すなわち，避難計画上，安全な場所へ至る独立した2つの経路を確保することが必要となる．

　火災の発生が想定される居室内において二方向避難を確保する場合は，居室に2つ以上の出入口を相互にできる限り離して配置することが望ましい．ま

た，共同住宅のように共用廊下に面して一住戸当たりの間口が大きく取れない場合や，病院，社会福祉施設などのようにその用途の性格上，居室と廊下との間を防火区画することが難しい場合は，外気に面するバルコニーなどを設けて居室からの二方向の避難経路を確保することも有効である．

ⅱ）**避難経路の明快性**　居室の各部から直通階段に至るまでの避難経路は，避難行動上の混乱を防止するために明快であることが重要である．避難経路を明快にするためには，通路の不必要な曲がりを少なくする，避難経路の見通しを確保する，行き止まりを少なくすることなどを配慮することが必要である．

b．避難経路の容量

避難経路の配置を考えると同時に，避難群衆が円滑に避難できるために通路や階段，出入口などの幅，階段付室の大きさなどは，十分な広さが必要である．すなわち，建物用途ごとの在館者数に応じた避難経路の容量を確保し，避難経路の途中では，群衆流動の妨げになるようなネック部分を設けず，過大な滞留が生じないよう計画することが重要である．

c．避難経路の保護

避難行動中の避難者を火煙から守るため，また避難が可能な時間を延ばすために火災の影響から経路を確保することが必要である．安全な避難経路を確保するために，避難経路の防火防煙対策を行い，避難経路の内装を不燃化することが重要である．また，特別避難階段の付室は階段への煙伝播を防止するためにきわめて有効である．

大規模建築物や高層建築物など，避難時間が長くなることが予想される場合には，居室から階段に至る避難経路が，安全な区画から更に安全な区画へ順次避難できるように区画を段階的に設定し構成することが原則となる．このような区画を安全区画と呼び，居室から近い順に廊下を第1次安全区画，階段付室を第2次安全区画と呼ぶ（図3.60）．また，病院など多数の災害弱者が存在する場合には，水平方向に確実な防火防煙の区画を行い，水平移動するだけで避難安全を確保する計画とすることが望ましい．

B．避難施設の計画と構造

火災時に在館者が，建物の内部から安全な場所へ移動するために使用される

図 3.60 安全区画[5]

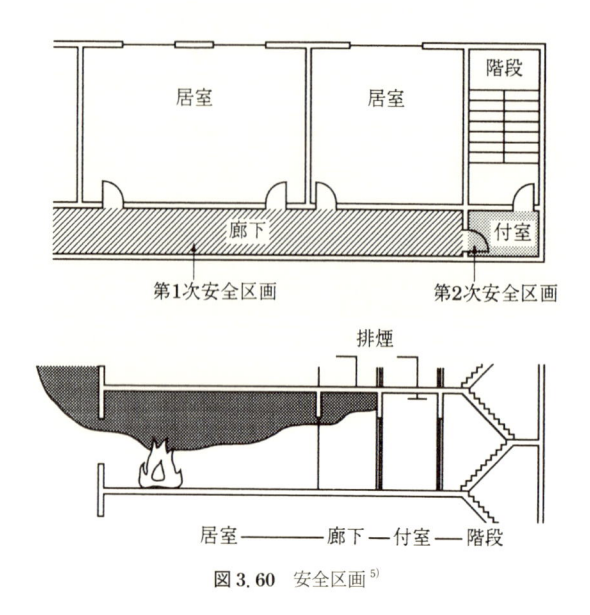

施設が避難施設である．避難計画を考えるには避難施設の有効な配置，利用も十分考慮する必要がある．これら避難施設は，日常的な動線計画などを考慮した上で，適切に建物内に配置を行うことにより，非常時に避難者が有効に活用することが望まれる．以下に，代表的な避難施設の特徴について示す．

a. 避難扉

避難扉は，二方向避難を考え適切な位置に配置される必要があり，また在館者が迅速に避難可能で，かつ子供や高齢者などでも容易に開放可能な構造とすることが重要である．避難終了後は自動的に閉鎖し，一定時間火災を閉じこめておける防火防煙性能も必要である．避難扉は，在館者が避難する方向に開くことが原則であるが，廊下や居室の中間に設置される場合は，スウィング式とするなどの工夫が必要である．煙制御を行った場合においても，避難扉の開放・閉鎖障害が生じないように注意することが必要である．自動式扉は，故障や停電対策などが必要であり，玄関ロビーなどに用いられる回転扉は，群衆の通過に問題があるため避難扉としては好ましくない．

b. 廊　　下

幾つかの居室を連絡している廊下が，一室の火災によって早期に煙で汚染さ

れると火災室以外からの避難を困難にする．居室の出入口には自閉式扉等を設けるなどの対策を行い，火災発生後すぐに煙や火炎などが廊下に漏れないよう区画する．万一，煙が廊下などに漏れた場合でも，すぐに煙が充満しないようにする．例えば，片廊下型では，一面を外気に開放する構造とする．中廊下型では，外気に面し開口が取りづらいので，排煙口を適所に配置し，煙が廊下に充満することを防止するための対策を行う．また，転倒を防止するために廊下の床面は段差などを設けないことが望ましい．

c. 階　　段

階段は，最も重要な縦方向の避難経路であり，その配置，構造，出入り口などについて避難上，十分な配慮が必要である．特に火災時に発生した煙が階段室に侵入し，上階への伝播経路とならないような構造とし，消火活動などの拠点として利用できるような構造とすることが必要である．

避難施設として要求される階段は，直通階段として建築基準法で位置づけられている．直通階段とは，直接屋外へ避難できる避難階まで連続している階段である．地上階と地下階を連続している階段の場合，避難してきた人が避難階を通過してしまうことがないよう，上下からの避難経路を扉や柵で分離したり，色彩やデザインで避難階を意識させる必要がある．避難階段には，屋内避難階段と屋外避難階段の2種類がある．屋内階段は耐火造の壁で囲み，屋外階

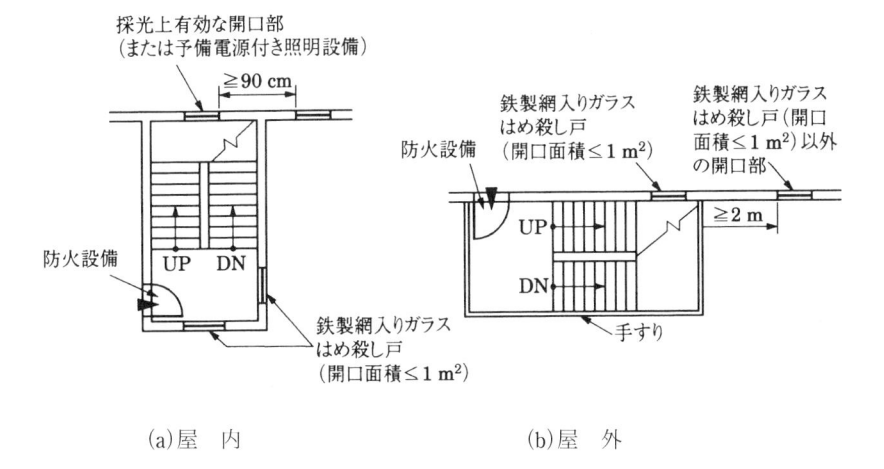

図 3.61　避難階段 [5]

段は耐火造の壁に接し,図 3.61 に示す条件を満たしていなければならない.
　直通階段のうち,高層建築物や地下階へ通じる階段は避難階段または特別避難階段とすることが要求されている.特別避難階段は,避難階段の前に付室あるいはバルコニーを,付室には排煙設備を設け,バルコニーには屋外に十分開放されていることが要求される.図 3.62 の通り付室やバルコニーは避難者の滞留スペースや消防活動上の拠点としての役割も期待されている.

図 3.62 滞留スペースを意図した付室[2]

d. バルコニー

　バルコニーは,外気に面し配置されるため,煙に対し安全性が高い.特に災害弱者の多い施設では図 3.63 のように避難に有効なバルコニーを設置することが望ましい.

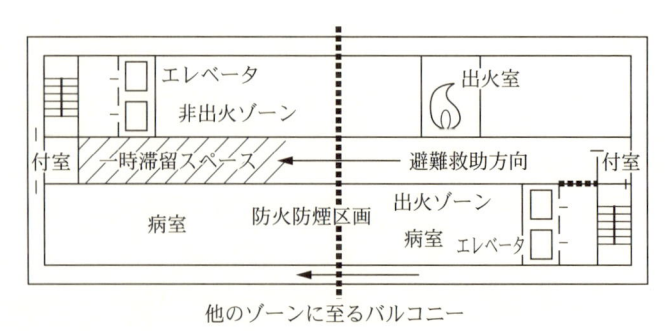

図 3.63 建物の全周にバルコニーを設置した設計[19]

また，ホテル・旅館などの就寝施設のように避難開始が遅れる可能性の高い用途などもバルコニーを設置した避難経路が配慮される必要がある．バルコニーを設けるための十分なスペースがない条件でも，部分的なバルコニーと避難タラップの設置を併用し下階へ避難する経路を確保することも可能である（図3.64）．

図 3.64 避難はしごが設置されたバルコニー [19]

e．避難器具

避難器具は，直通階段を主体とした避難経路を確保した上での最終避難手段として位置づけられる．消防法では，避難はしご，緩降機，救助袋，避難ロープ，すべり棒，すべり台，避難タラップ，避難橋が避難器具として定められている．多くの避難器具は，構造上多くの人間が一度に利用することは困難であり，操作にも熟練を要する．

C．避難設計

避難者の安全性を確保するための避難設計では，建築物内の任意の空間において在館者が火災による危険にさらされるまでの時間内に，その空間からの避難が完了するか否かを確認することが必要である．

a．避難設計の方法

避難設計は避難計画と煙制御計画を両輪とし進める必要がある．避難計画では，最初に避難者数を設定する必要がある．避難者数は，在館者密度（人/m^2）と空間の床面積（m^2）との積として算定することができる．在館者密度は空間の用途別に異なるが，建築基準法では在館者密度を表 3.18 の通り定め

表3.18 避難流動計算用の在館者密度[30]

居室の種類		在館者密度（人/m²）
住宅の居室		0.06
住宅以外の建物における寝室	固定ベッドの場合	ベッド数を床面積で除した数値
	その他の場合	0.16
事務室，会議室その他これらに類するもの		0.125
教室		0.7
百貨店または物品販売業を営む店舗	売場の部分	0.5
	売場に附属する通路の部分	0.25
飲食室		0.7
劇場，映画館，演芸場，観覧場，公会堂，集会場その他これらに類する用途に供する室	固定席の場合	座席数を床面積で除した数値
	その他の場合	1.5
展示室その他これに類するもの		0.5

ている．

　避難経路は，安全区画を形成するように計画する必要がある．火災の発生した以外の階の在館者は，火災覚知および避難開始が遅れることから直通階段の階段室を区画する．また就寝用途や平面的に広がりがあるプランに対しては，各居室を区画し廊下の煙汚染を遅延させることも重要である．

　次に，火災が発生した際に在館者がどの経路を通って安全な場所に避難するのかを決定するが，原則として日常使用している動線と避難動線が一致することが望ましい．この段階で二方向避難経路の確保に関しても検討する．また，避難者数に対して安全区画の滞留スペースと，円滑な群衆避難が実行できるために十分な出口幅員を確保する．また火災が発生した際に，より速やかに在館者に火災を覚知させ，避難を開始させることを計画することも重要である．

　一方，煙制御計画では煙性状予測を行い，想定した火災によりどの程度の煙が発生するかを予測することが必要である．火災の初期段階の煙発生量を算定し，その結果から防煙計画を行うが，火災の初期段階では，火災室と廊下間に設置された扉の遮煙性能と火災室に設けられた排煙設備の能力から，廊下への煙拡大性状の予測も重要である．在館者の避難に必要な時間の確保は，火災室から廊下に煙が伝播することを防ぐ，あるいは遅延させることが必要であり，

仮に在館者が使用している避難経路に煙が伝播した場合でも，ある程度の時間は避難路として活用可能なよう煙流動計画を行うことが必要である．

b．避難予測計算

避難予測計算については，出火から避難開始までの避難開始時間，避難開始から避難完了までの避難行動時間に分け，その算定手順および方法を示す．

ⅰ）**避難開始時間**　任意の室で火災が発生した場合，その出火室の在館者がまず火災を覚知して避難行動を開始するものと考える．出火室の在室者が火災を覚知するまでに要する時間を，火源から発生する煙や臭いが室全体に行き届く時間として，

$$t_{\text{start.room}} = 2\sqrt{A} \text{（秒）} \tag{3.24}$$

が提案されている（図 3.65(a)）．なお，式（3.24）中において，A は室床面積（m^2）である．

また，煙層の降下時間に着目し，天井高（m）の9割まで煙層が降下した状況（図 3.65(b)）で火災を覚知するという考え方もある．

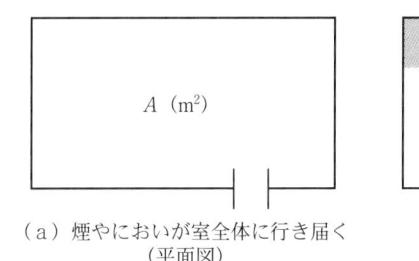

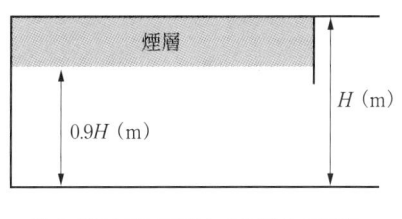

（a）煙やにおいが室全体に行き届く（平面図）　　（b）煙層が天井高さの9割まで降下（断面図）

図 3.65　避難を開始する室内の状況

出火室以外のその階に存在する全在館者が避難を開始するまでの時間については，式（3.25）が提案されている．

$$t_{\text{start.floor}} = 2\sqrt{A_{\text{floor}}} + a \text{（秒）} \tag{3.25}$$

なお，上式において，A_{floor} は出火階において要避難者が存在するとされるすべての室の床面積の合計（m^2）であり，a は共同住宅，ホテルなどの用途建築物については $a=300$，その他の用途建築物については $a=180$ が設定されてい

る．また，単純に非出火室は出火室の2倍とする考え方もある．

なお，在館者が避難を開始するまでの過程を細かく分けて避難開始時間を算定する方法もある．

$$t_{\text{start. floor}} = t_{\text{detection}} + t_{\text{operation}} + t_{\text{response}} + t_{\text{finding}} + t_{\text{report}} + t_{\text{announce}} \quad (秒) \quad (3.26)$$

式（3.26）において，$t_{\text{detection}}$ は感知器が作動する時間，$t_{\text{operation}}$ は感知器作動後に火災警報システムが発報する時間，t_{response} はシステム発報後に防災センターなどの管理者が感知器作動の警戒区域に到達する時間，t_{finding} は管理者が警戒区域内で火災を発見する時間，t_{report} は火災発見後防災センターなどへ連絡する時間，t_{announce} は防災センターなどから避難誘導放送をする時間である．

ⅱ）**避難行動時間**　避難行動時間とは，在館者すべてが同時に避難を開始するものとし，そのすべての在館者が避難を完了するまでの時間である．避難行動時間は，出火室からの避難（居室避難）と出火階からの避難（階避難）に分け考えられることが多いが，基本的にはその算定方法は以下に示した同一の考え方に基づき，避難歩行時間と滞留解消時間から算定される．

最大歩行距離 L(m) の避難経路を避難者が歩行速度 v (m/秒) で避難する場合の避難時間，すなわち，避難歩行時間 t_L(秒) は，

$$t_L = L/v \quad (秒) \quad (3.27)$$

となる．ここでの歩行速度 v の代表的な値は表3.19に示す通りである．

また，幅 B(m) の出口前に避難者 P(人) が集結，滞留した状態で出口を通過するのに要する避難時間，すなわち，滞留解消時間 t_B(秒) は，

$$t_B = P/(NB) \quad (秒) \quad (3.28)$$

となる．式（3.28）において，N は流動係数（人/m.秒）と呼ばれる単位時間・単位出口幅当たりの通過人数である．一般的には，群衆流動係数 N は，1.5（人/m.秒）が用いられる．

これらの算定式が出火室および出火階の避難行動時間を算定する際の基本式となる．

表 3.19 避難予測計算に用いる歩行速度[30]

建築物または居室の用途	建築物の部分の種類	避難の方向	歩行速度 (m/秒)
劇場その他これに類する用途	階段	上り	0.45
		下り	0.6
	客席部分	―	0.5
	階段および客席部分意外の部分	―	1.0
百貨店, 展示場その他これに類する用途または共同住宅, ホテルその他これに類する用途(病院, 診療所および児童福祉施設等を除く)	階段	上り	0.45
		下り	0.6
	階段以外の建築物の部分	―	1.0
学校, 事務所その他これに類する用途	階段	上り	0.58
		下り	0.78
	階段以外の建築物の部分	―	1.3

○問 題○

3.6 火災時の建物在館者の避難行動の特徴を説明せよ.

3.7 避難計画の基本原則を説明せよ.

3.5 建築材料・構造

　建築物の柱や壁などの構造体は，建築物の規模に応じ耐火時間などが定められている．火災により建築物が容易に崩壊することになれば，建築物の規模や用途によっては，多数の死者を出すことにもなり，また多大な財産の損失も発生する．よって，そのような被害を低減させるためには，火災が急激に進展しないような材料を建物の内装に使用する，火災の規模を一定の面積以下に抑える耐火性のある壁を用い区画する，あるいは構造部材を火災に対し過度に温度上昇しない仕様にする，などの対策があげられる．発生した火災が想定できるならば，その火災に対し合理的な構造部材の仕様を設定することが設計の段階で可能となる．ここでは，そのような建築物の構造部材を設計する上で必要な火災に対する基礎的事項について説明する．

3.5.1 建築防火材料

火災による延焼拡大を防止するためには，出火危険を低減し，火災の初期の段階でくい止め進展させないことが重要である．そのためには，壁や天井の室内に面する部分に用いられる内装材料は，燃えにくくする必要がある．また在室者の安全な避難を可能にするためには，有害なガスを発生するおそれのある材料の使用を制限する必要もある．

建築基準法では，防火材料として「不燃材料」，「準不燃材料」，「難燃材料」の区別をしている．図 3.66 に示すような試験装置による試験方法において，加熱開始後，不燃材料で 20 分間，準不燃材料で 10 分間，難燃材料で 5 分間，それぞれ以下の要件を満足することが求められている．

①燃焼しないこと．
②防火上有害な変形，溶融，き裂その他の損傷を生じないこと．
③避難上有害な煙またはガスが発生しないものであること．

建築基準法で防火材料に要求される性能の差異は，加熱時間の違いということであり，不燃材料は準不燃材料，難燃材料の性能を満足し，準不燃材料は難燃材料の性能を満足している．建築基準法で定められている材料を整理すると表 3.20 のようになる．

ここで定められた各材料は，建築物の用途や規模あるいは場所によって使用が制限され，内装制限を受ける部分には，国土交通大臣の指定を受けた材料を使用しなければならない．

図 3.66 ISO 規格に準拠した試験装置

3.5 建築材料・構造

表 3.20 不燃材料，準不燃材料，難燃材料

「不燃材料を定める件」（平成 12 年 5 月 30 日建設省告示第 1400 号）

法 2 条九号の規定に基づき，不燃材料を次のように定める		
令108条の2各号（建築物の外部の仕上げに用いるものにあっては，同条第一号および第二号）に掲げる要件を満たしている建築材料は，次に定めるものとする	一	コンクリート
	二	れんが
	三	瓦
	四	陶磁器質タイル
	五	石綿スレート
	六	繊維強化セメント板
	七	厚さが 3mm 以上のガラス繊維混入セメント板
	八	厚さが 5mm 以上の繊維混入ケイ酸カルシウム板
	九	鉄鋼
	十	アルミニウム
	十一	金属板
	十二	ガラス
	十三	モルタル
	十四	しっくい
	十五	石
	十六	厚さが 12mm 以上の石膏ボード（ボード用原紙の厚さが 0.6mm 以下のものに限る）
	十七	ロックウール
	十八	グラスウール板

附則　1　この告示は，平成 12 年 6 月 1 日から施行する
　　　2　昭和 45 年建設省告示第 1828 号は，廃止する

「準不燃材料を定める件」（平成 12 年 5 月 30 日建設省告示第 1401 号）

令1条五号の規定に基づき，準不燃材料を次のように定める			
第1	通常の火災による火熱が加えられた場合に，加熱開始後 10 分間令 108 条の 2 各号に掲げる要件を満たしている建築材料は，次に定めるものとする	一	不燃材料のうち通常の火災による火熱が加えられた場合に，加熱開始後 20 分間令 108 条の 2 各号に掲げる要件を満たしているもの
		二	厚さが 9mm 以上の石膏ボード（ボード用原紙の厚さが 0.6mm 以下のものに限る）
		三	厚さが 15mm 以上の木毛セメント板
		四	厚さが 9mm 以上の硬質木片セメント板（かさ比重が 0.9 以上のものに限る）
		五	厚さが 30mm 以上の木片セメント板（かさ比重が 0.5 以上のものに限る）
		六	厚さが 6mm 以上のパルプセメント板
第2	通常の火災による火熱が加えられた場合に，加熱開始後 10 分間令 108 条の 2 第一号および第二号に掲げる要件を満たしている建築材料は，次に定めるものとする	一	不燃材料
		二	第1第二号から第六号までに定めるもの

附則　1　この告示は，平成 12 年 6 月 1 日から施行する
　　　2　昭和 51 年建設省告示第 1231 号は，廃止する

「難燃材料を定める件」（平成 12 年 5 月 30 日建設省告示第 1402 号）

令 1 条六号の規定に基づき，難燃材料を次のように定める

第 1	通常の火災による火熱が加えられた場合に，加熱開始後 5 分間令 108 条の 2 各号に掲げる要件を満たしている建築材料は，次に定めるものとする	一	準不燃材料のうち通常の火災による火熱が加えられた場合に，加熱開始後 10 分間令 108 条 2 各号に掲げる要件を満たしているもの
		二	難燃合板で厚さが 5.5mm 以上のもの
		三	厚さが 7mm 以上の石膏ボード（ボード用原紙の厚さが 0.5mm 以下のものに限る）
第 2	通常の火災による火熱が加えられた場合に，加熱開始後 5 分間令 108 条の 2 第一号および第二号に掲げる要件を満たしている建築材料は，次に定めるものとする	一	準不燃材料
		二	第 1 第二号および第三号に定めるもの

附則　この告示は，平成 12 年 6 月 1 日から施行する

3.5.2 建築構造

建築基準法の防火関連規定において，建築構造は各部材の火災に対する性

表 3.21　耐火構造の要求性能 [10]

部位				通常の火災 構造耐力上支障のある変形，溶融，破壊その他の損傷を生じない（一号〔非損傷性〕）	通常の火災 加熱面以外の面（屋内に面するもの）の温度が可燃物燃焼温度以上に上昇しない（二号〔遮熱性〕）	屋内側からの通常の火災 屋外に火炎を出す原因となるき裂その他の損傷を生じない（三号〔遮炎性〕）
壁	間仕切壁	耐力壁	最上階・階数 2〜4 の階	1 時間	1 時間	―
			階数 5〜14 の階	2 時間		
			階数 15 以上の階			
		非耐力壁		―		
	外壁	耐力壁	最上階・階数 2〜4 の階	1 時間		1 時間
			階数 5〜14 の階	2 時間		
			階数 15 以上の階			
		非耐力壁	延焼のおそれのある部分	―		
			上記以外の部分		30 分	30 分
柱			最上階・階数 2〜4 の階	1 時間	―	―
			階数 5〜14 の階	2 時間		
			階数 15 以上の階	3 時間		
床			最上階・階数 2〜4 の階	1 時間	1 時間	―
			階数 5〜14 の階	2 時間		
			階数 15 以上の階			
はり			最上階・階数 2〜4 の階	1 時間	―	―
			階数 5〜14 の階	2 時間		
			階数 15 以上の階	3 時間		
屋根			―	30 分	―	30 分
階段			―	30 分	―	―

表 3.22 準耐火耐火構造の要求性能 [10]

部位			通常の火災 構造耐力上支障のある変形,溶融,破壊その他の損傷を生じない(一号〔非損傷性〕)	通常の火災 加熱面以外の面(屋内に面するもの)の温度が可燃物燃焼温度以上に上昇しない(二号〔遮熱性〕)	屋内側からの通常の火災 屋外に火炎を出す原因となるき裂その他の損傷を生じない(三号〔遮炎性〕)
壁	間仕切壁	耐力壁	—	45分	—
		非耐力壁	—	—	45分
	外壁	耐力壁	—	45分	45分
		非耐力壁 延焼のおそれのある部分	—	—	—
		非耐力壁 上記以外の部分	—	30分	30分
柱			—	—	45分
床			—	45分	45分
はり			—	—	45分
屋根	下記以外		—	30分	—
	軒裏	下記以外 延焼のおそれのある部分	—	—	45分
		下記以外 上記以外の部分	—	—	30分
		外壁によって小屋裏または天井裏と防火上有効に遮られているもの	—	—	30分
階段			—	30分	—

能などにより，耐火構造，準耐火構造，防火構造，準防火構造などに分けられる．建築物の各部位に対し要求される性能は建築構造の種類によって異なるが，表 3.21 に耐火構造と表 3.22 に準耐火構造の例を示す．

なお，「耐火構造」と「耐火建築物」は用語として混同されやすいが，建築基準法では表 3.23 に示した通り，主要構造部が耐火構造あるいはそれと同等の性能を有し，延焼のおそれのある部分の開口部に防火設備を設置した建築物を耐火建築物と定義している．準耐火建築物についても準耐火構造との区別が必要である．

3.5.3 耐火設計

建築物で火災が発生した結果，壁，床などの面材が破損したり，過剰に温度上昇し，非火災室側の可燃物が着火すると図 3.67 のように，建物全体に容易に火災が拡大し，消火活動や避難行動に多大な支障をきたす．

建物の外壁が燃え抜け，その部分から火炎を噴出するならば，市街地火災の

図3.67 延焼拡大した例（アントラウスビル火災の概要）

表3.23 耐火建築物, 準耐火建築物の定義[10]

第2条　この法律において次の各号に掲げる用語の意義は，それぞれ当該番号に定めるところによる．

一〜九　略

九の二　耐火建築物　次に掲げる基準に適合する建築物をいう．
　イ　その主要構造部が (1) 又は (2) のいずれかに該当すること．
　　(1)　耐火構造であること．
　　(2)　次に掲げる性能（外壁以外の主要構造部にあっては，(1) に掲げる性能に限る．）に関して政令で定める技術的基準に適合するものであること．
　　　（ⅰ）当該建築物の構造，建築設備及び用途に応じて屋内において発生が予測される火災による火熱に当該火災が終了するまで耐えること．
　　　（ⅱ）当該建築物の周囲において発生する通常の火災による火熱に当該火災が終了するまで耐えうること．
　ロ　その外壁の開口部で延焼のおそれのある部分に，防火戸その他の政令で定める防火設備（その構造が遮炎性能（通常の火災時における火炎を有効に遮るために防火設備に必要とされる性能をいう．）に関して政令で定める技術的基準に適合するもので，国土交通大臣が定めた構造方法を用いるもの又は国土交通大臣の認定を受けたものに限る．）を有すること．

九の三　準耐火建築物　耐火建築物以外の建築物で，イ又はロのいずれかに該当し，外壁の開口部で延焼のおそれのある部分に前号ロに規定する防火設備を有するものをいう．
　イ　主要構造部を準耐火構造としたもの
　ロ　イに掲げる建築物以外の建築物であって，イに掲げるものと同等の準耐火性能を有するものとして主要構造部の防火の措置その他の事項について政令で定める技術的基準に適合するもの

十一〜三十六　略

きっかけとなる可能性もある．一方，柱，梁などの架構を構成する部分の耐力が低下し過剰な変形を起こせば，建物が崩壊することになる．そのような事態を回避するために，建築物の各部位を火災に対する耐火の観点から設計することが耐火設計である．

耐火設計では，建物内の延焼拡大および構造体の崩壊を防止することが目標となる．前者は区画設計，後者は構造耐火設計と呼ばれる．多くの建築物に対し両者は表裏一体の関係にあり，その組み合わせによりはじめて安全性が確保される．すなわち区画部材は延焼を防止することにより，架構全体が同時に加熱を受けることを未然に防ぎ，架構全体が不安定にあることを防止する．一方，構造部材が健全でないと，これに支持されている区画部材が過大に変形，破壊し，延焼防止に寄与できなくなる．

耐火設計で要求される耐火性能は，火災時の延焼防止と倒壊防止を目標とし，表3.24の通り構造部材に必要とされる非損傷性，遮熱性および遮炎性の3つの性能があげられる．

表3.24　耐火性能[10]

非損傷性：火災時の破壊に耐えて荷重を支持することのできる性能であり，耐力部材に要求される．
遮熱性：避難安全や延焼拡大防止の上から問題となるような裏面への熱伝導を防止する性能で，区画を構成する壁，床等の部材（区画部材）に要求される．
遮炎性：火炎や熱気の貫通または裏面の発炎を防止する性能であり，遮熱性と同様に区画部材に要求される．

A. 区画設計

建物内の延焼を防止するためには，建築物の用途，規模，構造，使用形態などに応じて，適切に防火区画を配置する必要がある．すなわち，建物内部をいくつかに区割りして，その区割りに応じた十分な耐火性能を持つ部材などで区画を構成することが必要である．区画設計は，基本的には火災は発生した区画だけで終了し，隣接する他区画への延焼が防止され，火災によって被害を受ける範囲を限定することが目的となる．

このような建物内部の区画化の持つ意味は，火災進展と関係する．すなわち，火災の初期段階では，建物内の在室者の安全な避難経路の確保に寄与するところが大きい．火災が進展し盛期火災となった場合には，延焼防止による

焼損範囲を限定する役割を持つ．また，火災を制圧するために活動する消防隊の活動拠点として区画が意味を持つことも重要である．このような区画は，原則としてその中で発生した火災が自然鎮火するまで突破されないような性能を持つ必要がある．特に防火区画部材は，単に不燃化されるだけでは不十分であり，耐火構造または準耐火構造の部材で構成される必要があり，避難計画や消防計画などとの関連も十分考慮する必要がある．

区画すべきところや区画の構成材に要求される性能などが，建築物の用途・規模・構造などに応じて法規で定められている．その基本は，図 3.68 に示した通り，建物の垂直方向の延焼を防止するための「層間区画」や「竪穴区画」，階層間にこだわらず一定の広さ以上には燃え広がらないようにするための「面積区画」，そして異なる用途を区切る「異種用途区画」がある．

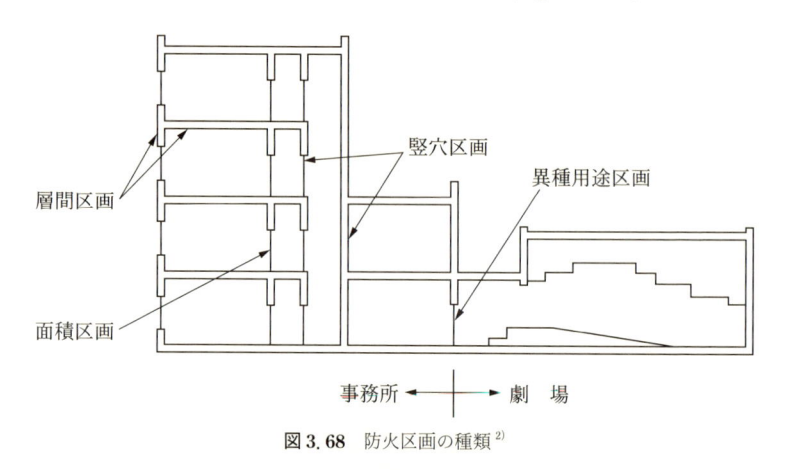

図 3.68 防火区画の種類[2)]

「層間区画」は，主として耐火構造・準耐火構造の床スラブなどの水平方向の部材や図 3.69 に示した外壁のスパンドレルや袖壁等の垂直方向の部材で上下階の延焼拡大を防止するものである．万一，火災が延焼拡大し多層の区画で同時に発生した場合，火災により生じる気流は火勢を助長し，火災を加速度的に拡大させるためである．層間の延焼を防止するためには，床スラブなどが設備シャフトを貫通する部分の防火的処置も確実に行うことが重要である．また火災区画の火災盛期時に開口から噴出する火炎は上階延焼の主要因となるため，バルコニーなどに延焼拡大防止の機能を持たせる配慮も重要である．

3.5 建築材料・構造

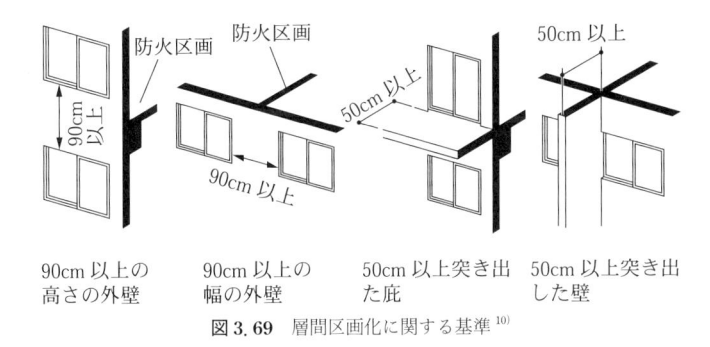

90cm 以上の高さの外壁　　90cm 以上の幅の外壁　　50cm 以上突き出た庇　　50cm 以上突き出した壁

図 3.69 層間区画化に関する基準 [10]

表 3.25 建築基準法で定められた面積区画（令第 112 条，128 条の 3 関係）[10]

対象となる建築物又は部分	区画する部分の床面積の最大値 [*3]	区画を構成する部位の構造		内装
		壁又は床	開口部	
主要構造部を耐火構造として建築物 [*1]	1,500 m²	60 分準耐火構造 [*4]	特定防火設備 [*5]	—
建築物の 11 階以上の部分 [*2]（地下街の各階えにも準用）	500 m²	耐火構造	特定防火設備	不燃材料（仕上げ・下地とも）
	200 m²	耐火構造	特定防火設備	準不燃材料（仕上げ・下地とも）
	100 m²	耐火構造	特定防火設備又は法 2 条第 9 号の 2 ロに規定する防火設備 [*5]	—

*1) 以下に示す部分については除外することができる．
　①劇場・映画館・演芸場・観覧場・公会堂・集会場の客席，体育館・工場等の用途に供する部分で用途上やむを得ない部分
　②階段室部分又は昇降機の昇降路部分（乗降ロビーを含む）で，他の部分と防火区画（床及び壁は耐火構造，開口部は特定防火設備）されたもので用途上やむを得ない部分
*2) 階段室部分，昇降機の昇降路部分（乗降ロビーを含む），廊下その他避難経路に当たる部分で，他の部分と防火区画されたものには適用しない．
*3) 床面積の算定に当たっては，自動式スプリンクラー，水噴霧消火設備，泡消火設備等，自動式の消火設備を設けた部分の 1/2 を算入しない．
*4) 耐火建築物では耐火構造とする．
*5) 特定防火設備は 60 分間，それ以外の防火設備は 20 分間の遮炎性を有する防火戸その他の火炎を遮ることのできる設備をいう．

「竪穴区画」は，階段，エレベーターシャフト，吹抜，ダクト・配管・電気シャフトなど，各階にまたがり垂直方向に連続する竪穴空間が各階単位に区画

することが困難であるため，耐火構造・準耐火構造の壁と防火戸などの防火設備で竪穴そのものを他の空間と区画することを意味する．近年では，設計意匠やアメニティのために大規模なアトリウム空間が建物内に設けられる例が見られるが，そのような空間も確実な区画化が必要である．竪穴部分は，区画が完全でないと侵入した火熱と煙が上昇する経路となるので，慎重に区画計画しなければならない．また，消防活動の面からみても，階段等の竪穴は消防隊の活動拠点，あるいは移動のための経路として極めて重要な意味を持つ．

「面積区画」は，主に火災規模の限定を目的として，一定の床面積以内ごとに設けられる．面積区画の最大床面積は，建築基準法では表3.25の通り，建築構造，階数，またスプリンクラーの設置の有無などに応じ定められている．火災規模が拡大すると，多層に延焼がまたがらない場合であっても消火活動は困難となる．避難安全に関しても高層階の在室者は避難に要する時間は長くなることが予想されるので火災の規模を制限しておくことは重要である．

「異種用途区画」は，用途が著しく異なる部分に設けられる区画である．同一の建物であっても用途が異なる部分，例えばホテル用途と事務所用途がある場合，建物の利用者や管理形態などが両者で大きく異なることが多く，一方の火災が他方に及ぶと避難や消防活動に混乱を生じたりするので，他の区画同様，確実な区画化が必要である．

B. 構造耐火設計

構造耐火設計とは，柱，梁，壁，床などの主要構造部を対象とし，火災が継続している時間，構造的に有害な変形等を生じないよう設計することである．この構造耐火設計で対象となる耐火性能は，標準の火災の加熱に対し非損傷性を構造部材，あるいは構造架構形式で満足することが要求される．

構造耐火設計で対象とする構造部材が，鉄骨構造，鉄筋コンクリート構造であるかなどにより，その留意点は異なってくる．鉄骨構造の場合には，加熱により鉄骨が温度上昇し，降伏強度などの低下を引き起こす．よって，鉄骨構造では，その部材の温度上昇を抑制するための処置が必要となる．一般的に鉄骨構造の部材は，火災加熱に耐えられるよう耐火被覆が施される．鉄筋コンクリート構造では，その部材の内部温度は加熱される表面部分から徐々に温度上昇していく．そして温度が高温となった部分からそのコンクリートの圧縮強度等

の低下がもたらされ,柱などの部材ではその内部が高温となることによりフープ筋が降伏し,崩壊する危険性が増大する.そのような崩壊を生じさせないためには,鉄筋のかぶり厚さを厚くしたり,柱を適切な太さとすることなどの考慮が必要となる.

3.5.4 構造材料の高温時の性状
A. 火災時の部材内温度性状
構造部材は,コンクリート,鋼材,鉄筋などを構造材料として成り立っている.それら構造部材が火災による加熱を受けると,その内部の温度は,材料の熱特性に応じ温度上昇することになる.構造部材は,その内部温度が上昇することにより,耐力が低下することになる.また,区画を構成する周壁の場合では,その裏面温度の抑制は,延焼防止のために火災による加熱に対し壁体の裏面温度が可燃物の着火危険温度に達しないように,構造材料の仕様を決める必要がある.図3.70のように火災区画内の温度と,その火災に曝露された壁体の裏面の温度履歴を比較し,火災により裏面温度が着火危険温度に達しないよう区画を設計する必要がある.特に火災が発生した区画の温度が低下し始めても,その後も裏面温度は温度上昇し温度のピークを迎える点は注意する必要が

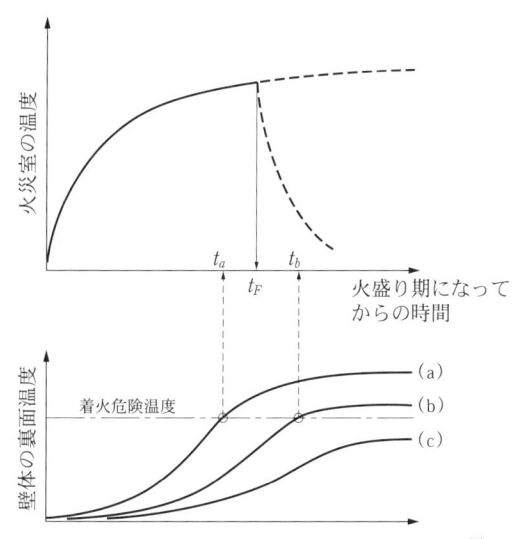

図3.70 火災区画内温度と加熱される裏面温度履歴[31]

ある．

　常温の環境下での部材内温度は部材の熱伝導に概ね支配されるが，火災時には火災区画内温度が高温となるため，部材内に含まれる水分の蒸発が部材内の温度分布に影響することも配慮しなければならない．図3.71は，気泡コンクリート壁体の片面から加熱した壁体内の温度分布を測定した結果である．この結果でも見られるように100℃付近で壁体内温度が停滞するが，これは水分蒸発の影響である．コンクリート壁などの含水量の多い部材は，特にその影響が大きい．

　火災時の壁体内の温度分布勾配は，壁の一方向からの加熱が定常状態であると考えると，図3.71のようになる．また火災時の加熱時間ごとに壁体内の温度を見ると，壁体内の温度分布勾配は非定常となり図3.72のようになる．

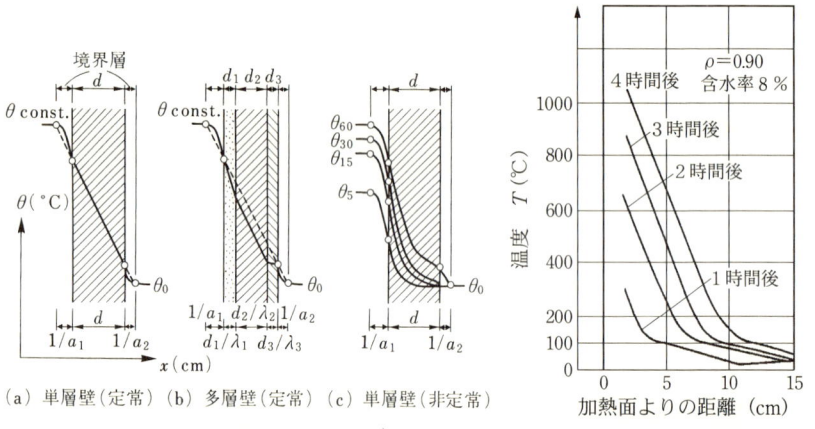

(a) 単層壁（定常） (b) 多層壁（定常） (c) 単層壁（非定常）

図3.71 壁体内の温度分布勾配 [32]

図3.72 コンクリート壁内の温度分布 [32]

B. 鉄筋の高温強度

　鉄筋は加熱されるとその機械的特性は著しく変化する．鉄筋の高温時の降伏点は材質が影響し，鉄筋コンクリート用棒鋼の引張強度ならびに降伏強度と温度の関係を図3.73に示す．単純梁の場合，鉄筋コンクリート曲げ部材の引張り側鉄筋が加熱され，その降伏強度が低下して存在応力度の値以下になると，部材は降伏し崩壊する．すなわち，構造耐力上主要な鉄筋は，図3.73の降伏強度を踏まえ降伏点が存在応力度以下に低下しないようにかぶり厚さを適切な厚さにするなどの対応が必要である．

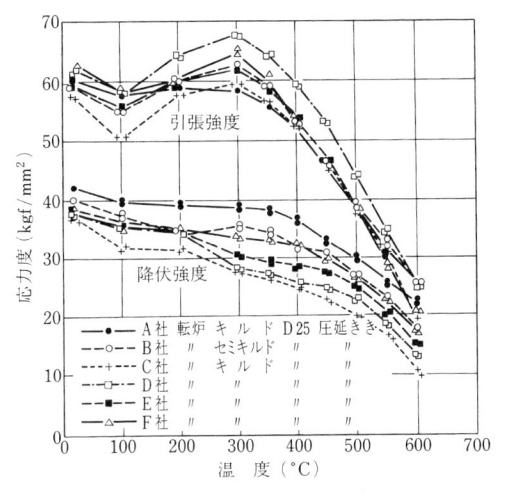

図 3.73　棒鋼の高温強度[33]

C. コンクリートの高温強度

　高温時のコンクリートの強度や変形は，コンクリートの組成や火災からの加熱の条件，あるいは載荷条件などにより異なる性状を示す．

　加熱されたコンクリートの強度は，コンクリートを構成する材料の膨張係数やコンクリートの温度分布の影響を受けて，コンクリート内部に応力が生じ，その結果，コンクリート内部にき裂が発生し強度低下する．加熱によるコンクリートの強度低下は，コンクリートの骨材の種類による影響も大きく，コンクリートの高温時の圧縮強度と骨材の種類との関係を図 3.74 に示す．なおコンクリート強度は，400℃程度までは圧縮強度はさほど低下しないが，それ以上の温度となると圧縮強度が著しく低下する傾向にある．

　コンクリートの強度は，載荷条件や加熱条件によっても低下する傾向が異なる．図 3.75 は，載荷条件および温度環境を変化させた場合の実験結果であるが，明らかにそれらの条件により強度変化が異なっている．

　加熱時のコンクリートの弾性係数の変化は著しく，圧縮強度の変化よりも顕著となる．図 3.76 に示した通り，加熱温度が高温になるほど弾性係数は低下していく．

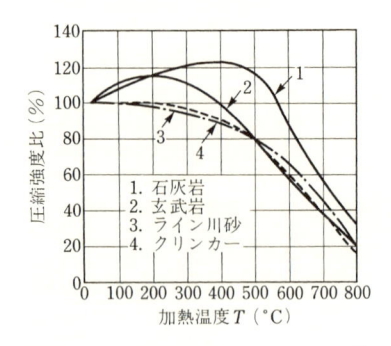

図 3.74 高温時のコンクリートの性状 [32]

1. 石灰岩
2. 玄武岩
3. ライン川砂
4. クリンカー

普通ポルトランドセメントと各種骨材を用いた 70 mm 立方体試験体の無載荷加熱 8 時間の実験結果

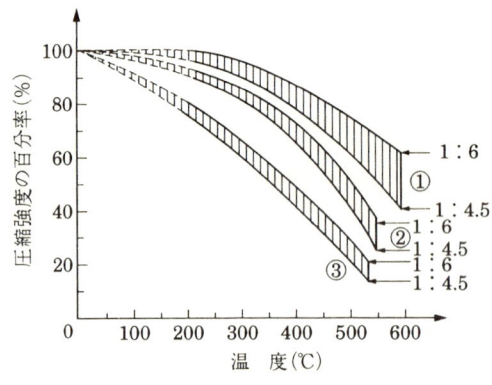

① $33 kg/cm^2$ の荷重の作用下で加熱し，熱間で試験
② 無荷重で加熱し，熱間で試験
③ 無荷重で加熱し，冷却後試験

図 3.75 コンクリートの圧縮強度変化（載荷条件等変化）[34]

（コンクリートは川砂＋川砂利を用い，図中の数字はセメント：骨材の比を示す）

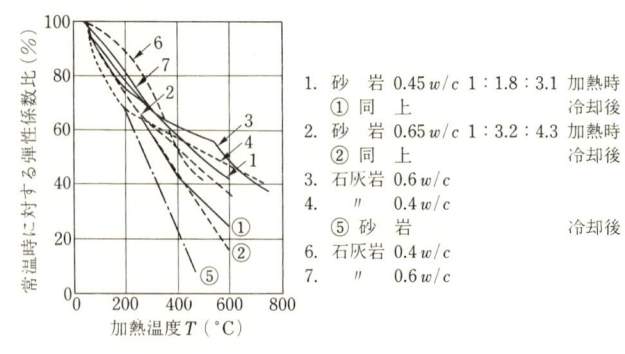

1. 砂 岩 $0.45 w/c$ 1：1.8：3.1 加熱時
   ① 同 上 冷却後
2. 砂 岩 $0.65 w/c$ 1：3.2：4.3 加熱時
   ② 同 上 冷却後
3. 石灰岩 $0.6 w/c$
4. 〃 $0.4 w/c$
   ⑤ 砂 岩 冷却後
6. 石灰岩 $0.4 w/c$
7. 〃 $0.6 w/c$

図 3.76 高温時のコンクリート弾性係数 [32]

D. 鋼材の高温強度

 鋼材はその温度が高温になると図3.77に示した通り応力－ひずみ曲線における降伏点が明確でなくなる．概ね300〜400℃以上では常温時に見られる降伏点と降伏棚の特徴が見られず，弾性変形と塑性変形の境界が曖昧になる．しかし，400℃程度までは，降伏後のひずみ硬化は大きく，ひずみ2％以上では常温時とほぼ同じ程度の応力度を保っている．鋼材の温度が上昇することにより，弾性係数，降伏強度（0.2％耐力）なども図3.78，3.79の通り変化する．降伏強度は高温になるほど低下する傾向にあるが，時効硬化などにより，降伏強度は200℃付近でピークとなることがある．

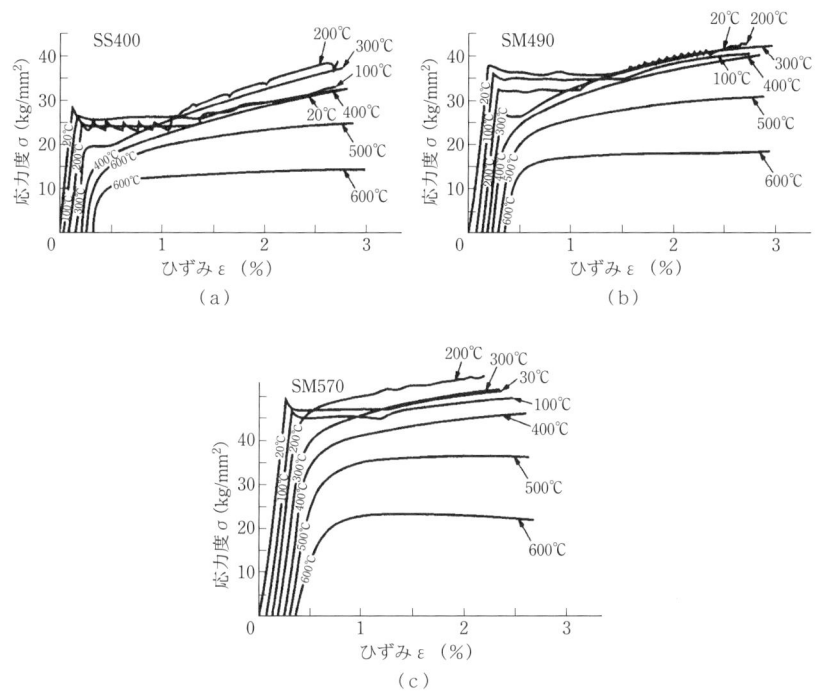

図3.77 鋼材の高温での応力－ひずみ曲線[35]

図 3.78 鋼材の弾性係数比 [36)]

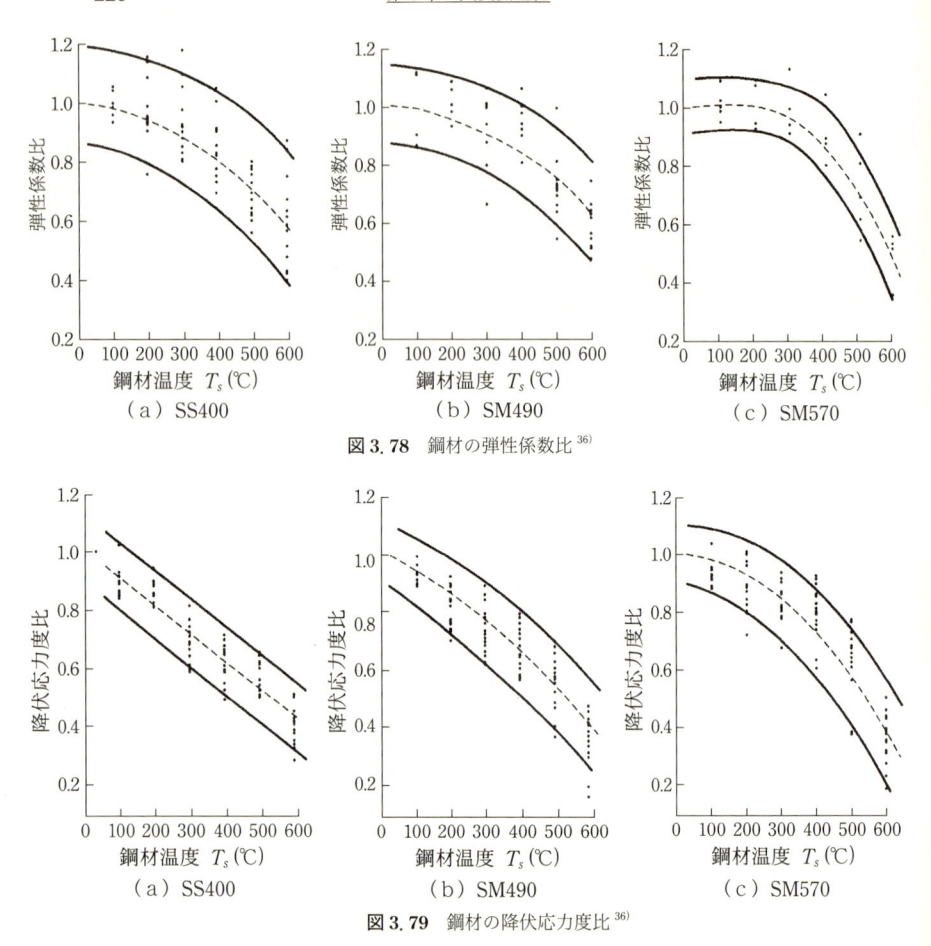

(a) SS400
(b) SM490
(c) SM570

図 3.79 鋼材の降伏応力度比 [36)]

(a) SS400
(b) SM490
(c) SM570

3.5.5 構造部材の高温時の性能

A. 鉄筋コンクリート部材

a. 曲げ応力を受ける部材（単純梁）

曲げ応力を受ける鉄筋コンクリート部材は，その部材が火災加熱を受ける面が引張り側であるか，圧縮側であるかにより破壊に至るまでのメカニズムが異なる．床や梁などの部材が下面から加熱される場合，下端鉄筋が急速に温度上昇することになる．下端鉄筋に引張り応力が作用している場合，その鉄筋の降伏点が存在応力度の値まで低下した場合，鉄筋は降伏して変形し，圧縮側の

コンクリートが圧壊して部材の破壊に至る．鉄筋コンクリートの曲げ応力を受ける部材が，圧縮側のコンクリートに加熱を受ける場合には，コンクリートの温度上昇による圧縮強度や弾性係数が低下する．結果として圧縮応力を負担するコンクリート領域が低温側方向へ移るため，応力中心距離は徐々に小さくなり，コンクリートの圧縮破壊を生じ，部材の破壊に至る．

b. 端部拘束を受ける曲げ部材

端部拘束を受ける曲げ部材の場合は，火災加熱による変形が拘束されて内部応力が生じ，この内部応力が部材の耐火性能に影響を与えることになる．単純支持の曲げ部材が引張り側から加熱されると，下方向にたわむ．このたわみは部材の曲げ剛性の低下と部材内部の温度差による変形に分けられる．温度差による熱変形は図 3.80 に示すように部材全長にわたり曲率一定となり，部材全体に一定の曲げモーメントを作用することと同じことになる．したがって，材端曲げ拘束のみが作用しているときは，材端の回転変形のみが拘束されているので，熱変形をうち消すような拘束曲げモーメントが生じ，この拘束曲げモーメントは火災初期に急速に増大し，部材耐力に達した後は部材の拘束曲げモーメントが徐々に減少していく．

(a) 温度差による変形 ($\frac{1}{\rho} = \mathrm{const}$)

(b) 外力による変形 ($\frac{1}{\rho} = \frac{M}{EI}$)

(c) 拘束曲げモーメント

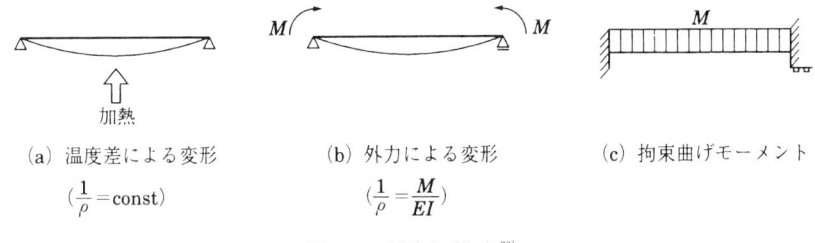

図 3.80　材端曲げ拘束 [32]

c. 圧縮応力を受ける部材

柱のように圧縮荷重が作用する鉄筋コンクリート構造部材は，火災加熱を受けることによって，内部温度が上昇することにより圧縮強度や弾性係数の低下した部分が拡がる．すなわち，部材断面の圧縮応力を負担する部分が縮小することにより，部材が崩壊する．図 3.81 は圧縮応力を受ける柱の断面積と耐火時間の関係を整理した実験結果であるが，柱の断面積が大きくなれば，耐火時間も長くなることがわかる．

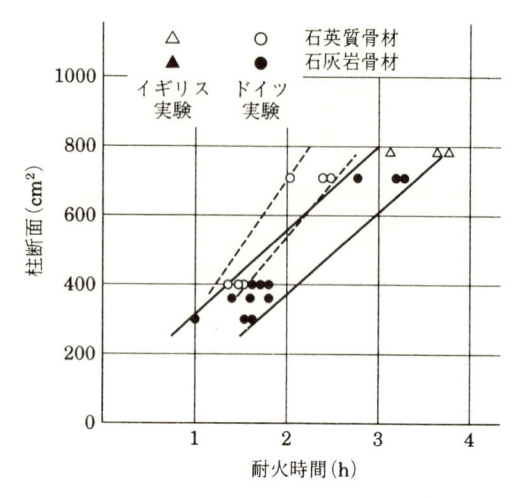

図 3.81　鉄筋コンクリート柱の断面積 [32]

B. 鋼構造部材

a. 単純支持曲げ部材

梁などの鋼材が火災加熱を受けるとその内部温度が概ね一様に上昇し，鋼材の弾性係数が低下する．その結果，梁に生じる歪み度 ε は増大し，降伏点も低下する．鉄骨梁の歪み度 ε が降伏時の歪み度 ε_y に達したときに降伏現象を示すことになる．歪み度が増し，たわみも大きくなるが，塑性変形を生じさせない梁のたわみ δ の限度は

$$\delta = K_y \frac{l^2}{d} \qquad (3.29)$$

で算出される．ここに，K_y は荷重形式と鋼材温度による定数，l は梁の長さ，d は梁丈を示す．

単純梁が火災加熱を受けて，縁応力度が変化した場合の梁の中央たわみは図 3.82 に示したとおりである．この結果は，等分布荷重を受けて，最外縁応力を 200 kg/cm² から増加させた場合の部材が降伏に至る温度との関係を示している．梁が降伏に至る温度は縁応力度と相関し，縁応力度が大きいほど温度が低い条件で降伏することがわかる．

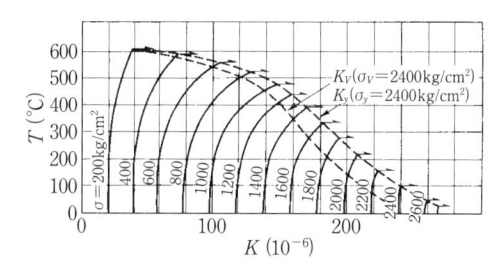

図 3.82 単純梁のたわみ（等分布荷重の場合）[37]

図 3.83 は実験結果から得られた鉄骨梁の縁応力度と降伏時鋼材温度の関係であるが，この結果からも鋼材の高温時の降伏点は低下することが確認できる．

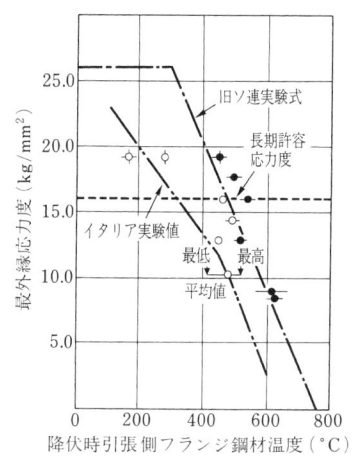

図 3.83 存在応力度と降伏時鋼材温度 [38]

b. 単純支持圧縮部材

常温時の鉄骨柱の座屈応力度の算定式は，長柱と短柱に分け提案されている．

長柱の場合には，弾性座屈を想定したオイラー式

$$\sigma_k = \frac{\pi^2 E}{\lambda^2} \tag{3.30}$$

短柱の場合には，塑性座屈を想定したジョンソン式

$$\sigma_k = \sigma_y - \frac{\sigma_y^2 \lambda^2}{4\pi^2 E} \tag{3.31}$$

が用いられることが多い．ここで σ_y は降伏応力度，E は弾性係数，λ は柱の有効細長比である．

高温時の柱の座屈応力度は，弾性座屈の場合には弾性係数の低下，塑性座屈の場合には降伏点と弾性係数の低下とともに減少する．図 3.84 は鋼材の座屈応力度に対する部材の温度と細長比の関係について整理している．常温時の座屈降伏点応力が 2,400 kg/m^2 の場合には，柱が降伏応力の 2/3 の長期許容応力に対して設計されていれば，300℃以下での座屈は生じないことになる．ただし，両端が拘束されている場合には，熱による応力が生じるため，さらに低い温度で座屈する場合もある．

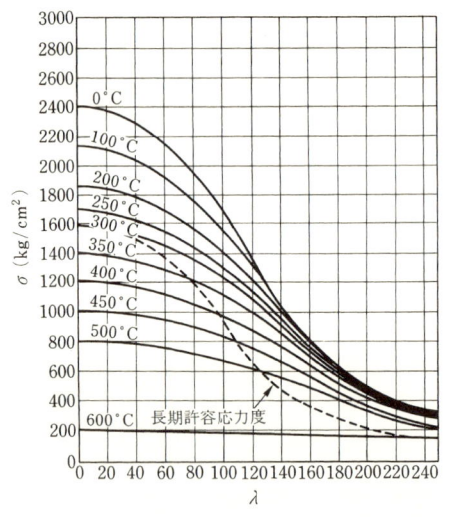

図 3.84 高温時の座屈応力度（降伏点応力 2,400 kg/m^2）[37]

○問　題○

3.8 建築物に要求される耐火性能を説明せよ．

3.9 構造材料の高温時の挙動を説明せよ．

[参考文献]

1) 辻本　誠：基準法改正—防火規定の性能規定化—，建築雑誌，Vol. 115，No. 1462，2000
2) 建設省住宅局建築指導課・日本建築主事会議監修：新・建築防災計画指針—建築物の防火・避難計画の解説書—，日本建築センター，1995
3) 消防庁編：消防白書，平成13年
4) 中田金市編：火災，共立出版，1969
5) 日本火災学会編：火災と建築，共立出版，2002
6) 日本火災学会編，新版 建築防火教材，工業調査会，1990
7) 長谷川益夫他：国産広葉樹のISO着火性試験，木材と技術，No. 56，1984
8) 建設省建築研究所：建設省総合技術開発プロジェクト「新木造建築技術の開発」報告書，1988
9) C. P. Butler：Notes on Charring Rates in Wood, Fire Research Note, No. 896, 1971
10) 国土交通省住宅局建築指導課他編：2001年版 耐火性能検証法の解説及び計算例とその解説，井上書院，2001
11) B. Cetegen et al, ：Entrainment and flame geometry of fire plumes, NBS-GCR-82-402, 1982
12) B. J. McCaffrey：Purely Buoyant Diffusion Flames - Some Experimental Results, NBSIR79-1910, 1979
13) Y. Hasemi et al, ：Deterministic properties of turbulent diffusion flames from low Q^* fires, Fire Science and Technology, Vol. 7, No. 2, 1987
14) 大宮喜文他：換気支配型火災時の可燃物への入射熱流束と燃焼速度，日本建築学会構造系論文集，第469号，1995
15) 横井鎮男：耐火造火災時の窓からの噴出気流の温度分布，日本火災学会論文集，Vol. 7，1958
16) 横井鎮男：耐火造火災時の窓からの噴出気流のトラジェクトリ，日本火災学会論文集，Vol. 8，1958
17) 内田祥文：建築と火災，相模書房，1953
18) 岸谷孝一他：在来軸組工法・木造住宅の内装防火性実験，災害の研究，12巻，災害科学研究会
19) 日本火災学会編：火災便覧第3版，共立出版，1997

20) 神　忠久：煙中の見透かし距離について（Ⅰ～Ⅳ），日本火災学会論文集，1969〜1973
21) 浜田稔他：建築学大系21　建築防火論，彰国社，1975
22) NFPA 92B：Smoke Management Systems in Malls, Atria and Large Areas, 1991
23) 田中哮義：建築火災安全工学入門，日本建築センター，1993
24) N. Nakaya et al,：Doorway Flow Induced by a Propane Fire, Fire Safety Journal, Vol. 10, 1986
25) 岡田光正他：建築と都市の人間工学，鹿島出版会，1972
26) 神　忠久：火災誌，Vol. 25, No. 2, 1975
27) 長谷見雄二他：火災時における人間の耐放射限界について，日本火災学会論文集，1981
28) 神　忠久：日本火災学会論文集，Vol. 30, No. 1, 1980
29) 高橋　清他：最新耐震・防火ハンドブック，建設産業調査会，1991
30) 国土交通省住宅局建築指導課他編：2001年版 避難安全検証法の解説及び計算例とその解説，井上書院，2001
31) 川越邦雄他：新建築学大系12　建築安全論，彰国社，1983
32) 斉藤　光：建築学大系21　建築防火論，鉄筋コンクリート構造およびプレストレストコンクリート構造の耐火性，彰国社，1975
33) 日本鋼構造協会：鉄筋コンクリート用棒鋼およびPC鋼棒・鋼線の高温ならびに加熱後の機械的性質，JSSC, Vol. 5, No. 45, 1969
34) H. L. Malhotora：The Effect of Temperature on the Compressive Strength of Concrete, Magazine of Concrete Research, Vol. 8, No. 23, 956
35) 古村福治郎：コンクリートと鋼材の協力，コンクリート工学，Vol. 17, No. 7, 1979
36) 建築物の総合防火設計法　第4巻　耐火設計法，日本建築センター，1989
37) 斉藤　光：鉄骨構造の火災に対する安全率，日本建築学会構造系論文報告集，No. 76, 1962
38) H. Saito：Research on the Fire Resistance of Steel Beam, BRI Research paper, No. 31, 1968

4 日常安全性

4.1 日常安全性の考え方

4.1.1 日常安全性とは

日常安全性とは,"建物にかかわって日常時に生ずる可能性のある危険な諸現象に対する安全性[1]"をいう.また,日常の安全性を損なう現象が日常災害であり,建築にかかわって日常的に発生する災害をいう.地震や火災に伴って発生する非常時の災害と,災害時の建築物の安全性とは異なり,通常の生活のなかで発生する.適切な設計,維持管理により防げる場合も多く,住居,建築との関係は大きい.

4.1.2 日常災害の分類と要因

日常災害の分類方法としては,図4.1のような例[2]がある.日常災害を,落下型,接触型,危険物型の3つの要因により分類し,それぞれの要因により起こる災害と,関係する住居の部分が示されている.

落下型の日常災害には,人間が階下や戸外へ墜落,階段などから転落,床上での転倒とそれに伴う頭部の衝突などの事故と,物体が落下し人間に衝突することによる事故が分類されている.

接触型の日常災害は,建具などにはさまる,ぶつかるといった事故や,壁や床などの表面とのこすれ,割れたガラスによる傷害といった人間の建築物との接触時に発生する事故である.

危険物型の日常災害は,建築物内外で使用されるガスや電気,水そのもの,またはそれらによる熱などが人間に作用することにより発生する事故である.

これらの災害は,人の不注意により起こる場合もあるが,事故と関係する建築物の部分を安全性確保の観点から見直すことで防止できる場合が多く,設計

第4章 日常安全性

分類	種類	関係する住居の部分
落下型	墜落	手すり・窓・窓手すり
	転落	階段・階段周辺
	転倒	床仕上げ・床段差
	落下物による打撲	天井・壁・照明器具
接触型	ぶつかり	ドア・引戸・窓
	挟まれ	ドア・引戸・窓
	こすり	壁仕上げ
	鋭利物による傷害	ガラス・ガラス周辺
危険物型	火傷・熱傷	熱源・熱源周辺
	感電	電気設備・器具
	中毒・酸欠	ガス設備・器具
	溺水	浴槽・池

図4.1 日常災害の分類方法[2]

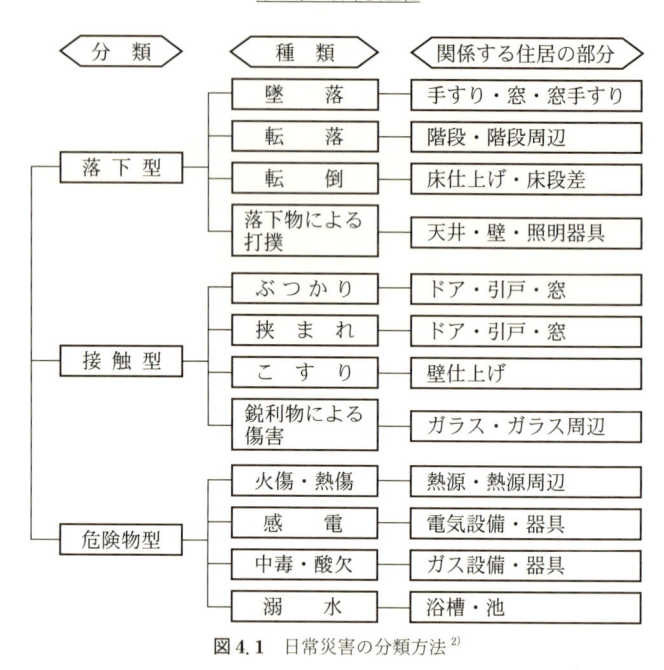

時に配慮したい．

　本書では範囲外としているが，近年，一般家庭をねらったピッキングなどの行為による窃盗被害が急増している．日常の安全を確保するためには犯罪防止のための対策も必要である．

　また，昨今では，高齢者や身体的弱者を含めて，誰もが安全かつ快適に生活できるよう，バリアフリーデザイン，ユニバーサルデザインといった考え方に基づく建築設計が浸透しつつある．広い意味で日常安全性の確保に寄与する考え方である．

4.2　日常安全に関する統計

　日常災害による事故は個別の家庭などで発生するため，地震や火事など一度に大勢の人が亡くなることもある非常災害と異なり，一部の事故を除いて大々的に報道されることも少なく，目立たないが，相当数の犠牲者が出ている．

表4.1に不慮の事故による死亡者数とその内訳，表4.2に家庭内における主な不慮の事故による死亡者数を示す．図4.1に示した日常災害と関係の深い死因については，死亡者数の前に○を付した．

表4.1　不慮の事故による死亡者数[3]

死因	死亡者数（人）
交通事故	12,857
その他の不慮の窒息	7,794
転倒・転落	○ 6,245
不慮の溺死および溺水	○ 5,978
その他および詳細不明の要因への不慮の曝露	2,343
煙，火および火炎への曝露	1,416
自然の力への曝露	1,042
生物によらない機械的な力への曝露	804
有害物質による不慮の中毒および有害物質への曝露	○ 605
熱および高温物質との接触	○ 180
無理ながんばり，旅および欠乏状態	90
電流等への曝露	○ 60
有毒動植物との接触	43
生物による機械的な力への曝露	27
総数	39,484

表4.2　家庭内における主な事故による死亡者数

死因	死亡者数（人）
転倒・転落	○ 2,163
不慮の溺死および溺水	○ 3,293
その他の不慮の窒息	3,475
煙，火および火炎への曝露	1,236
熱および高温物質との接触	○ 150
有害物質による不慮の中毒および有害物質への曝露	348
総数	11,155

※死因は厚生労働省，平成12年人口動態調査より主なものを抽出したものであり，各死亡者数と総計は一致しない．

不慮の事故による死亡のうち，転倒・転落，溺死および溺水による死亡者数はそれぞれ約6,000人である．ただし，これらは，建築物内部での死亡者とは限らないため，全てが日常災害による死亡者数とはいえない．一方，表4.2に示す家庭内における事故に限定すると，転倒・転落，溺死および溺水による

死亡者数の和は 3,500 人である．これらはそのまま日常災害の犠牲者と位置付けられるが，交通事故による死亡者数 13,000 人と比べて数は少ないながらも，かなりの数にのぼる．他に，転倒・転落，溺死および溺水以外の日常災害による犠牲者もあることから，日常災害の犠牲者の規模はさらに大きいといえる．

さらに，統計には現れていないが，高齢者が転倒に伴う怪我で寝たきりになる場合，子供の手が重厚な玄関ドアにはさまれ手指を失う場合など，建築物内部における重大な傷害は数多く予想され，その数ははかりしれない．

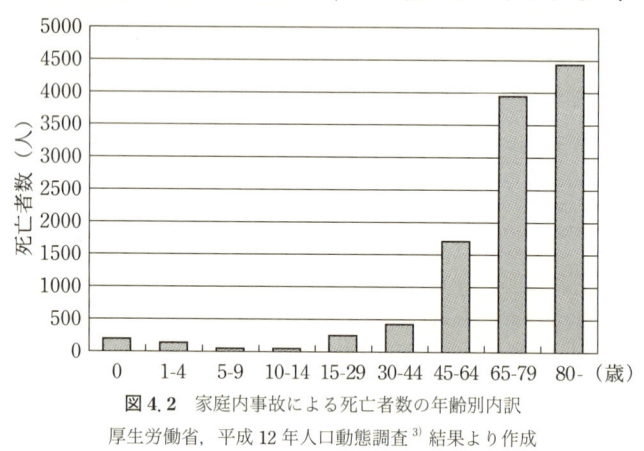

図 4.2 家庭内事故による死亡者数の年齢別内訳
厚生労働省，平成 12 年人口動態調査[3] 結果より作成

家庭内の事故による死亡者数の年齢別内訳を図 4.2 に示す．高齢になるほど死亡者数が急激に伸びていること，乳幼児において若干多くなっていることがわかる．身体能力の低下，身体能力が未発達な場合に日常災害は起こりやすくなる．床面の段差の解消，手すりの設置など，建築物側からの配慮により，安全性の向上が期待される．

4.3　日常安全性の確保と建築物側の配慮

4.3.1　日常安全性確保のための配慮

日常安全性と，建築物に大きな関連があることは前節までに述べたとおりであり，これらに対する日常安全性を確保するための建築物における配慮が必要と考えられる．

建築物側の日常安全性への配慮は，主に設計段階，施工段階，供用・維持段階で必要である．以降，個々の段階における配慮事項を述べる．

A. 設計段階における配慮

日常災害は，その発生原因を検証することで防止策を講じることができる．墜落などの防止には手すりや柵の設置が不可欠であり，また乗り越える事故が発生しにくい適正な寸法が求められる．災害の発生が予想される場所においては，必要な部品が適切な寸法で設置されているかどうかを確認するのが望ましい．

また，災害によっては，関連する部位の材料や構法の選択に左右される場合がある．転倒は床のすべりの程度や平滑さにより誘発される場合が多く，適切な材料選択，設計が求められる．

B. 施工段階における配慮

施工の精度により，日常災害の原因となる欠陥が生じる場合がある．例えば，施工の精度が悪く，凸凹なコンクリート床面上にタイルを施工し，段差が生じた場合には，つまずきや転倒の原因となるため，施工の良し悪しも要因の一つとなる．

C. 供用・維持段階における配慮

安全性を保つためには，適切な維持管理が必要である．例えば，床面の濡れや汚れは床をすべりやすくする場合もあり，危険である．清掃等のメンテナンスが安全確保において重要である．その他，手すりや転落防止用の柵等に腐朽等が発生した場合，危険であるため，適切な維持管理，交換が必要である．

4.3.2 建築物における日常安全性確保のための配慮

ここでは，日常安全性の確保において特に重要な階段，床，浴室および転落防止のための手すりの設置に関して配慮事項を述べる．

A. 階段の安全性確保

階段は人が階の上下移動を行う場所であり，すべり，踏み外しなどにより転倒，さらには転落するといった事故が考えられる．階段からの転落は，重大な事故につながる可能性が高いため，階段の設計には十分な配慮を要する．踏み外しなどが起こりにくく，昇り降りのしやすいこと，万一転倒した場合でも転

落しにくいことは設計の善し悪しによる部分も大きい．

次に，使いやすい階段，安全な階段の設計において配慮すべき点を述べる．

a. 階段の形状

階段の種類は，図4.3に平面形状を示すように様々である．

万一転落した場合の安全性からは，途中でとまることのない直階段は危険で，途中で踊り場を設けるなどの配慮が必要である．回り階段，らせん階段については，踏み面の寸法が同一の踏み板でも場所により異なるため，踏み外しを招きやすい危険性がある．折り返し階段や折れ曲がり階段でも，踊り場部分を回り階段にした場合，同様の問題が生じる．

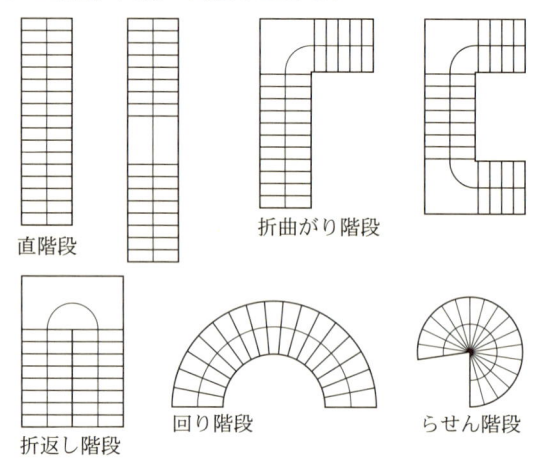

図4.3 階段の平面形状[4]

b. 階段の寸法

階段のけあげや踏面の寸法は，昇り降りのしやすさに影響する．図4.4に階段の断面の例を示す．けあげ，踏面の寸法により，階段の勾配が変化するが，勾配が急なほど転倒したとき転落しやすく危険であり，勾配が緩すぎてもリズムがとりづらく昇り降りしにくい．

階段・斜路の勾配と用途を図4.5に示す．階段においては30°から35°が一般的とされているが，住宅内部の場合と外部の場合で異なる．図4.5では住宅の最適な階段の勾配が30°程度とされているのに対し，外部階段ではそれより緩く20°程度とされている．これは，履き物を履いた状態や大勢が利用

4.3 日常安全性の確保と建築物側の配慮

する公共施設では踏み板の奥行きをより必要とすることによる．

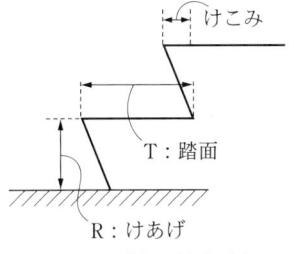

図 4.4 階段の断面の例

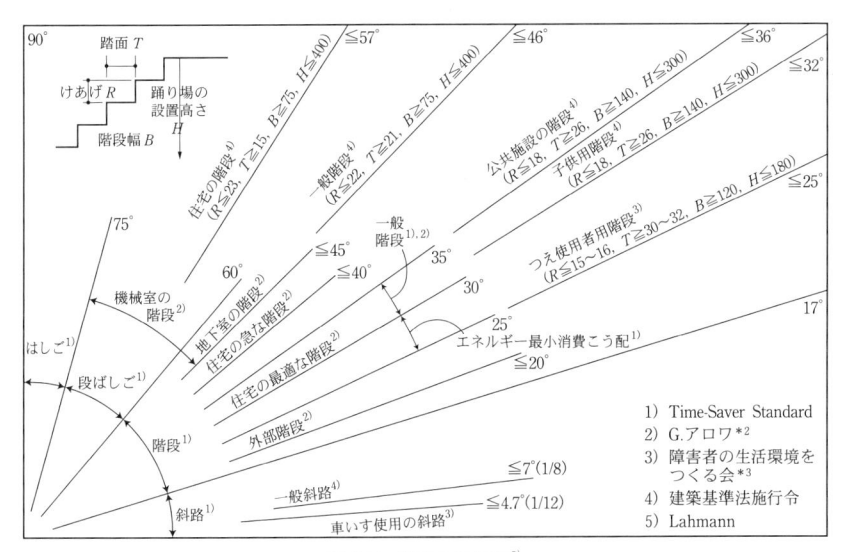

図 4.5 階段のこう配[5]

c. 階段でのすべり

階段でのすべりの程度は B. 項 a. で述べる床のすべりと同様に，段板表面の性状，靴の材質や足裏のすべり止め加工の有無など足裏の性状，床表面の汚れや水分などの存在が影響する仕上げと段鼻（踏面の端部）により決まる．階段の場合には，床の場合と異なり段板表面がすべらないことにより，つまずくことは考えにくく，段板表面はすべらない方が安全である．すべらない段板の条件は，後述する，「すべらない床の条件」と同様である．

また，段板の端部，つまり段鼻部分にすべり止めを設置することにより，さらに安全性は高まる．

d. 手すりの設置

階段での昇り降りの際の安全性は，手すりを設置することにより高まる．階段における手すりは昇り降り動作の補助であると同時に，墜落を防止する目的もある．墜落防止の手すりを兼ねる場合の手すりの設置高さについては，110 cm 以上が望ましいとされている．しかし，歩行時の補助として用いる場合，適した高さには個人差がある．特に子供は 110 cm では使いづらい場合もある．

手すりの形状としては，腰壁の上端がそのまま手すりの役割を果たしている場合や，平たい形状，円形など様々なものがある．円形の場合には諸説があるが，例えば，（財）ベターリビングが定める基準[7]では歩行補助用の場合は直径 30～40 mm 程度の手すりがよいとされている．

また，手すりと壁の隙間の寸法は無理なく握ることができるよう，手すりと壁の隙間に肘が落ちてしまわないよう，30～50 mm が目安とされている[8]．さらに手すりの端部は壁方向または床方向へ曲げるなど衣服の引っかかりが少ない形状とするとよい．

e. 段板の視認性

階段の段板は，視認性を良くすることで，踏み誤る危険性を軽減することが

図 4.6　明るい色で目立ちやすい段板

図 4.7　屋外階段の照明

できる.

　視認性の向上の手段としては，図4.6の例のように段板に明るい色を用いる，段板の端を着色するなどがある．また，段鼻のすべり止めは段鼻を目立たせる効果があるため，段板から目立つ色を選択するのがよい．

　屋外の階段は，暗がりではその存在に気づかないこともある．図4.7のように照明を設置するとよい．また，大勢が昇り降りする公共施設の階段は，群衆で足下がみえない恐れがある．頭上に階段の始まりと終わりの位置を示すことで，踏み誤りを防ぐことができる．

　その他，転落した際の衝突，破損によるさらなる事故を生じるため，階段下の周囲にはガラス窓やガラス製のパーティションなどを設けてはならない．

B. 床の安全性確保

　床上では，すべり，つまずきによる転倒，転倒による身体の床や壁への衝突といった事故の危険性がある．

　床でのすべりには，床表面の状態，履き物や足裏の状態，床表面のワックスや水分，汚れなどが影響する．つまずきは，床面に設けられた段差やすべりにくい床表面に足がひっかかることなどによって起こる．

　また，床の硬さは万一転倒した際に，身体や頭部が床面衝突した際の安全確保において重要である．

　以降，転倒を防止するために床のすべりおよび段差について，転倒した際の安全性確保のため，床の硬さについて，設計上，維持管理上の配慮すべき点を述べる．

a. 床のすべり

　床がすべるかすべらないか，つまり床のすべりの程度は，床そのものの表面の滑らかさ（粗さ）やべたつきなど，汚れや水分の存在などの表面性状による影響が大きいが，履物などの材質やすべり止め加工の有無などの足裏の性状にもよる．

　床の表面性状は使用する材料と仕上げ方法によって決り，材料のみで床の表面性状が決まることはない．例えば，同じ石を床に用いても石の表面の仕上げによって表面性状は全く異なる．

　一般には，表面に凹凸がなく，滑らかであるほどすべりやすく，ざらざらし

た凹凸のある表面ほどすべりにくい．ただし，ゴムのように，表面が滑らかであっても，材料自体に粘りがある場合には，すべりにくい傾向にある．また，表面が滑らかな床では，水濡れによりさらにすべりやすくなる場合が多い．水回りや雨がかりのある床，建物の入り口付近など，水に濡れやすい部分には表面に凹凸のある仕上げを用いることですべりを防止することができる．

ただし，床面の凹凸は汚れがたまりやすく，清掃の際に不都合となる可能性がある．すべりだけではなく清掃のしやすさなど他の要因とのバランスを考えて仕上げを決定する必要もある．

その他，汚れやワックスなどの付着物もすべりの原因となる．汚れのつきにくい仕上げとすること，汚れた場合には速やかに清掃するなどの維持管理が重要である．また，ワックスの使用は一般に床をすべりやすくする．ワックスは使用後のすべりの程度をよく確認してから用いるのがよい．

一方で，非常にすべりにくい床も危険である．図4.8に示すようなすべらない床は，足裏がひっかかるため，つまずきの原因となることがある．適度なすべりの程度を持つ床仕上げを選定するのがよい．ただし，階段やスロープなどでは転倒の危険が増すため，すべらない床面を選択するのがよい．

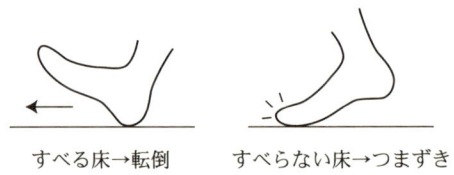

すべる床→転倒　　すべらない床→つまずき
図4.8 すべる床とすべらない床

人間は，無意識に床のすべりの程度にあわせた歩行をしている．すべりにくい床では大きな歩幅で歩く人でも，すべりやすい床では，やや歩幅を狭くし，慎重に歩くことで転倒を防ぐ．このことから，予期しないすべりの程度の床上では，転倒の危険が大きいと考えられる．図4.9のように，意匠上の理由から同一の床面に異なる仕上げを施す場合があるが，すべりにくい床面からすべりやすい床面に切り替わる地点は床のすべりの程度の認識が遅れるとすべりやすく危険である．反対に，すべりやすい床面からすべりにくい床面に切り替わる地点ではつまずきが起こりやすい．連続した床面では，すべりの程度が一様な

図 4.9　同一の床面に異なる仕上げが施された例

床仕上げを施すことが望ましい．

　また，床のすべりは履き物や足裏によっても変化する．住居では靴下やスリッパ，素足と床の間のすべりを確認して床面を設計するのがよい．不特定多数が利用する建築物では，履き物底の性状は特定できないため，大多数の利用者にとって安全となる設計を行うのが望ましい．

b. 床の段差

　床の段差はつまずきの原因となる．特に，高齢者は身体能力の衰えにより足を十分に持ち上げられずに歩行する場合が多く，小さな段差でも足が引っかかり，つまずいて転倒の原因となる．

　段差の種類には図 4.10 のように凸状の段差（床上の凸部もしくは溝などの凹部），階段状の段差がある．

凸状の段差　　　　　　階段状の段差
図 4.10　段差の種類

　凸状もしくは溝状の段差には，建具のレールにより生じてしまう場合，タイル仕上げの目地，さらには床の施工不良が段差となってしまう場合などがある．つまずき防止の観点からはない方がよい．また，近年は車椅子利用者などへの配慮として，バリアフリーデザイン，ユニバーサルデザインといった考え方から段差を解消した建築物も造られてきている．段差を解消するのが困難な場合は，段差を目立たせるなどの方法によって，事故を防止できる．

　階段状の段差は住居内への水やほこりの侵入を防ぐ目的で玄関や浴室などで

設けられる.また,空間構成に変化をもたせるために段差を設ける手法がとられる場合もある.このような段差の場合はよく目立つよう配慮するのがよい.図 4.11 のように大きく目立つ段差とすることで,気づかずにつまずく,踏み外すなどの事故は軽減される.また,上下の段で仕上げを変える,段差の端を着色する,照明を当てるなど段差を目立たせる工夫も有効である.

図 4.11 大きく目立つように工夫された段差

c. 床の硬さ

すべり,つまずきなどにより転倒した場合,身体や頭部を床に打ち付ける危険性がある.特に頭部は体の中枢器官が集まっているため強打すると危険である.

床の硬さは頭部を打ち付けたときの身体の安全性に大きく関係する.硬い床ほど衝突時の衝撃が大きくなり,脳震とうなどの事故につながり,危険である.

衝突時の床の硬さは,床の材質のみならず床の構法で決定される.

図 4.12 は床構法の代表例であるが,床構法は,大きく,架構式床と非架構式床に分類できる.架構式床の場合は,たわみにより床が変形するが,非架構式床の場合はたわまない.この変形の有無により衝突時の床の硬さが決まる.一方,床の仕上げ材には様々な材料が用いられるが,床仕上げ材そのも

のの硬さだけでは，床の硬さは決まらない．コンクリートスラブ上にカーペットなどの柔らかい材料を施工した（図4.12(f)で基盤をコンクリートスラブ，仕上材料をカーペットとした場合）床などの場合，カーペットの柔らかさのみで衝撃を吸収するのは難しく，衝突によるダメージが想定される．万が一，転倒しても安全な硬さの床とするためには，コンクリートスラブにおいても，図4.12の(b)のように転ばし根太を設置するなどして架構を設けた上に仕上げを施すとよい．

C. 浴室の安全性確保

入浴中は衣服を身につけていない無防備な状態であるため，浴室内の安全性確保には特に配慮が必要である．また，浴槽内での溺死は平成12年の厚生労働省人口動態統計では日常災害の約30%を占めている．浴室での災害は，主に浴槽の設計，効果的な手すりの配置，浴室の床の設計における配慮により防ぐことができる．以降は各部分について設計・計画上の留意点を述べる．

a. 浴 槽（寸法）

浴槽内での溺死を防ぐためには，浴槽の寸法に配慮したい．溺水事故の例としては，入浴中に気を失い，浴槽内で溺れる，幼児が誤って浴槽内に転落する等の場合がある．前者の事故を防止するためには，適切な浴槽寸法が効果的である．大きすぎる浴槽では，体が下方にずり落ちたときに顔が水面下に没し危険である．後者の事故に対しては，浴槽付近に幼児がよじ登るための足がかりになるような部分を設けないなどの配慮を要する．

b. 浴室の床

浴室の床は，水や石けんなどによりすべりやすくなる．床のすべりについてはB.項の床の項で詳述したが，浴室の床は濡れている状態を基本に設計するのがよい．濡れている場合には，材料自体の粘りは床のすべり防止にあまり効果がないため，床の凹凸の足裏への食い込みによりすべりを防止するのがよい．表面が滑らかな材質の床材はすべりやすく特に危険であるため使用はさけた方がよい．

その他，浴室内で動作の補助となるよう適切な箇所に手すりを設置するのが良い．効果的な手すりの位置は，体格や障害がある場合はその程度等により異なる．

図 4.12　床構法の代表例[6]

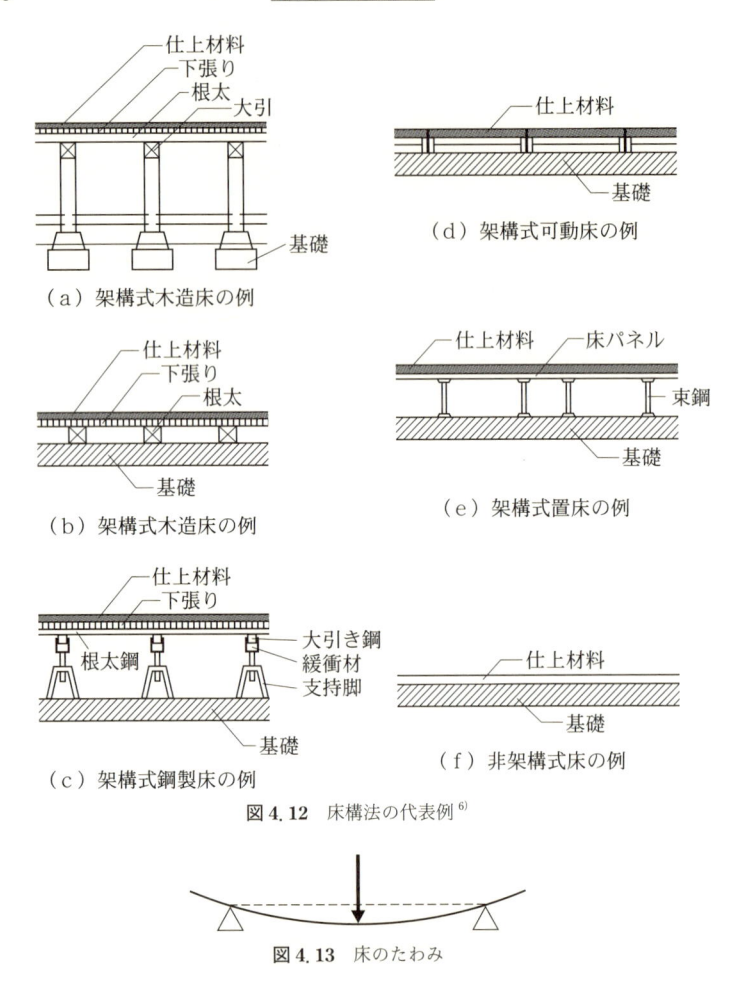

図 4.13　床のたわみ

D. 転落防止手すりの設置による安全性確保

　手すりの設置の目的には，大きく分けてベランダや開口部などでの墜落防止と浴室や階段などでの動作の補助の2つがある．後者は浴室，階段の項で述べたので，本項では前者の墜落防止のための手すりについて解説を加える．

a. 転落防止手すり

　屋上やバルコニー，ベランダ，2階以上の窓，階段まわりなど，転落するおそれのある場所では転落防止のための手すり，手すり壁，フェンスなどを設

けなければならない．建築基準法では，ベランダやバルコニーなどの高さを110 cm 以上と定めている．幼児がよじ登る可能性があるため，足をかけることのできる形状の部品を設けないことが望ましい．また，窓に設ける手すりに対して，窓台の高さが床仕上げ面から 65 cm 以下の場合は，窓台上端から手すりの上端までの高さが 85 cm 以上が望ましい[7]．

また，これらの手すりなど一式の部品間の隙間は，幼児の体がすり抜けることのない寸法とする必要がある．手すり子の間隔は 11 cm 以下，手すりと躯体や窓台との隙間は 9 cm 以下とするのが望ましい．

これらの手すり一式および手すり部品などには，人のかける力に耐えうる十分な強度を持つことが求められる．また，腐食などにより強度が低下するのを防ぐために，耐久性の高い素材や仕上げを選択するなどの配慮が必要である．

4.4　重大事故の事例

本節では，建築物内外で発生した死亡事故等の重大事故の事例を挙げる．

ここで挙げたものはほんの一部の事例であるが，いずれも子どもが犠牲になった痛ましい事故である．事故原因は，危険が予想されながら対策がとられていなかった，想定外の使われ方がされた，など様々である．

このような事故の事例を知ることにより，事故はあらゆるところで発生する可能性があることを認識し，設計や管理においてはもちろん，使用時における使用者側のことを考慮に入れ，十分注意することが重要である．

1) 自動回転ドア事故

　　複合商業施設の入り口に設けられた自動回転ドアで，男児が頭部を挟まれ死亡．事故当時，大型の自動回転ドアの安全基準は定められていなかったなど様々な問題点が指摘された．事故後，自動回転ドアの安全性等について検討がなされ，設計者，製造者，管理者等のそれぞれの立場においての事故防止対策がガイドライン[9]として取りまとめられた．

2) 防火シャッター事故[10]

　　小学校において児童が，降下してきた防火シャッターに首を挟まれ死亡．シャッターは誤作動で降下したが，誤作動を完全に防ぐのは困難で

あることから，誤作動があることを前提に対策が検討され，ガイドライン[11]がまとめられた．

3) エスカレーター事故[12]

　　複合商業施設のエスカレーターから，男児が転落し死亡．エスカレーターの手すり上に乗って運ばれた後，下のフロアに転落したとみられている．事故後，警備員を配置するなどの対策がとられた．

[参考文献]

1) 新建築学大系編集委員会編：新建築学大系12　建築安全論，彰国社，1983
2) 日本建築学会編：建築人間工学事典，彰国社，1999
3) 厚生労働省：平成12年人口動態調査
4) 建設図解事典編集委員会編：図解事典　建築のしくみ，彰国社，2001
5) 日本建築学会：建築設計資料集成　単位空間Ⅰ，丸善，1983
6) 小野英哲：床の設計・選択・開発の留意点，近代建築，Vol.53，pp.108，近代建築社，1999
7) (財)ベターリビング：優良住宅部品認定基準，歩行・補助手すり，2004年1月15日施行
8) (財)ベターリビング：優良住宅部品認定基準，墜落防止手すり，2002年4月1日施行
9) 経済産業省・国土交通省：自動回転ドアの事故防止対策に関するガイドライン，平成16年6月
10) 日経アーキテクチャ，2001年5月14日
11) (社)日本シャッター・ドア協会：防火シャッター閉鎖作動時の危害防止に関するガイドライン，平成10年10月
12) 神戸新聞，2004年6月28日

付表　日本の主な災害と関係法令・制度との関係

発生年	災害の名称	被害状況等	関係法令・制度等の動向	海外の災害・国内外の社会的出来事
1606	慶長地震	死者, 流失家屋多数		
1641	江戸大火（桶町火事）	死者：10万7千人		
1657	明暦の大火（振袖火事）	死者：10万7千人		
1703	元禄地震	死者：2,300人以上, 倒壊家屋：8,000戸以上		
1707	宝永地震	死者：20,000人以上, 倒壊家屋：60,000戸以上		
1727	大阪享保の大火			
1772	明和の大火			
1783	浅間山大噴火			天明の飢饉（1783）
1806	文化の大火	焼失家屋：12万6千戸		
1829	文政の大火			
1854	安政東海地震	死者：2,000～3,000人, 倒壊焼失家屋：30,000戸		
1871	台風（兵庫）	死者：600人		
1872	石見地震（島根県）	死者・行方不明：552人, 全壊家屋：4,762戸		
1884	台風（福井ほか）	死者：1,768人, 倒壊家屋：63,075戸		天保の飢饉（1883）
1888	磐梯山噴火（福島県）	死者：461人以上, 原湖等ができた		造家学会設立（1886）
1891.7.15	濃尾地震	死者：7,300人, 全壊家屋：14万戸, 半壊家屋：8万戸余		
1893.10.28	長良川水害			
1894	庄内地震	死者：726人, 全壊家屋：3,858戸, 半壊家屋：2,397戸, 焼失家屋：20,148戸		日清戦争（1894～1895）

243

244 付　表

発生年	災害の名称	被害状況等	関係法令・制度等の動向	海外の災害・国内外の社会的出来事
1896	明治三陸沖地震	死者：21,959人、流失家屋1万戸以上		
1896.6.15	三陸沖地震津波	死者・不明：27,000人、流失家屋：9,000戸		
	陸羽地震	死者：209人、全壊家屋：5,792戸		造家学会設立（現建築学会）（1897）
1902				西インド・マレー山噴火（1902）死者：29,000人
1904～1905				日露戦争（1904～1905）
1906				サンフランシスコ地震（1906）
1908				イタリア・シシリー地震（1908）死者：75,000人
1914				パナマ運河開通（1914）
1914～1919				第一次世界大戦（1914～1919）
1919			市街地建築物法；都市計画法（1919）	
1920				中国・甘粛省地震（1920）死者：20万人
1921.4.6	浅草区田町大火（東京）	焼失家屋：1,200戸		
1923.9.1	関東大震災	全壊家屋：128,300戸、焼失家屋：447,100戸、死者：99,000人		
1924			市街地建築物法改正（耐震規定）（1924）	（財）同潤会（1924）
1925.3.18	日暮里大火（東京都荒川区）	焼失家屋：2,100戸		
1925.5.23	北但馬地震	全壊家屋：1,300戸、焼失家屋：2,200戸、焼失面積：58ha		
1927.3.27	丹後地震	全壊家屋：12,600戸、焼失家屋：3,700戸、死者：2,900人	不良住宅地区改良法（1927）	

付　表　　　245

発生年	災害の名称	被害状況等	関係法令・制度等の動向	海外の災害・国内外の社会的出来事
1932.12.16	日本橋白木屋火災	死者：14人	防災規定の改正，建築物の高さを31m以下に規制（1931）	
1932.12.23	深川・大宮アパート火災		共同住宅の建築規制改正（1932）	
1933.3.3	三陸地震	全壊家屋：2,300戸，焼失家屋：4,900戸，死者：3,000人	RC構造計算基準（建築学会）（1933）	中国・甘粛省地震（1933）死者：70,000人
1934.3.21	函館市大火	焼失家屋：24,200戸，焼失面積：416ha		インド・バルチスタン地震（1935）死者：60,000人
1934.9.20	室戸台風	全壊家屋：17,300戸，死者・不明：3,000人		
1938.7.5	神戸市大水害	流失家屋：4,500戸，死者：700人	特殊建築物規則（1936）	
1940.1.15	静岡市大火	焼失面積：5,100戸，焼失面積：100ha	木造建築許可制（1939）	チリ地震（1939）死者：30,000人
1940.6.20	大手町・神田橋の官庁街大火		防火規定の改訂（官公庁を規制の対象に追加）（1940）	
1942.8.27	台風（山口県）	死者・不明：1,300人	S構造計算基準（建築学会）（1941）	
1943.9.10	鳥取地震	倒壊家屋：7,500戸，死者：1,000人		
1943.9.18	台風（島根県）	死者・不明：1,000人		
1944.12.7	東南海地震	全壊家屋：30,200戸，流失家屋：3,000戸，死者：1,200人		
1945.1.13	三河地震	全壊家屋：4,500戸，死者：1,200人		

246　　　　　　　　　　　　　　　　　　付　表

発生年	災害の名称	被害状況等	関係法令・制度等の動向	海外の災害・国内外の社会的出来事
1945.	太平洋戦争空襲	1都99市13町、死者・不明：51万人（原爆による被害を含む）		太平洋戦争終結 (1945)
1945. 9. 17	枕崎台風	死者・不明：3,800人		
1946. 6. 8	新潟県村松町大火	焼失家屋：1,300戸、焼失面積：33ha		
1946. 12. 21	南海道地震	全壊家屋：11,500戸、流失家屋：2,100戸、死者：1,400人		
1946. 12. 21	新宮市大火	焼失家屋：2,600戸、焼失面積：23ha		
1947. 4. 20	飯田市大火	焼失家屋：4,000戸、66ha		
1947. 9. 14	カスリン台風	死者・不明：1,900人		
1948. 6. 28	福井地震	死者：3,769人、全壊家屋：36,184戸、半壊家屋：11,816戸	消防法 (1948) 臨時防火建築規則 (1948) 日本建築規格（水平震度0.2）(1948)	建設省開省 (1948) ソ連・トルクメン地震 (1948) 死者：10万人
1948. 9. 16	アイオン台風	死傷者・不明：800人、全壊流失家屋：5,900戸		
1949. 1. 26	法隆寺金堂火災		建築基準法 (1950) 文化財保護法 (1950) 建築士法 (1950)	中国洪水災害 (1949) 死者：57,000人 住宅金融公庫開設 (1950) 朝鮮動乱 (1950)
1949. 2. 20	能代市大火	焼失家屋：2,200戸、83ha		
1951. 2. 13	日本橋・横山町火災		都市不燃化運動に発展	対日講和条約 (1951)
1951. 10. 13	ルース台風（主に山口県）	死者・不明：900人、全半壊・流失家屋：2,500戸	公営住宅法 (1951)	
1952. 3. 4	十勝沖地震	全壊家屋：815戸	耐火建築促進法 (1952)	

付　表　　247

発生年	災害の名称	被害状況等	関係法令・制度等の動向	海外の災害・国内外の社会的出来事
1952. 4.17	鳥取市大火	焼失家屋：5,500戸，焼失面積：132ha	防火地域の指定の通達 (1952) 建築基準法告示1074号 (軟弱地盤) (1952)	
1953. 6.25	豪雨 (熊本県)	死者・不明：1,000人，全壊・流失家屋：5,700戸		NHKテレビ放送開始 (1953)
1953. 7.16	豪雨 (南紀)	死者・不明：1,100人，全壊・流失家屋：7,700戸		
1954. 9.25	洞爺丸台風	死者・不明：1,800人，全壊・流失家屋：8,400戸，青函連絡船「洞爺丸」沈没		中国洪水 (1954) 死者：40,000人
1954. 9.26	北海道岩内町大火	焼失家屋：3,300戸，焼失面積：106ha		
1955. 2.17	養老院聖母の園火災 (横浜市)	死者：99人		日本住宅公団 (都市基盤整備公団) 開設 (1955)
1955. 9. 3	福岡市新天町アーケード火災		アーケードの規定を新設 (1955)	
1955.10. 1	新潟市大火	焼失家屋：1,000戸，焼失面積：26ha		
1955.12. 3	名瀬市大火	焼失家屋：1,500戸，焼失面積：7ha		
1956. 2	富山県宇奈月猫又雪崩	死者：21人		
1956. 3.20	能代市大火	焼失家屋：1,000戸，焼失面積：31ha		
1956. 8.18	大館市大火	焼失家屋：1,400戸，焼失面積：22ha		
1956. 9.10	魚津市大火	焼失家屋：1,600戸，焼失面積：46ha		
1957. 4	新潟津南雪崩	死者：19人		
1957. 7.25	諫早豪雨	死者・不明：1,000人，全壊・流失家屋：1,500戸		

発生年	災害の名称	被害状況等	関係法令・制度等の動向	海外の災害・国内外の社会的出来事
1958. 2. 5	東京三原橋・銀座東映火災		地下街の防災規定を改正 (1958)	東京タワー竣工 (1958)
1958. 9. 26	狩野川台風	死者・不明：1,300人、全壊・流失家屋：2,200戸		
1958. 12. 27	鹿児島県瀬戸内町大火	焼失家屋：1,400戸、焼失面積：19ha		
1959. 9. 26	伊勢湾台風	死者・不明：5,100人、全壊・流失家屋：81,000戸（高潮による被害大）	建築基準法改正（耐火・簡易耐火建築物，内装制限，定期報告制度）(1959)	メートル法移行 (1959)
1960. 5. 23	チリ地震津波（北海道南岸，三陸海岸ほか）	死者・不明：139,000人、全壊・流失家屋：1,500戸	住宅地区改良法 (1960)	チリ地震 (1960) 死者：5,700人
1961. 4	北海道・新冠村雪崩	死者37人	防災建築街区造成法 (1961)	所得倍増計画・高度経済成長 (1961)
1961. 6. 24	梅雨前線豪雨	死者・不明：357人、全壊・流失家屋：1,800戸	市街地改造法：火災対策基本 (1961)	
1961. 9. 15	第2室戸台風	死者・不明：202人、全壊・流失家屋：15,200戸	宅地造成等規制法 (1961)	
1962. 12. 20	西牟婁郡南富田小学校火災	死者：81人		全国総合開発計画 (1962) イラン西部地震 (1962) 死者12,000人
1963. 1	豪雨	死者・不明：231人、鉄道等の交通マヒが続いた		バングラデッシュ・サイクロン (1963) 死者：12,000人
1963. 8. 22	東京・西武百貨店火災	死者：7人、改修工事中に出火		
1964. 6. 11	昭和電工川崎工場爆発火災	死者：15人、負傷者：103人	河川法 (1964) 高層建築技術指針（建築学会）(1964)	東海道新幹線開通 (1964) 東京オリンピック開催 (1964)

付表

発生年	災害の名称	被害状況等	関係法令・制度等の動向	海外の災害・国内外の社会的出来事
1964.6.16	新潟地震	全壊家屋：2,000戸，焼失家屋：402戸，液状化現象発生		
1966.3.11	水上温泉・菊富士ホテル火災	死者：30人		地震保険創設 (1966)
1966.6	横浜市・磯子区土砂崩れ	死者：27人		
1966.9.24	台風 (24・26号)	死者・不明：318人，全壊・流失家屋 2,400戸		
1967.7.7	豪雨	死者・不明 371人	超高層建築物及び地下街の防災対策（消防審議会答申）(1967)	霞ヶ関ビル竣工 (1968)東名高速道路開通 (1968)
1968.3.6	倶知安町布袋座火災	死者：205人，木造映画館火災	都市計画法（現行法）(1968)	
1968.5.16	十勝沖地震	全壊家屋：670戸，RC造建築物に被害大	RC造帯筋規定検討 (1968)	
1968.11.2	有馬温泉ホテル池坊満月城火災（神戸市）	死者：30人		
1969.2.5	磐光ホテル火災（福島県郡山市）	死者：30人	都市再開発法：急傾斜地法 (1969)	新全国総合開発計画 (1969)
1969.9	鹿児島市しらす台団地土砂崩れ	死者：52人	地震予知連絡会発足 (1969)江東再開発基本構想 (1969)	アポロ月面着陸 (1969)

発生年	災害の名称	被害状況等	関係法令・制度等の動向	海外の災害・国内外の社会的出来事
1970.6.29	佐野市両毛病院火災	死者 17 人	建築基準法改正（定期検査資格者）(1970) 建築基準法政令改正（RC帯筋規定）(1970)	大阪万博 (1970) ペルー北部沿岸地震 死者 67,000 人 (1970) バングラデッシュ・サイクロン (1970) 死者：50万人
1971.1.2	和歌山市ホテル寿司由楼火災	死者：16 人		サン・フェルナンド地震 (1971) ソウル・ホテル大然閣火災 (1971) 環境庁開庁 (1971)
1972.5.13	大阪千日デパート火災	死者：118 人、たて穴区画・避難通路等の不備	集団移転促進事業特別措置法 (1972)	札幌冬季オリンピック開催 (1972)
1972.7.3	豪雨	死者・不明：422 人、全壊・流失家屋：3,000 戸	がけ地近接危険住宅移転事業 (1972)	日中共同声明 (1972)
1973.10.8	チッソ石油化学五井工場爆発火災	死者：2 人、負傷者：11 人	地下街（中央）連絡協議会 (1973)	円変動相場制移行 (1973)
1973.11.15	福岡県・日の里団地ガス爆発	死者：2 人		
1973.11.29	熊本市・大洋デパート火災	死者:100 人、開店営業中、改修工事中に出火		国土庁開庁 (1974)
1975.11.23	東京八王子市・秀和めじろ台レジデンスガス爆発	死者：2 人	コンビナート等災害防止法 (1975)	沖縄海洋博開催 (1975)

付　表　　251

発生年	災害の名称	被害状況等	関係法令・制度等の動向	海外の災害・国内外の社会的出来事
1976.10.29	酒田市大火	焼失家屋：1,800戸，焼失面積：23ha		グァテマラ地震 (1976) 死者：24,000人
1976.12.26	沼津市三沢ビル酒場火災	死者：15人	地震予知推進本部設置 (1976)	中国・唐山地震 (1976) 死者：25万人
1978.6.12	宮城県沖地震	全壊家屋：1,400戸，死者：27人	既存建築物耐震診断基準 (1977) 大規模地震対策特別措置法 (1978)	第三次全国総合計画 (1977) 東名高速道路・日本坂トンネル火災 (1979)
1980.8.26	静岡駅前ゴールデン街ガス爆発	死者：14人，地下街におけるガス爆発事故	建築基準法改正 (新耐震設計法) (1980)	ラスベガス・MGMグランドホテル火災 (1980)
1980.11.20	川治プリンスホテル火災 (栃木県)	死者：45人	建築基準法第8条に「維持保全計画」を検討 (1980) 消防「適」マーク適用 (1980)	
1981.1	豪雪 (北陸地方)	死者・不明：103人，降雪量としては昭和38年豪雪を上回る		
1982.2.8	ホテル・ニュージャパン火災 (東京都)	死者：33人		
1982.7.10	全国的豪雨 (特に長崎水害)	死者・不明：345人，全壊・流失家屋：1,100戸		
1983.5.26	日本海中部地震 (津波)	死者・不明：442人，全壊・流失家屋：1,600戸，津波警報の遅れ	建築基準法改正 (維持保全計画) (1983)	
1983.10.3	三宅島雄山噴火	溶岩流により324戸焼失		

発生年	災害の名称	被害状況等	関係法令・制度等の動向	海外の災害・国内外の社会的出来事
1985.7	地附山地滑り(長野市)	死者：26人、大規模宅地開発地に隣接する山が地滑り		メキシコ地震(1985)(M8.1) 死者：1万人、ビル倒壊等 つくば科学万博開催(1985) ソ連・チェルノブイリ原発事故(1986)
1986.1.26	能生町柵口雪崩(新潟県)	死者：13人、表層雪崩(雪崩走路1,800m、速度50〜60m)		
1986.2.11	ホテル大東館火災(静岡県熱川温泉)	死者：24人、木造3階建てホテルの火災		
1986.11.15	伊豆大島・三原山噴火	溶岩流で全島民が島外へ避難		
1987.6.6	老人福祉施設松寿園火災(東村山市)	死者：17人	南関東地域直下地震の報告(1988)	
1989.10.17	スカイシティ南砂火災(東京都)	高層マンション火災、特別避難階段階段室が煙で汚染された	「建築仕上診断技術者」の育成を検討(1989)	東京ドーム竣工(1988)
1989.11.21	昭和町団地外壁タイル落下(北九州市)	死傷者：3人		アルメニア地震(1988) 死者：25,000人 ロサンゼルス・高層ビル(F.I銀行)火災(1988) サンフランシスコ・ロマプリータ地震(1989)
1990.3.18	長崎屋尼崎店火災(兵庫県)	死者15人	避難経路の安全確保・加圧排煙設備を検討(1990)	イラン西部地震(1990) 死者：4〜5万人
1991.6	雲仙普賢岳噴火(長崎県)	死者・不明：43人、火砕流が発生	屋上ヘリポート推進(1990) 建築基準法改正(準耐火構造)(1992)	
1993.7.12	北海道南西沖地震	死者：202人、震源地近くでの津波被害		

付表

発生年	災害の名称	被害状況等	関係法令・制度等の動向	海外の災害・国内外の社会的出来事
1995.1.17	阪神・淡路大震災	全半壊家屋：24万戸, 全半焼家屋：6千戸, 死者：6500人, 直下型地震	耐震改修促進法 (1995) 既存建築物耐震診断・改修等推進全国ネットワーク委員会 (1995)	ロサンゼルス・ノースリッジ地震 (1994)
1997.10.28	広島市基町高層住宅火災	ベランダをつたって最上階へ短時間で延焼	全国被災建築物応急危険度判定協議会 (1996)	応急危険度判定を実施 (1996)
1999			建築基準法改正（確認検査機関, 中間検査, 性能規定化）(1998〜2000)	メキシコ地震 (1999.6.15) (M6.7) トルコ地震 (1999.8.17) (M7.4) 死者推計：18,000人 台湾地震 (1999.9.21) (M7.7) 死者：2,300人, 倒壊家屋：1万戸
2000.8	三宅島雄山噴火	火砕流で全島民が島外へ避難	土砂災害防止法 (2000)	
2000.9.10〜12	東海豪雨	床上浸水：26,655戸, 床下浸水：44,977戸, 全壊家屋：60戸, 半壊家屋：407戸, 一部損壊家屋：34,735戸	SI単位移行 (2000)	河南省洛陽デパート火災 (2000.12.25) 死者：309人
2000.10.6	鳥取県西部地震	全壊家屋：435戸, 半壊等家屋：3,101戸		
2001.3.24	芸予地震 (M6.7)	死者：2人, 全壊家屋：70戸, 半壊家屋：774戸, 一部損壊家屋：49,223戸		
2004.10.23	新潟県中越地震	死者：48人, 全壊家屋3,181戸, 半壊家屋：13,531戸		スマトラ沖地震インド洋大津波 (2004)
2005.8.17	宮城県沖地震			スペイン・マドリッド市ウィンザービル火災 (2005)

索　引

〈ア　行〉

明るさと歩行速度……………………… 189
アクティブシステム…………………… 145
アスベスト……………………………… 7
　　──の空気中の濃度基準………… 11
アスベスト含有製品…………………… 8
アメダス (AMeDAS)…………………… 111
安全確認………………………………… 69, 76
アントラウスビル火災………………… 210
怒限度，避難者の……………………… 191
池坊満月城ホテル火災………………… 155
異種用途区画…………………………… 214
伊勢湾台風……………………………… 105
引火……………………………………… 160
引火温度………………………………… 160
エアーエロージョン試験法…………… 9
液状化現象……………………………… 32
液状化被害……………………………… 32
エスカレータ事故……………………… 242
S波……………………………………… 21
エルグ…………………………………… 25
煙突効果………………………………… 186
応急危険度判定………………………… 95
応急危険度判定士……………………… 95
応答値の推定法………………………… 73
オロシ風………………………………… 109

〈カ　行〉

海溝型地震……………………………… 21
階段
　　──の安全性確保……………… 231
　　──の形状………………………… 232
　　──の寸法………………………… 232
化学物質の室内濃度指針値…………… 12
火災安全性……………………………… 141
火災現象………………………………… 156
火災性状………………………………… 164
火災成長期……………………………… 167
火災損害………………………………… 151
火災統計………………………………… 147

火災の分類……………………………… 147
ガスト影響係数………………………… 133
ガストファクター……………………… 122
カスリン台風…………………………… 105
風
　　──の性質………………………… 113
　　──流れ…………………………… 124
　　──の予報用語…………………… 108
風荷重の設定…………………………… 132
合衆国大気汚染危険物放散基準……… 7
家庭内事故……………………………… 230
狩野川台風……………………………… 105
換気の義務付け………………………… 14
関東地震………………………………… 20, 55
関東大震災……………………………… 17
菊富士ホテル火災……………………… 155
基準速度圧……………………………… 127
季節風…………………………………… 106
急性一酸化炭素中毒…………………… 193
共振現象………………………………… 30
強風……………………………………… 104
　　──の工学的モデル……………… 120
　　──の対策………………………… 112
　　──の評価………………………… 117
　　──の予測………………………… 111
局部負圧………………………………… 126
許容応力度計算………………………… 69
空力振動実験…………………………… 138
区画設計………………………………… 211
区画内熱収支…………………………… 168
釧路沖地震……………………………… 20
グンベル確率紙………………………… 118
グンベル分布…………………………… 117
煙
　　──の流れ………………………… 183
　　──の発生量……………………… 178
煙性状…………………………………… 173
　　──，出火室の…………………… 180
煙濃度…………………………………… 174
煙流動…………………………………… 180
限界温度，避難者の…………………… 192

索引

限界耐力計算…………………… 73
建材の使用制限………………… 14
建築基準法……………… 53, 55, 56
建築構造……………………… 208
高温強度
　——, 鋼材の………………… 219
　——, コンクリート………… 217
　——, 鉄筋の………………… 216
鋼構造部材…………………… 222
構造計算フロー………………… 61
構造計算法……………………… 59
構造耐火設計………………… 214
行動特性……………………… 195
骨格曲線のモデル化…………… 67

〈サ 行〉

最大瞬間風速………………… 105
在来軸組木造………………… 172
サンフランシスコ地震………… 54
市街地建築物法………… 53, 54, 55
軸剛性…………………………… 67
地震動…………………………… 28
地震発生メカニズム…………… 18
地震被害………………………… 38
地震力…………………………… 35
　——の算定……………… 71, 77
シックハウス…………………… 11
　——症候群…………………… 11
自動回転ドア事故…………… 241
地盤増幅………………………… 30
出火原因……………………… 150
出火件数……………………… 147
準耐火建築物………………… 210
準耐火構造…………………… 209
準不燃材料…………………… 206
準防火構造…………………… 209
上空風………………………… 113
初期火災……………………… 166
震央……………………………… 21
震源……………………………… 21
震災復旧のフロー……………… 94
新耐震基準……………………… 55
新耐震設計法…………………… 53
震度……………………………… 25
震度階…………………………… 24, 26

心理特性……………………… 194
すべり
　——, 階段での……………… 233
　——, 床の…………………… 235
スラブ内地震…………………… 21
盛期火災……………………… 168
制振設計………………………… 52
性能評価………………………… 78
設計用速度圧…………………… 5
前線…………………………… 105
層間区画……………………… 212
速度圧………………………… 127

〈タ 行〉

耐火建築物……………… 209, 210
耐火構造………………… 209, 212
　——の要求性能…………… 208
耐火性能……………………… 6, 211
耐火設計……………………… 209
耐火設計法……………………… 6
大気境界層…………………… 115
耐震安全性……………………… 17
耐震改修………………………… 87
耐震構造計画…………………… 56
耐震診断………………………… 82
耐震診断基準…………………… 82
耐震診断のフロー………… 83, 84
耐震性能残存率……………… 100
耐震設計………………………… 52
耐震設計法………………… 53, 59
耐震補強のフロー………… 88, 89
耐震要素………………………… 56
台風…………………………… 104
耐風安全性…………………… 102
耐風設計……………………… 130
ダウンバースト……………… 106
ダシ風………………………… 109
竜巻…………………………… 106
竪穴区画……………………… 212
単純支持圧縮部材…………… 223
単純支持曲げ部材…………… 222
断層運動………………………… 18
地域気象観測システム……… 111
地表面粗度…………………… 133, 134
地表面粗度区分……………… 121

索　引　257

着火 160
着火温度 160
中皮腫 10
チリ沖地震 55
手すり 234, 240
鉄骨造建築物の地震被害 47
等価静的風荷重 133
等価線形化法 75
等価粘性減衰 75
洞爺丸台風 105
十勝沖地震 3, 55
特定化学物質等障害予防規則 9
突風率 122
ドップラーソーダー 116
トリモノスタティック方式 116

〈ナ　行〉

難燃材料 206
新潟地震 55
日常安全性 227
日常災害 227
二方向避難 196
日本海中部地震 56
燃焼 156
　——の形態 159
燃焼型支配因子 171, 172
燃焼限界 157
燃焼速度 169
燃焼発熱量 169
濃尾地震 54

〈ハ　行〉

バイステティック方式 116
爆発限界 157
発光型標識 177
パッシブシステム 145
パワースペクトル密度 123
磐光ホテル火災 155
反射板型標識 177
阪神・淡路大震災 2, 56
被災度区分判定 100
$P-\Delta$ 効果 65
避難開始 193
避難開始時間 203
避難器具 201

避難計画 7, 196
　——の基本原則 196
避難経路 196, 197
避難行動 187, 194
避難行動時間 204
避難行動能力 187
避難施設の計画 197
避難設計 201
避難特性 193
避難歩行時間 204
避難予測計算 203
P波 21
ビューフォートの風力階級表 107
兵庫県南部地震 20
標準耐火試験 6
表面波 21
風圧 126
風圧実験 138
風洞実験 135
風力 126
風力階級 107
風力実験 138
フェイズドアレイ方式 116
フェイルセーフ 145
福井地震 55
復元力特性のモデル化 67
部材内温度性状 215
部材のモデル化 65
Fujita スケール 108
不燃材料 207
フールプルーフ 144
プレートテクトニクス 19
噴出熱気流 171
米国環境保護庁（EPA） 7
ヘイズン法 117
平面骨組モデル 63
防煙設計 7
防火区画 211
防火構造 209
防火材料 206
防火システム 146
防火シャッター事故 241
暴風 5
歩行速度
　——，煙中での 189

――，群衆の……………………………… 188
北海道南西沖地震…………………………… 56
本震……………………………………… 24, 98

〈マ　行〉

マグニチュード………………………… 23, 25
枕崎台風………………………………… 105
見透し距離…………………………… 174, 175
乱れの構造を表すモデル……………… 121
宮城県沖地震……………………………… 3, 55
室戸台風………………………………… 5, 105
免震設計………………………………… 52
面積区画………………………………… 212
木材の燃焼……………………………… 160
木質系プレハブ工法…………………… 172

〈ヤ　行〉

誘導灯…………………………………… 177
床の段差………………………………… 237
浴室の安全性…………………………… 239
浴槽……………………………………… 239
横浜地震………………………………… 54
余震……………………………………… 24, 98

〈ラ　行〉

乱流境界層風洞………………………… 136
立体骨組モデル………………………… 63
履歴特性のモデル化…………………… 67
烈震地動加速度………………………… 3

〈ワ〉

枠組壁工法……………………………… 172

Memorandum

Memorandum

Memorandum

Memorandum

Memorandum

Memorandum

〈著者紹介〉（初版 当時）

大宮　喜文（おおみや　よしふみ）
　東京理科大学　助教授　博士（工学）

奥田　泰雄（おくだ　やすお）
　独立行政法人　建築研究所　上席研究員　博士（工学）

喜々津　仁密（ききつ　ひとみつ）
　独立行政法人　建築研究所　主任研究員

古賀　純子（こが　じゅんこ）
　独立行政法人　建築研究所　主任研究員　博士（工学）

勅使川原　正臣（てしがわら　まさおみ）
　名古屋大学　教授　工学博士

福山　洋（ふくやま　ひろし）
　独立行政法人　建築研究所　上席研究員　工学博士

遊佐　秀逸（ゆさ　しゅういつ）
　一般財団法人　ベターリビング　参与　研究審議役　工学博士

建築学の基礎⑦
建築防災

2005年10月30日　初版1刷発行　　　　　　　　　　　　　　検印廃止
2022年9月10日　初版8刷発行

著　者　大宮喜文・奥田泰雄・喜々津仁密・古賀純子・
　　　　勅使川原正臣・福山　洋・遊佐秀逸　　　Ⓒ 2005

発行者　南條　光章

発行所　**共立出版株式会社**
　　　　東京都文京区小日向4丁目6番19号
　　　　電話　東京(03)3947-2511番（代表）
　　　　郵便番号112-0006
　　　　振替口座 00110-2-57035番
　　　　URL　www.kyoritsu-pub.co.jp

（一般社団法人 自然科学書協会 会員）

印刷：精興社／製本：ブロケード　　　　　ISBN 978-4-320-07664-8
NDC 524.9 ／ Printed in Japan

JCOPY　〈出版者著作権管理機構委託出版物〉
本書の無断複製は著作権法上での例外を除き禁じられています．複製される場合は，そのつど事前に，出版者著作権管理機構（TEL：03-5244-5088，FAX：03-5244-5089，e-mail：info@jcopy.or.jp）の許諾を得てください．

■建築学関連書

www.kyoritsu-pub.co.jp　**共立出版**

現場必携 建築構造ポケットブック 第6版
建築構造ポケットブック編集委員会編　ポケット判・926頁

机上版 建築構造ポケットブック 第6版
建築構造ポケットブック編集委員会編・・・・四六判・926頁

建築構造ポケットブック 計算例編
建築構造ポケットブック編集委員会編・・・・四六判・408頁

15分スケッチのすすめ 日本的な建築と町並みを描く
山田雅夫著・・・・・・・・・・・・・・・・・・A5判・112頁

建築法規 第2版増補（建築学の基礎 4）
矢吹茂郎・加藤健三著・・・・・・・・・・・・A5判・336頁

西洋建築史（建築学の基礎 3）
桐敷真次郎著・・・・・・・・・・・・・・・・A5判・200頁

近代建築史（建築学の基礎 5）
桐敷真次郎著・・・・・・・・・・・・・・・・A5判・326頁

日本建築史（建築学の基礎 6）
後藤 治著・・・・・・・・・・・・・・・・・・A5判・304頁

建築材料学
三橋博三・大濱嘉彦・小野英哲編集・・・・A5判・310頁

新版 建築応用力学
小野 薫・加藤 渉共著・・・・・・・・・・・B5判・196頁

SI対応 建築構造力学
林 貞夫著・・・・・・・・・・・・・・・・・・A5判・288頁

建築構造計画概論（建築学の基礎 9）
神田 順著・・・・・・・・・・・・・・・・・・A5判・180頁

鋼構造の性能と設計
桑村 仁著・・・・・・・・・・・・・・・・・・A5判・470頁

建築基礎構造
林 貞夫著・・・・・・・・・・・・・・・・・・A5判・192頁

鉄筋コンクリート構造 第2版（建築学の基礎 2）
市之瀬敏勝著・・・・・・・・・・・・・・・・A5判・240頁

木質構造 第4版（建築学の基礎 1）
杉山英男編著・・・・・・・・・・・・・・・・A5判・344頁

実用図学
阿部・榊・鈴木・橘寺・安福著・・・・・・B5判・138頁

住宅デザインの実際 進化する間取り/外断熱住宅
黒澤和隆編著・・・・・・・・・・・・・・・・A5判・172頁

設計力を育てる建築計画100選
今井正次・櫻井康宏編著・・・・・・・・・・B5判・372頁

建築施工法 最新改訂4版
大島久次原著／池永・大島・長内共著・・A5判・364頁

既存杭等再使用の設計マニュアル（案）
構造法令研究会編・・・・・・・・・・・・・・A4判・168頁

建築・環境音響学 第3版
前川純一・森本政之・阪上公博著・・・・・・A5判・282頁

都市の計画と設計 第3版
小嶋勝衛・横内憲久監修・・・・・・・・・・B5判・260頁

都市計画 第3版増補
日笠 端・日端康雄著・・・・・・・・・・・・A5判・376頁

都市と地域の数理モデル 都市解析における数学的方法
栗田 治著・・・・・・・・・・・・・・・・・・B5判・288頁

風景のとらえ方・つくり方 九州実践編
小林一郎監修／風景デザイン研究会著・・・・B5判・252頁

景観のグランドデザイン
中越信和編著・・・・・・・・・・・・・・・・A5判・192頁

東京ベイサイドアーキテクチュアガイドブック
畔柳昭雄＋親水まちづくり研究会編・・・・B6判・198頁

火災便覧 第4版
日本火災学会編・・・・・・・・・・・・・・・A5判・1580頁

基礎 火災現象原論
J.G.Quintiere著／大宮喜文・若月 薫訳・・B5判・216頁

はじめて学ぶ建物と火災
日本火災学会編・・・・・・・・・・・・・・・B5判・194頁

建築防災（建築学の基礎 7）
大宮・奥田・喜々津・古賀・勅使川原・福山・遊佐著 A5判・266頁

都市の大火と防火計画 その歴史と対策の歩み
菅原進一著・・・・・・・・・・・・・・・・・・A5判・244頁

火災と建築
日本火災学会編・・・・・・・・・・・・・・・B5判・352頁

造形数理（造形ライブラリー 01）
古山正雄著・・・・・・・・・・・・・・・・B5変型判・220頁

素材の美学 表面が動き始めるとき…（造形ライブラリー 02）
エルウィン・ビライ著・・・・・・・・・・B5変型判・200頁

建築システム論（造形ライブラリー 03）
加藤直樹・大崎 純・谷 明勲著・・・・B5変型判・224頁

建築を旅する（造形ライブラリー 04）
岸 和郎著・・・・・・・・・・・・・・・・B5変型判・256頁

都市モデル読本（造形ライブラリー 05）
栗田 治著・・・・・・・・・・・・・・・・B5変型判・200頁

風景学 風景と景観をめぐる歴史と現在（造形ライブラリー 06）
中川 理著・・・・・・・・・・・・・・・・B5変型判・216頁

造形力学（造形ライブラリー 07）
森迫清貴著・・・・・・・・・・・・・・・・B5変型判・248頁

論より実践 建築修復学（造形ライブラリー 08）
後藤 治著・・・・・・・・・・・・・・・・B5変型判・198頁